KB235364

21세기 시민사회를 위한

명품도서관 경영

Management for the Best Library in 21st Century

21세기 시민사회를 위한

명품도서관 경영

Management for the Best Library in 21st Century

이종권

문현
MUN HYUN

웹

월드와이드웹

뜻을 알려 주오.
뜻을 펴게 해 주오.

세상 뜻
동·서·남·북
웹 문을 두드리니

온갖 꿀벌 날아들어
정보 찾아 윙 윙 윙

자판으로 아메리카
홍콩으로 남아공…….

책을 멀리하다
거미줄에 걸릴라.

명품과 '짝퉁'

　세상을 살다보니 모든 것이 내 마음 같지가 않다. 전혀 될 것 같지 않은 분야가 잘 되는 가하면, 상식적으로 잘 될 것 같은 분야는 별로 호응이 없는 경우가 많다. 언제부터인가 우리 사회에 명품이 유행되어 왔다. 소위 명품이라고 알려진 유명 브랜드의 시계나 가방은 값이 몇 백 만원, 아니 몇 천 만원이라도 찾는 사람이 많다고 한다. 사정이 이러하다보니 명품을 흉내 낸 '짝퉁'도 많이 유통되고 있다. 심지어는 짝퉁을 명품이라고 속이는 경우도 있다니 요즘 시장은 명품과 짝퉁으로 얼룩지고 있는 것 같다.

　그런데 가만히 생각해 보면 명품과 짝퉁의 문제는 비단 브랜드의 문제만이 아니라 우리가 사는 이 세상 구석구석 모든 분야에 분포되어 있는 것 같다. 우선 우리 사람도 명품과 짝퉁이 있을 것 같다. 인격이 고매하여 성실하고, 예의바르고, 인간답게, 창조적으로 자기 할 일을 다하는 사람은 '명품인간'이라 할 수 있을 것이다. 그러나 겉치장을 멋지게 하고 다니지만 성실하지 못하여 실속이 없이 빈둥거리며 남의 신세만 지고, 남에게 괴로움을 주는 사람은 '짝퉁인간'이라고 해야 할 것이다.

같은 논리를 도서관에도 적용할 수 있을 것 같다. 우선 도서관의 교육문화적 필요성을 생각한다면 도서관은 다른 사회기관들에 비하여 명품으로 만들어야 한다. 즉 모든 도서관이 사회적으로 명품의 반열에 올라야 그 본연의 역할을 제대로 해낼 수 있을 것이다. 그런데 우리 현실은 그러하지 못하니 허우대만 도서관을 흉내 낸 '짝퉁도서관'이 날이 갈수록 만연하고 있어 안타깝다. 건물만 대충 지어놓으면 다 도서관이 되는 줄 아는 행정당국, 전문 인력을 충원하지 않고 도서관 흉내만 내라고 하는 돈줄을 쥐고 있는 재정담당자들, 궁여지책으로 민간위탁을 해놓고 위탁경영자들을 마음대로 조정하는 공무원들은 발전도상의 우리 도서관들을 짝퉁으로 내몰고 있다.

도서관은 사회적 명품이 되어야 한다. 명품시계나 명품가방의 가격이 몇 백 만원, 몇 천 만원이라면 명품도서관은 결코 돈으로 따질 수 없는 사회문화적 가치를 지니는 것이다. 명품도서관은 사람, 물자, 자금이 제대로 지원되어 발전적 선순환을 돌리는 명품경영을 하여야만 실현 가능하다. 사람,

물자, 자금이 제대로 지원되지 않아 전문사서가 없거나 부족하고, 건물과 장서는 열악하고, 서비스 프로그램은 미미하고, 예산은 해마다 우선 삭감의 대상이 되는 악순환의 '운영'이 지배하는 한 도서관은 짝퉁이 될 수밖에 없다.

이 책은 우리나라 도서관에 대한 필자의 진심어린 믿음과 소망, 그리고 충정을 담아 우리나라 도서관들이 '무늬만 도서관'인 '짝퉁도서관'을 넘어서 국민의 삶의 질을 높여줄 수 있는 '명품도서관'으로 탈바꿈하는데 도움이 될 만한 아이디어들을 모은 것이다.

"인문출판의 새로운 이름"이라는 기치를 내걸고 상업성이 거의 없는 이 책을 예쁘게 만들어주신 도서출판 문현의 한신규 대표께 깊은 감사를 드린다.

학문과 시민소통

1

학문의 탄생과 그 본질

학문의 탄생은 고대 그리스로 거슬러 올라간다. 오늘날의 모든 분과학문들이 그 시조를 고대 그리스에서 찾고 있을 만큼 그리스는 학문의 발상지였다. 그리스에서는 소크라테스, 플라톤, 아리스토텔레스, 히포크라테스 등 유능한 철인 학자들이 출현하여 철학, 정치, 자연과학의 경계가 없는 통섭학문의 기초를 세웠다.

동양에서는 석가의 불교사상과 공자의 유교사상이 일찍부터 출현하여 인본주의 동양학의 정신적 기반을 구축하면서 면면히 전파, 전승되어왔다. 동양의 학문 역시 철학, 종교, 정치, 자연과학의 경계가 없는 인본주의 학문으로 출발하였다.

그러나 고대와 중세의 학문은 근대학문으로 재정립되는 과정에서 대학으로 들어왔다. 12세기 서양 중세의 대학들은 설립 초기에는 신학, 철학 등을 주축으로 법률학, 의학 등 사회과학과 자연과학으로 교육과 연구영역을 세분시켜 왔고 대체적으로 자유7과(문법, 수사학, 논리학, 산술, 기하, 천문, 음악)를 교수하였다. 또한 17, 18세기 이래 근대과학의 비약적 발전으로 학문은 더욱 여러 분야로 분화되기 시작하였고, 산업혁명 이후 현대로 내려

오면서 학문의 갈래는 '전문화'라는 이름아래 수많은 가지를 치게 되었다.

이러한 경향에 따라 대학에 강좌나 학과가 설립된 시기를 기준으로 어떤 분야의 학문성립시기를 판정하는 가늠자로 삼게 되었다. 이렇게 대학에서 분과학문들이 수없이 갈라지고 그 세분화가 지속됨으로서 유사한 학문 영역 간에도 서로 소원해지는 현상이 벌어지게 되었다. 오늘의 학자들은 자기 분야의 좁은 테두리 안에서만 깊이 있는 연구에 매달리게 됨으로써 학문 전체를 조망할 수 있는 능력을 점점 상실하게 되었다. 그래서 이제는 다른 영역의 분과학문에 대해서는 아예 언급을 회피하는 것이 '예의'처럼 되어 있다. 만약 다른 영역에 대하여 한마디라도 비판적 언급을 했다가는 "전공도 아닌 자가 뭐 안다고 떠드나?"라는 핀잔을 듣기가 쉬울 것이다.

그러나 학문의 본질은 원래 통합적인 것으로서 어느 시대에 있어서나 우리 인간과 자연을 탐구하는 데 있어 왔다. 이러한 통합적 탐구를 통해 인간의 참 가치(眞), 윤리(善), 아름다움(美)을 재정립함은 물론 물질과 우주의 이치를 끊임없이 찾아내어 '자연스럽고' 편리한 문명을 이룩함으로서 인류사회에 지속적 행복을 가져오게 하는 데 학문의 본질이 있다 하겠다.

인문학의 범 학문적 성격

인문학의 위기론이 대두되면서 인문학은 흔히 '문사철(文史哲 : 문학, 사학, 철학)'로 줄여서 부르는 경향이 유행되고 있으나 인문학의 범위는 문학, 철학, 사학에 국한되지 않는다. 문학, 사학, 철학을 기본으로 하면서도 언어학, 종교학, 예술(미학, 음악, 미술, 연극, 영화), 문헌정보학 등 많은 학문분야들이 포함된다.[1]

인문학에는 우선 언어학이 있다. 언어학은 모든 학문을 표현하는 도구적 학문이다. 인문이라는 국어 단어를 뜯어보면 인(人)과 문(文)이다. 사람이 문자를 가지고 배우는(學) 것이다.[2] 따라서 우리나라에서는 국어가 학문의 도구이며, 영미에서는 영어가 모든 학문의 도구가 된다. 마찬가지로 독일에서는 독일어가, 프랑스에서는 프랑스어가 학문의 도구다. 언어학의 기초가 없이는 인문학도 사회과학도 자연과학도 불가능하다.

문학은 언어를 미적(美的)으로 표현하는 언어예술이다. 언어를 활용하여 시, 소설, 수필, 희곡, 시나리오 등 인간의 감정을 어루만지고 삶을 천착하여 삶에 희망과 용기를 주는 작품을 창작한다. 문학이 없는 인간 생활은 삭막하다. '암스트롱이 놀던 달'보다는 '이태백이 놀던 달'이 더욱 멋있다. 문학은 인간의 생활을 정서적으로 인간답고 멋지게 만들어 준다.

역사학은 과거의 연구를 통해 미래의 방향을 제시하는 학문이다. 인간은 반성하는 동물이다. 과거에 대한 바른 인식과 해석 없이는 올바른 미래를 창조하기 어렵다. 개인은 자기반성을 통해 발전을 추구할 수 있다. 국가도 마찬가지다. 모든 학문은 역사가 있으며 각 학문사의 연구를 통하여 당해 학문의 발전방향을 모색한다. 국가는 국사(國史)의 연구로, 세계문명은 세계문명사의 연구로 미래 문명의 방향을 잡아 나갈 수 있다. 과거의 연구는 모든 학문과 미래연구의 초석인 것이다.

---

1) 인문학의 범위는 문(文), 사(史), 철(哲), 언(言), 예(藝), 종(宗)으로 설명되기도 한다(정대현. 2005. "인문학이란 무엇인가." 『스무살에 선택하는 학문의 길』. 서울 : 아카넷. 26~35쪽). 그러나 순서로 본다면 언(言), 문(文), 사(史), 철(哲), 종(宗), 예(藝)라고 해야 할 것이다. 언어가 있은 다음 문학이 있고, 역사기록이 있고, 철학, 종교, 예술이 있을 수 있지 않을까? 또한 학문을 분류, 관리하는 문헌정보학과 기록관리학도 인문학의 범주에 포함된다고 본다.
2) 인문학을 의미하는 Humanitas라는 말을 최초로 사용한 사람은 고대 로마의 키케로였다고 한다.

철학은 윤리학을 포함하며 인간의 삶의 근본문제와 가치를 탐구하고 재조명한다. 인간은 무엇 때문에 사는가? 인간이 추구하는 근본가치는 무엇인가? 먹기 위해 사는가, 살기위해 먹는가? 한편 모든 분과학문들은 그 근본적 목적과 방향을 철학에서 찾는다. 교육은 교육철학, 역사는 역사철학, 정치는 정치철학, 과학은 과학철학, 경영은 경영철학이 있다. 철학의 범위는 인간 삶의 거의 모든 부문에 걸쳐 그 가치를 판단한다.

종교학(宗敎學)은 인류의 으뜸(宗) 가르침(敎)인 종교를 학문적으로 연구한다. 종교가 발생하게 된 역사 지리적, 사회문화적 배경을 연구하고, 종교사 및 신흥종교를 연구한다. 종교철학은 각 해당 종교의 교리를 역사적 철학적으로 구명(究明)하여 각 종교와 그 믿음의 체계와 신학적, 철학적 가치를 재조명한다.

예술(藝術)은 아름다움과 즐거움을 추구함으로서 인간 생활을 풍요롭게 한다. 아름다운 음악의 선율에 감동하고, '그림 같은' 회화와 조각에 빨려들며, 연극과 영화를 통해 인생의 희로애락을 간접 체험한다. 예술은 종합적이다. 전 학문이 예술에 개입된다.

문헌정보학은 인류가 생산하는 모든 문헌정보의 보존과 관리 및 이용을 원활하게 함으로써 모든 학문 연구에 지름길을 제공한다. 다른 학문을 위한 '섭경지학(涉徑之學)'인 것이다. 모든 학문은 문헌정보의 활용이 없이는 불가능하다. 문헌정보 없이는 논문 한편 쓰기도 어렵다.

기록관리학은 인류의 공적(公的) 사적(私的) 문서기록유산을 효율적으로 보존, 관리, 활용하는 방법을 연구함으로써 역사연구의 초석을 마련한다. 기록이 없으면 역사가 없다. 역사는 기록이며, 기록에 대한 해석이기 때문이다. 이처럼 인문학의 제반 분과학문들은 인간에 대한 정신적 가치를 높여주고 인간의 마음을 풍요롭게 해준다.

과학기술의 인문사회적 성격

과학의 역사는 우주의 역사이다. 빅뱅이론은 우주탄생을 설명하는 이론이다. 대 폭발에 의해 우주가 탄생하고, 태양계가 형성되고, 지구에 생명이 탄생하고……. 빅뱅이론에 따르면 우주는 하나의 작은 입자에서부터 폭발, 팽창되어 형성되었으며, 지금도 저 멀리에서는 팽창을 계속하고 있다고 한다. 이렇게 인간은 우주 속에서 하나의 미미한 생명체로 발아되어 지구에 생존하고 있는 작은 생물군(生物群)에 불과하다.

그러나 인간은 우주의 거대한 역사 속에서 그들의 작은 역사를 형성하며 살고 있다. 다른 동물은 우주의 역사와 자신의 역사를 모를 것이다(그들 나름의 지식체계가 있는지는 알 수 없지만). 그러나 인간은 우주와 지구를 탐구하며, 스스로의 존재를 파악하는 것이다. 그 앎은 태초에서부터 조금씩 깨우치고 전승되면서 현대의 과학기술에까지 이르게 되었다. 이렇게 인간은 하나의 작은 생물군에 불과하지만 우주적 존재이며, 역사적 존재로서 그 모두를 의식하고 탐구하는 존재인 것이다.

인간의 역사적 인식은 과학 탐구의 정신에서 비롯되었다고 할 수 있다. 인간이 자신과 환경을 탐구하는 데서 모든 학문이 출발하였다. 인간이 자신과 환경의 정신적인 측면을 탐구하면 철학, 종교, 문학, 예술이 된다. 또한 인간이 자신과 환경의 물질적인 측면을 탐구하면 과학기술이 된다. 그러나 이 구분은 바라보는 시각의 차이일 뿐이다. 모든 학문은 인간성의 바탕 위에 서 있다. 인문학이든 사회과학이든 자연과학이든 인간성을 배제하고는 성립할 수 없다. 인문학자도 사회과학자도 자연과학자도 모두 다 인간이기 때문이다.

또한 인간은 사회적 존재이다. 그러나 인간사회의 성격은 지역별로 달라서 각 지역의 인간들이 추구하는 이상과 목표 및 이의 실현 방법이 다르다. 이것이 곧 이념이다. 인간사회의 공통된 목표는 '행복의 추구'라고 할 수 있을 것이다. 그러나 이를 실현하는 방법에 있어서는 각기 다른 성향을 띠게 된다. 그러한 성향은 먼저 종교에서 태동하였다. 기독교와 불교, 이슬람과 힌두교 등 모든 종교들은 인간다움을 지향하는 면에서는 유사하나 그들의 실행 방법은 각기 다르다. 각국의 정치는 그 나라의 주류종교(mainstream religion)의 영향을 받으면서 정치이념을 형성하여 왔다. 어느 나라나 민주주의를 외치지만 민주주의를 실현하는 세부적 방법은 다르게 나타났다. 그중 가장 극명하게 나타난 것이 자유주의와 공산주의의 양극화와 제3세계의 대립이라 할 수 있다. 인간사회에는 어디서나 권력관계가 형성되므로 한 사회가 다른 사회를 지배하려는 속성이 있다. 자기들의 행복을 위해 다른 사회를 지배하려는 것이다. 이것이 서세동점과 군국주의로 나타났다.

과학의 최종 목표 역시 인간의 행복 추구일 것이다. 과학도 사회적 환경의 지배를 받아왔다. 아무리 순수과학이라 하더라도 사회라는 지붕 아래에서 벗어나지 못한다. 갈릴레오는 그 사회에 반하는 주장을 했다가 큰 코를 다쳤다. 전쟁에 대비해서 과학자는 무기를 만들어야 했다. 원자력 발전은 핵무기를 만들기 위한 준비단계라고도 한다. 여기서 우리는 건강한 사회에서만 행복한 과학기술이 발전할 수 있다는 결론을 얻을 수 있다.

따라서 과학은 사회적 존재이며 과학자는 사회의 요구에 맞는 진리를 추구한다. 그러나 과학자의 진리 탐구는 고도의 정신 활동으로서 사회적 테두리를 벗어날 수 있으며 이를 통해 사회를 개선하는 지도적 역할을 수행할 수 있다. 사회 속에 과학이 존재하되 과학은 사회를 발전시킬 수 있으며 그 역 또한 같다.

학문의 사명, 학자의 사명

학문은 사회 속에서 태동하여 사회와 함께 성장해왔다. 인간사회는 대단히 포괄적이지만 국가라는 범주로 한정해서 보면 각 국가의 사회적 성격은 각기 차별화된다. 예를 들면 미국사회와 한국사회, 일본사회와 중국사회는 정치, 경제, 사회, 문화면에서 다르게 형성되어 왔다. 학문은 인류 보편의 진선미(眞善美)를 추구하지만 그 사회적 바탕은 나라마다 다르다.

학문이 사회라는 기반 위에서 사회를 위해 존재한다는 것은 어쩌면 당연한 일인지 모른다. 학문은 사회의 산물이며 사회 속에 깊이 통합되어야만 학문으로서의 기능을 발휘할 수 있기 때문이다. 학문이 사회와 동떨어져 학자들만의 난해한 언어와 담론(談論)으로 머문다면 그것은 '학자를 위한 학문'일 뿐이며 학문으로서의 가치와 기능을 발휘하지 못하는 것이다. 요즘 '인문학 위기'의 문제도 우리나라의 인문학이 시민 속에 튼튼히 뿌리내리지 못한 데 그 원인의 일단을 찾을 수 있을 것이다. 즉 학문의 씨앗을 파종하고 생산하는 학자들이 소위 '학술논문'이라는 그들만의 영역을 구축하고 어려운 문장으로 포장함으로써 시민들과 담을 쌓고 있다는 것이다. 각 학문 영역들이 사회 속에서 시민들을 위해 실용성과 가치를 제공할 수 있도록 시민의 일상 언어로 접근하지 못하고 있는 것이다.

미국의 물리학자 리처드 파인만(Richard P. Feynman)은 물리학적 앎, 즉 물리학 지식에 대하여 "과학을 전공하지 않은 자기 애인이 이해할 수 있도록 물리학의 내용을 쉽게 설명할 줄 알아야 그것이 자기의 지식이 되었다고 할 수 있다"고 말했다고 한다.[1] 이러한 논리는 인문학에도 동일하게 적용할 수 있다. 예를 들어 철학은 철학을 모르는(소크라테스의) 부인이 알아들을 수 있도록, 국어학은 어법을 모르는 초등학생이 알아들을 수 있도록, 문헌정보학은 도서관을 모르는 노인이 알아들을 수 있도록 설명할 수 있어야 각기 그 학문에 대한 지식이 있다고 할 수 있을 것이다. 다시 말해 각 학문은 모든 시민들이 이해할 수 있는 언어로 표현되어야만 학문의 '위기'를 극복할 수 있다는 것이다.

학문의 사명

인간은 사회를 형성하여 서로 도우며 살아간다. 이 '서로 도움'이 곧 상호작용이며 소통이다. 이러한 삶의 상호작용에는 정신적 작용과 물질적 작용이 있다. 인간의 삶을 나무에 비유해 보면 정신적 상호작용은 인간 생활의 뿌리를 형성하며, 물질적 상호작용은 인간 생활의 줄기, 가지, 잎을 형성한다. 뿌리가 튼튼하면 줄기와 가지와 잎이 무성하다. 한편 줄기와 가지와 잎이 제대로 기능해야 뿌리도 잘 기능할 수 있다. 건강한 나무는 뿌리와

---

1) 오세정. 2005. 「물리학-자연과학의 근본」. 『스무 살에 선택하는 학문의 길』. 360쪽.

줄기, 가지, 잎이 서로 보완관계를 유지한다. 그러나 중요한 것은 나무에서 가지와 잎은 떼어내도 살 수 있다. 또 줄기를 잘라도 뿌리만 있으면 새순이 돋는다. 어떤 경우는 가지와 잎을 많이 솎아 주어야 더 잘 살 수 있다. 그러나 뿌리를 모두 자르면 나무는 살 수 없다. 따라서 생명력의 근원은 뿌리에 있다.

인문학은 곧 뿌리에 해당된다. 인간이 이용하는 물질, 즉 부(富)는 줄기, 가지, 잎에 해당된다. 줄기와 가지와 잎이 너무 무성하면 나무가 지탱하기 어렵듯이 물질이 너무 풍부하면 정신이 퇴보된다. 복권에 당첨된 졸부들이 쉽게 무너지는 것은 이 때문이다. 갑자기 찾아온 부를 지탱할 수 있는 정신의 뿌리가 약하기 때문이다. 따라서 나무가 균형 성장을 하듯이 사람도 정신과 물질의 성균(成均)을 이루어야 한다. 그런데 언제부터인가 물질이 인간의 정신을 지배하게 되어 인문학에 '위기'가 찾아온 것이다.

인문학은 인간의 정신, 즉 뿌리를 지탱하는 학문이다. 인문학은 인간의 근본에 대한 깊은 성찰을 통하여 인간생활에 끊임없이 맑은 물을 공급하는 생명의 샘물이다. 따라서 인문학이 없으면 인간 정신이 병들고 말라 인간은 얼마 못가서 '서로 도움'의 정신을 잊어버리고 자기들끼리 '약육강식'하는 동물로 퇴보할지 모른다. "인문학이 죽으면 나라 망한다."는 한 잡지 기사의 제목은[2] 저널리즘의 지나친 선동적 표현이라기보다는 인간 정신의 뿌리로서의 인문학의 역할과 중요성을 단적으로 웅변한 것이라 할 수 있다. 언어학, 문학, 역사, 철학, 종교, 예술, 문헌정보학 등 모든 인문학은 인간 정신활동의 산물이며 인간을 인간답게 하는 학문들이다. 따라서 인문학문

---

2) 『신동아』 1999년 5월호. 346쪽.

의 사명은 바로 인간을 인간답게 하는 데 있으며, 이는 어느 시대에 이르러 종료되는 것이 아니라 끊임없는 연구와 성찰을 통해 연면히 이어지는 인류 정신의 역사이다. 인문학은 이러한 인간 정신의 뿌리를 튼튼히 하는 소임을 완수해야 할 역사적 사명을 띠고 있다.

학자의 사명

그러나 학문이 말처럼 그렇게 쉬운 것은 아니다. 인문학자들의 사명은 간단히 말하면 '인간 정신의 뿌리인 인문학을 연구하고 가르치는 것'이라 할 수 있다. 언어학자, 역사학자, 종교학자, 문학자, 철학자, 예술인, 문헌정보학자 등 모든 인문학자는 그들의 지식의 지평[3]을 넓히고, 지혜의 심연(深淵)을 천착하여 시민들에게 삶의 방향을 제공함으로써 인간사회의 정신적 지주가 되어야 한다. 학자들은 자기 영역 안에서의 고립을 벗어던지고 다양한 전공자와 교류하면서, 그들의 깊이 있는 전공지식의 각도에서 다른 영역도 아울러 성찰함으로써 인간 정신사의 전체적인 통찰을 이루어 내야 한다. 그러기 위해서는 모든 학문에 있어 포용과 창조적 태도가 절실히 필요할 것으로 생각된다.[4]

또한 연구의 결과 발표에 있어서는, 학자들 사이에 교류되는 학술논문의 언어 표현은 다소 전문적이고 난해하다고 하더라도 그 내용이 일반 대중을

---

3) 2006년 12월에 『지식의 지평(知平)』이라는 학술잡지가 창간되었다. 학술지의 제목에서 지평을 '地平'이라 쓰지 않고 '知平'이라 한 것이 의미심장하다. 땅의 지평선이 아니라 지식이 소통하는 '지식의 지평선'이라는 의미로 해석되기 때문이다.
4) 조동일, 1997, 『인문학문의 사명』, 서울대학교출판부, 49~56쪽.

향할 때에는 대중의 언어로 소통될 수 있어야 한다. 시민의 호응을 얻지 못하는 학문은 학문으로서의 사회적 역할을 할 수 없을 것이기 때문이다. 오늘의 학자에게 요구되는 사명은 연구는 깊고 넓게, 표현은 쉽게 하는 것이라고 말할 수 있다. 즉 학자들은 지식의 우물을 파고, 지혜의 샘물을 길어 시민에게 공급하는 역사적 사명을 띠고 있다. 쉽지 않은 학문을 쉽게 뚫어내기는 어려울 것이다. 또 어렵게 뚫어낸 학문을 쉽게 설명하기는 더욱 어려울 것이다. 그러나 그 딱딱한 진리를 뚫어낸 학자는 자신만의 앎의 과정을 체험했기 때문에 좀 더 쉬운 언어로 설명이 가능할 것이다. 알기 쉬운 언어로 시민에게 지식과 지혜를 전함으로써 교양과 지혜를 갖춘 시민을 길러 그들로 하여금 인간적 삶의 행복지수를 높이는 활동을 전개하는 것이 이 시대 학자들에게 주어진 사명이 아닐까?

인문학의 위기란 무엇인가

　인문학의 위기론은 우리나라 근대 교육제도의 실시 이후 수많은 학자들의 생각 속에 잠재되어 왔으나 1990년대 중반 '문민정부'의 임시조직 '교육개혁위원회'가 교육의 방향을 '수요자 위주'의 교육으로 제시하면서 수면 위로 떠오르게 되었다(교육개혁방안, 1995년 5월 31일). 그 후 '국민의 정부(김대중 정부)', '참여정부(노무현 정부)', 그리고 'MB정부(이명박 정부)'에 이르기 까지 거의 30년이 흘러가고 있지만 '인문학의 위기'는 아직도 진행 중이며, 오히려 학문의 전당이라는 대학에서는 어문학, 역사학, 철학과의 폐지나 통폐합 등 인문학의 위기를 더욱 심각한 수준으로 내몰고 있다.

　학문의 위기론은 인문학에만 있었던 것은 아니다. 자연과학, 응용과학 등 소위 이공계 학문에서도 위기론이 대두되어 왔다. 기초과학을 소홀히 하고, 과학기술자를 홀대하면 국가의 발전이 암울하다는 의견도 수없이 제기되어 왔다. 오늘의 교육제도 하에서는 인문학의 위기론이건 자연과학의 위기론이건 국가와 사회의 미래를 걱정하는 올바른 지적이라고 생각된다. 그렇다면 이러한 학문의 위기를 어떻게 타개할 것인가? 위기라는 말을 습관적으로 쓰다보면 위기의식을 느끼지 못하는 것이 우리 인간의 속성이다.

따라서 이제는 학문의 위기 타령만 계속할 것이 아니라 위기를 느끼는 사람들, 즉 학자 자신들부터 학문의 위기를 극복하려는 노력을 기울여야 하리라고 본다.

'인문학 위기론'의 본질은 인문학이 경시됨으로써 벌어지는 인문정신의 결핍과 그로 인해 야기되는 정신문화의 쇠퇴에 있다고 생각된다. 국가와 대학에서 그리고 사회 각 부문에서 지금처럼 인문학을 홀대하고 무시한다면 인간의 인간다움을 지탱하는 정신적 기둥이 무너지게 된다는 것이다. 즉 작금에 대두되고 있는 인문학 위기론은 본질적으로 부문 간의 연구용역비를 둘러싼 돈타령이나 자리다툼이 아니라 인간 정신을 찾는데 그 목적이 있다고 본다. 구체적으로 말한다면 인문학자와 사회과학자, 인문학자와 자연과학자들의 밥그릇 싸움이나 자리다툼이 아니라는 점이다.

그러나 지금까지 설명되고 있는 위기론과 그 비판들을 보면 마치 주어진 연구비 예산을 어느 부문이 더 많이 차지하느냐로 비쳐지기 십상이다. 인문학의 위기, 자연과학의 위기 등 각종 위기론의 등장에는 당국의 지원 소홀과 부문 간 불균형 지원, 학생들의 졸업 후 취업난 등 현실적, 경제적 기회균등의 문제와 관련되고 있다. 위기론이 학문적 본질에 근거한 것으로 여겨지기보다는 사회경제적 기회의 불평등이라는 면에서 사회적 갈등으로 비쳐지는 것 같아 마음이 석연치 않다.

따라서 필자는 위기의 본질을 확실히 한 연후에라야 보다 근본적인 타개책이 나올 수 있다는 점을 지적하고 싶다. 이러한 본질 인식위에서 대응전략으로서는 장기적인 안목에서 위기의 타개방안을 찾아야 한다고 생각한다. 학자, 학생, 정책당국이 위기론의 본질이 무엇인가를 인식하고 국가와 사회의 장기적 균형 있는 발전을 모색해야 한다고 생각한다.

교육정책 당국의 전략

교육정책당국은 인간을 경제적 자원으로만 보는 근시안적 시각에서 탈피하고 인간과 학문 그리고 교육에 대한 올바른 정책을 펴야 한다. 적어도 교육에 관한 한 인간을 자원으로 보는 비인간적 발상과 학문을 경제 논리로 지배하려는 교육의 시장 경제적 발상을 버려야 인간사회가 제대로 발전할 수 있다고 본다.

그런 다음 국가 전체적으로 학문발전의 균형을 생각해야 한다. 우선은 돈벌이가 되지 않아도 모든 학문 부문에 골고루 지원을 해야 한다. 돈벌이가 되는 쪽만 투자하면 결국 기형사회가 된다. 기형의 사회를 원하지 않는다면 정책당국은 교육과 학문 발전의 '성균(成均) 정책'을 펴야 한다고 생각한다. 학문의 균형은 국가의 균형이자 문명의 균형이기 때문이다.

학자들의 전략

학자들은 연구비와 관련된 밥그릇 싸움을 경계하고 그들이 진정으로 좋아하는 학문연구에 몰두해야한다. 공자(孔子)는 연구비를 타지 않고도 위대한 인문학을 수립했다. 석가(釋迦)는 탁발 구걸하면서 불교를 확립했다. 기독교의 박애주의는 금욕 정신에 기반을 두고 있다. 조선조의 위대한 인문학자 다산 정약용선생은 18년간 전라남도 강진의 귀양지에서 500여권의 책을 저술했다고 한다.[1] 선비정신, 인문정신은 곧 인간, 사회, 역사, 우주에 대한 탐구정신이며, 이러한 정신에서 진정한 학문의 결실이 수확된다. 학자들은 연구용역을 수주하려 애쓸 필요가 없다. 교수직만으로도 현실적 삶은 좋으며 책을 사고 연구할 시간은 많다고 생각한다. 국가의 지원은 교수로 임용되지 못한 신진 학자들에게 돌아가야 한다. 연구하고 가르치고 또 연구하는 성실한 삶의 실천이야말로 진정한 인문학자들의 태도가 아닐까?

학생들의 전략

학생들은 무엇을, 어떠한 삶을 원하는가? 취직, 돈, 다 삶에 있어 필수적이다. 그럼 취직이 되고 돈을 많이 벌었다고 하자. 그 다음은 무엇인가? 대재벌이 되어 돈을 굴리면서 부도덕한 활동을 일삼는 '경제동물'이 될 것인가, 아니면 먹고 마시고 노래하고 방탕할 것인가? 그것까지도 인간인 이상 허용할 수 있는 일이라고 하자. 그럼 그 다음은 무엇인가?

취업과 돈은 한계가 있고 억지로 되지도 않는다. 또한 그것이 인생의 원대한 목표라고 하기에는 너무나 저급하다. 백만장자라도, 천하를 지배하던 왕이라도 결국은 사라진다. 우리 인생은 길지도 않지만 결코 짧지도 않다. 젊었을 때부터 착실히 학문에 전념하고 본인이 가장 좋아하는 일을 찾아 평생 동안 행복하게 사는 것, 그것보다 더 나은 삶이 있을까?[2]

백만장자가 아니라도 내가 가장 하고 싶은 일을 평생 누리면서 다른 사람들에게 더불어 행복을 줄 수 있는 일, 정치가, 기업인, 공무원, 학자, 언론인, 예술인, 외교인, 의사, 기술자, 노동자 다 좋을 것이다. 나의 길(道)이

---

1) 정민. 2006. 『다산선생 지식경영법』. 서울 : 김영사.
2) 김순희. 2006. 「헤이리 출판도시, 행복한 바보들이 마음치장하며 사는 동네」. 『신동아』 2007
   년 1월호. 418~427쪽.

뚜렷하고, 나의 행(行)이 올바르고, 나의 생각(念)이 슬기로우면 그것처럼 인간다운 삶은 없을 것 같다. 직업의 선택, 학문의 선택은 본인의 의지에 따라야 하며 결코 경제논리로 부화뇌동(附和雷同)해서는 안 될 일이다. 어떤 분야를 공부하든 인문학은 우리의 삶을 방향 잡아주는 나침반이다.

기업들의 전략

기업은 인재를 중요시한다. 기업들은 인재를 양성하기 위해 연수원에서 교육을 하고 해외유학도 보낸다. 일은 사람이 하며 그중에서도 능력 있는 사람이 해내기 때문이다. 능력 있는 사람이란 어떤 사람인가. 인간적인 경영자, 창의적 기술자들이다. 인간 경영으로 회사를 기획하며, 창의적으로 신기술을 개발하여 경쟁에서 이기는 사람들이 기업을 이끈다. 창의적인 인재는 인문정신을 지닌 사람들이다. 기술인이라도 인문정신의 바탕이 없이 기술에만 밝은 사람은 기업에 대한 충성도가 낮을 수 있다. 산업스파이로 기술을 빼내 갈 수도 있다. 그러나 인문정신이 두터운 사람은 자신을 알고 회사를 알고, 국가와 사회를 생각하므로 회사에 기여하고 회사를 떠나서도 회사와 사회를 위해 일할 것이다. 기업에서의 '인문정신'은 곧 '기업정신'으로 발전될 수 있다.

결국 정책 당국과 대학 그리고 기업들이 자신의 본질 구현에 충실할 때 모든 위기는 기회로 전환될 수 있다. 당국은 균형 있는 교육학술정책을, 학자는 진리탐구에 전념을, 대학은 기초학문의 육성을, 학생들은 스스로 적성에 맞는 가장 하고 싶은 공부를, 기업은 기업정신과 인문정신의 접목을 이루어내야 한다.

우리나라의 인문학이 '위기'에 처해 있다는 것은 어제 오늘 나온 이야기는 아니다. 1995년 5월 31일 교육개혁위원회가 제시한 교육개혁방안에서 수요자 위주의 교육을 지향하면서 인문학 위기론이 제기되어 왔다. 1999년 한 잡지는 "인문학이 죽으면 나라 망한다."는 제목의 기사를 실어 인문학 위기의 문제점을 심층 분석한 바 있다(『신동아』 1999년 5월호). 인문학의 위기에 대한 논쟁들은 그 후에도 학계와 언론에서 간헐적으로 거론되어 왔으며 2006년 9월 15일 고려대학교 교수들의 '인문학 선언'을 계기로 다시 언론의 표면으로 떠오르고 있다.

사실 학문의 '위기론'이 인문학에만 있었던 것은 아니다. 자연과학, 공학 등 소위 이공계 학문도 위기론이 대두되어 왔다. 기초과학을 소홀히 하면 국가의 과학기반이 무너지고, 과학기술자를 홀대하면 국가의 발전이 암울하다는 의견도 수없이 제기되었다. 인문학의 위기론이건 자연과학의 위기론이건 다 옳은 지적으로 보인다. 따라서 이 모든 위기론이 옳다면 무엇이 문제란 말인가. 옳은 의견들을 수렴해서 국가의 학술 및 교육정책에 반영하면 될 것 아닌가?

인문학 위기론의 본질과 해법에 대하여 좁은 지면으로 체계적 접근을 하는 것은 거의 불가능하다. 따라서 여기서는 문제의 본질을 간단하게 언급하고 이를 타개할 수 있는 원론적 해법을 찾아보는 수밖에 없다. '인문학 위기론'의 본질을 한마디로 요약한다면 인문학이 경시됨으로써 벌어지는 인간 정신의 결핍과 그로 인해 야기되는 '정신문화의 쇠퇴'라고 할 수 있을 것이다. 즉, 인문학 위기론은 부문 간의 돈타령이나 자리다툼이 아니라 인간 정신을 찾는데 그 목적이 있다. '인문학 선언'은 인문학의 본질과 역할을 회복하기 위하여 정부와 대학과 사회가 공감대를 형성함으로써 우리사회에 정신의 뿌리를 튼튼히 하자는 '지식인들의 호소'라 하겠다.

위기의 타개 방안은 이러한 본질적 기초에서 나와야 하며, 따라서 임시방편이 아닌 '블루오션'적 접근이 필요하다고 본다. 눈앞에서 잘 보이지 않을 땐 좀 더 높이 올라가서 보아야 한다. 높이 올라가면 '블루오션'도 볼 수 있다. 이제는 정책 당국자, 학계, 기업계 모두가 '블루오션'을 볼 때라고 생각한다. 인문학이든 자연과학이든 모든 학문은 시장 경제적 논리가 아니라 각 학문의 본질적 기반 구축이 먼저이다. 이러한 기초위에서 장기적으로 경제는 더 굳건해 질 수 있다. 정책 당국과 대학 그리고 기업들이 이러한 본질 구현에 충실할 때 위기는 기회로 전환될 수 있다. 당국은 균형 있는 학술정책을, 대학은 인문학과 기초학문의 육성을, 기업은 기업정신과 인문정신의 접목을 이루어내야 한다. 인문학은 인간정신의 뿌리이다. 뿌리를 고사시키고 나무가 무성하기를 바랄 것인가?

이종권. 2006년 10월 9일(월) 『건대학보』

4

학문의 대중화와 도서관

인문학이 대중과 소통해야 한다면 무엇을 어떻게 소통해야 하는가? 여기에 '무엇을'에 해당하는 답은 인문학 각 분야의 연구에 바탕을 둔 충실한 내용, 즉 '콘텐츠'이며, '어떻게'에 해당하는 답은 콘텐츠를 전자적으로 소통하는 멀티미디어와 디지털미디어이다. 전통적인 소통은 면대면의 대화와 책 등 아날로그적 소통이었으나 지식정보사회에서의 소통은 디지털 네트워크에 의한 컴퓨니케이션(compunication) 소통으로 변모되고 있다.

초기 컴퓨터 통신과 인터넷은 콘텐츠를 만드는 프로그램이 미숙했고, 컴퓨터통신과 인터넷의 유용성에 대한 학자들의 인식도 부정적이어서 인문 콘텐츠를 구축하고 소통하는 노력이 적극적으로 이루어지지 않았으며, 다만 인터넷을 통해 뉴스를 보거나 전자메일을 이용하는 수준이었다. 또한 음란물이나 상업성 게임 등이 먼저 인터넷을 점령해 인터넷 중독, 게임 중독 등의 사회문제를 야기하여 왔다. 그러나 2000년대 이후 인터넷에 탑재되는 각종 자료의 내용이 점점 충실해지고, 정부, 회사, 단체, 개인에 이르기까지 홈페이지를 구축하여 마케팅의 수단으로 활용하면서 이제는 유용하고 수준 높은 내용들도 인터넷에 탑재, 디지털문서로 제공함으로써 지식

정보의 소통이 상당부분 인터넷을 통해 이루어지고 있다.

특히 IT(Information Technology)기술과 CT(Culture Technology)기술의 접목으로 정보통신 산업과 문화산업이 급속도로 발전하고 있다. 오늘 우리의 삶의 모습은 문자생활을 하는 사람이라면 누구나 눈만 뜨면 인터넷에 접속하여 정보를 검색하고 메일을 교환하며, 도서관에 가기 전에 먼저 인터넷을 통하여 정보를 찾게 되었다. 또한 교육, 영화, 상거래 등 거의 모든 부문의 커뮤니케이션을 사이버를 통해 실현해 가고 있다. 이제 지식정보사회는 역사를 흐르는 시대의 대세이기 때문에 전통적 방법을 고수하던 학자들도 이러한 역사적 흐름을 외면할 수 없게 되었다.[1] 따라서 인문학, 사회과학, 자연과학 모두 지식정보 네트워크에 연구의 성과물인 콘텐츠를 올려 지식과 정보를 대중 속으로 전파하지 않으면 안 되게 되었다.

'콘텐츠'와 '디지털콘텐츠'

이러한 상황 속에서 이제 '콘텐츠'라는 용어는 본래의 사전적 의미인 책의 '목차', '내용'의 의미로부터 '전자적으로 구현되는 내용', 즉 '디지털에 탑재되는 내용'으로 변모되었다. 사전에서 '콘텐츠'와 '디지털콘텐츠'를 검색하면 다음과 같은 해설이 나온다.

---

1) 이태진. 2001. 「정보화시대의 한국 역사학」. 『역사학과 지식정보사회』. 서울대학교출판부. 3~31쪽.

"콘텐츠(contents) : 원래는 책·논문 등의 내용이나 목차를 가리키는 것이었으나 지금은 영화나 음악, 게임 등의 오락으로부터 교육, 비즈니스, 백과사전, 서적에 이르는 디지털 정보를 말한다. 통신회선을 사용하여 간단히 접속할 수 있는 데다 개인용 컴퓨터의 보급이 확산 일로에 있으므로 콘텐츠 관련 비즈니스는 더욱 확대될 것으로 예상된다. 한편 콘텐츠의 사회적 영향력에 대해서는 예측 불가능한 부분이 있으므로 법적·윤리적 관점에서 어느 정도의 규제를 설정해 두어야 한다는 지적이 나오고 있다." (DAUM 백과사전)

"디지털 콘텐츠(digital contents) : 유무선 전기 통신망에서 사용하기 위해 부호·문자·음성·음향 이미지·영상 등을 디지털 방식으로 제작, 처리, 유통하는 자료, 정보 등을 말한다. 구입에서 결제, 이용까지 모두 네트워크와 개인용 컴퓨터(PC)로 처리하기 때문에 종래의 통신 판매 범위를 초월한 전자 상거래(EC)의 독자적인 분야로서 시장 확대가 급속히 이루어지고 있다." (DAUM IT사전).

또한 '콘텐츠'에 접두어를 붙여 '인문콘텐츠', '문화콘텐츠'라는 용어가 사용되고 있고, '콘텐츠학'을 연구하는 학회들이 결성되고 있으며, 각 대학에서도 문화콘텐츠와 관련되는 학과들이 새로운 전공분야로 개설되고 있다.[2] '문화콘텐츠학'은 다학문적(多學問的) 성격을 띠고 있다. 이는 콘텐츠의 주제가 한두 가지가 아니기 때문일 것이다. 다음은 한 대학의 홈페이지에

---

2) 문화콘텐츠 관련학과를 개설한 국내 대학은 4년제 대학 14개교, 대학원 10개교 2년제 대학 11개교이다(자세한 것은 박지선. 2005. 「문화콘텐츠 교육을 위한 교과과정」, 『문화콘텐츠학의 탄생』. 서울 : 다할미디어. 171~203쪽 참조).

서 문화콘텐츠학 전공을 소개하고 있는 글이다.

문화콘텐츠학과

문화콘텐츠란 영화, 게임, 애니메이션, 만화, 캐릭터, 음악, 방송, 모바일 콘텐츠, 웹 콘텐츠 등 다양한 미디어를 이용하여 창작, 유통, 향유되는 멀티미디어형 문화 상품을 일컫는다. 현대사회에서는 디지털융합이 본격화되면서 다양한 문화콘텐츠 수요가 빠르게 증가하고 있고 콘텐츠산업의 수익기반도 크게 확대되고 있다.

문화콘텐츠산업은 지식과 아이디어, 문화적 창의력과 첨단기술이 집약된 대표적인 지식기반산업으로서 관련 산업으로 영향력이 퍼져나가는 One Source Multi Use의 특성을 가지고 있어 고부가가치를 창출하는 산업으로 각광받고 있으며 또한 환경 친화적 산업으로 21세기 국가경쟁력을 결정하는 핵심 산업으로 부상하고 있다.

본 문화콘텐츠학과는 문화콘텐츠 산업계에서 가장 필요로 하는 문화콘텐츠 기획인력, 문화콘텐츠 스토리텔링 개발인력, 문화콘텐츠 비즈니스인력을 양성하고자 한다. 실제 문화콘텐츠 산업은 여러 다양한 전공들의 학제적 협력과 창의성을 바탕으로 발전할 수 있기 때문에 문화콘텐츠 관련 산업계에서도 가장 필요로 하는 인력은 문화콘텐츠 전반을 다룰 수 있는 학제적 능력과 창의성을 갖춘 인재들이다. 따라서 문화콘텐츠학과는 인문학 관련 과목들을 통해 전문지식을 습득하게 함으로써 창의성을 바탕으로 한 전문 인재를 양성하고자 한다.

특히, 문화콘텐츠학과는 우리나라 주요한 문화콘텐츠업계의 CEO들과 기획 개발자들을 겸임교수로 초빙하여 실무능력을 강화하는 교육을 실시하며 특히 3학년, 4학년에서는 문화콘텐츠 현장실습교육을 통해 실제 콘텐츠 개발 프로젝트를 수행하는 프로젝트 중심의 교과과정을 운영한다.

(한양대학교 ERICA캠퍼스 문화콘텐츠학과 : http://contents.hanyang.ac.kr)

이와 같은 콘텐츠의 의미와 문화콘텐츠학의 성격에 비추어 볼 때 인문콘텐츠, 문화콘텐츠, 디지털콘텐츠는 각기 콘텐츠의 포함 범위가 다르다는 것을 알 수 있다. 콘텐츠 앞에 붙여진 한정어들이 그 포함범위를 지시해주기 때문이다. 즉 인문학의 내용을 디지털화 한 것은 '인문콘텐츠'이며, 문화의 내용을 디지털화 하면 '문화콘텐츠'가 되는 것이다. 또 '문화콘텐츠'는 인문학을 기반으로 하지만 문화는 그 범위가 더 넓으므로 문화콘텐츠는 인문콘텐츠를 포함하는 개념으로 볼 수 있다. 인간생활의 모든 측면이 문화에 포함되기 때문이다.

'디지털콘텐츠'는 인류의 전 지식 영역을 디지털화하는 것으로 해석되며 어떤 내용이든지 디지털화 하면 디지털콘텐츠로 되어 문화콘텐츠보다 더 광범하게 느껴진다. 또한 디지털콘텐츠가 인류의 전 지식영역을 콘텐츠화 한다는 의미로 본다면 이는 '디지털도서관'과 동일한 의미가 된다. 이와 같이 인문콘텐츠, 문화콘텐츠, 디지털콘텐츠는 순차적인 포함관계를 이룬다고 하겠다. 따라서 모든 지식과 정보는 궁극적으로 디지털화를 통해서 디지털도서관 개념으로 통합될 수 있다. 인류의 전 지식 부문에 걸쳐 디지털화가 완성되고 디지털유통으로 전 세계가 교류되면 지구촌은 거대한 디지털도서관이 될 것으로 전망된다.

인문학의 '블루오션'

『블루오션 전략』이라는 책이 2005년에 출판되어 경영분야의 베스트셀러가 된 적이 있다. 블루오션 전략(Blue Ocean Strategy)이란 프랑스 INSEAD Business School의 김위찬(W. Chan Kim) 교수와 르네 마보안(Renee Mauborgne)

교수가 제창한 기업전략 이론이다. 이 이론의 핵심은 '경쟁을 넘어선 창조'에 있으며 이를 '블루오션 전략'이라 이름 붙인 것이다. '블루오션(Blue Ocean)'이란 이미 존재하는 치열한 경쟁 산업시장을 의미하는 '붉은 바다(Red Ocean)'와 대비되는 개념으로서 아직 아무도 시도한 적이 없는 저 푸른 바다와 같은 거대한 성장잠재력을 가진 미개척 시장을 뜻한다. 따라서 블루오션에서 시장 수요는 경쟁에 의해 발생되는 것이 아니라 창조에 의해서 발생되고 높은 수익과 고속 성장을 가능하게 하는 무한한 기회가 존재하는 시장이라는 것이다.[3]

그런데 이러한 블루오션전략이 인문학과 무슨 관계가 있을까? 특히 인문학은 산업이 아니므로 시장개념과는 거리가 멀고, 따라서 본래 경쟁이라는 게 없는 것 아닌가? 그러나 위의 블루오션의 개념의 핵심은 '창조'에 있으며, 인문학은 인간 정신의 '창조'에 있기 때문에 이런 점에서 공통점을 발견할 수 있다. 산업에서도 경쟁을 넘어서는 창조를 강조하듯이 본래부터 창조를 본질로 하는 인문학이야말로 보다 새로운 다짐으로서 '블루오션' 전략으로 나가면서 온고지신(溫故知新)할 필요가 있다고 생각되기 때문이다.[4]

또한 앞서 살펴본 21세기 사회의 큰 줄기가 되고 있는 지식정보사회 내지 디지털사회 속에서 인문학은 새로운 창조와 대중화의 방법적 전환을 통하여 문화산업의 창조에도 핵심적인 역할을 수행해야 할 책임이 있다. 이

---

3) 김위찬, 르네 마보안. 강해구 옮김. 2005. 『블루오션 전략』. 서울 : 교보문고.
4) 정조대왕은 溫故知新은 '옛글을 익혀 새 글을 안다'는 뜻만이 아니라 '옛 글을 익히면 그 가운데서 새로운 맛을 알게 되어 자기가 몰랐던 것을 더욱 잘 알게 된다'는 의미라고 경연에서 가르쳤다고 한다. '옛 고(古)'를 쓰지 않고 '까닭 고(故)'를 쓴데서 이러한 해석이 가능하며 오늘의 우리들도 재음미하고 깨달아야 할 대목이다(한국학중앙연구원 세종국가경영연구소. 2005. 『정조실록으로 떠나는 여행』. 171~173쪽 참조).

러한 맥락에서 인문학의 블루오션 전략은 바로 인문콘텐츠, 문화콘텐츠, 디지털콘텐츠로 나아가는 것이다. 인문학은 새롭고 알찬 온고지신(溫故知新)의 통찰력으로 깊이 있는 학문적 천착을 지속하면서 그 결과물들을 인문콘텐츠와 문화콘텐츠에 담아냄으로서 학문의 대중적 소통을 통하여 인류의 정신문화와 물질문명이 균형 있게 발전할 수 있도록 이끌어야 할 것이다. 인문학은 이제 좁은 골방으로부터 벗어나 저 푸른 대양을 향해서 항해를 시작해야 한다.

학문의 대중화와 도서관

현대사회가 인터넷으로 대표되는 디지털사회라고 하지만 아직 완전한 디지털사회가 이루어진 것은 아니다. 대부분 인문학의 기초자료와 연구물들은 아직 아날로그 상태이다. 지식을 소통하는 데 중요한 역할을 하는 도서관 역시 아날로그의 비중이 훨씬 높다. 디지털자료는 점점 확대일로에 있지만 아직은 발전단계에 지나지 않는다고 해야 할 것이다. 따라서 앞으로의 도서관은 인문콘텐츠와 문화콘텐츠를 아우르면서 디지털콘텐츠를 구축하고 소통시키는 것이 시대가 요구하는 방향이라고 생각된다.

현재 대부분의 도서관은 책과 멀티미디어 문헌자료를 수집, 보존, 활용시키고 있다. 학자들은 개인적으로 수집해서 공부하는 책도 많지만 고문헌자료 등 역사자료들은 도서관을 이용한다. 전통적 인쇄자료인 종이 책의 편리와 유용성은 아직 훌륭하다. 학생들은 책이 없으면 공부하기 어렵다.[5] 따라서 도서관은 종이책을 지속적으로 유지하면서 사라져가는 책들을 디지털화하는 노력을 기울이지 않으면 안 된다. 예를 들면 각 대학 도서관에 소장되어 있는 1950년대 이전의 고서들은 우선적으로 디지털 복원사업을 함으로써 원본 보존의 문제와 이용의 편리를 함께 해결해야 한다. 도서관을 통한 인문콘텐츠의 구축은 인문학의 소통을 원활하게 함으로써 대중의 문화적 수준과 질을 높이는 데 기여할 것이다.

그러나 중요한 것은 디지털사회는 인간사회의 한 측면에 불과하다는 점을 잊어서는 안 된다는 것이다. 디지털은 보존과 소통의 유용한 기술적 방법일 뿐이며 이를 활용하는 것은 인간이기 때문에 인간과 디지털에 있어 주객이 전도되는 현상이 일어나서는 안 될 것이다. 인간은 아날로그도 필요하고 디지털도 필요하다. 인간은 디지털 방식으로 결혼하고 아이를 낳을 수 없다. 디지털 방식으로 음식을 먹을 수도 없다. 인간은 인간이며, 디지털은 디지털인 것이다. 따라서 인간은 앞으로도 인간정신을 뿌리로 하고, 과학기술을 도구로 삼는 인간적 지혜를 발휘하며 살아갈 것이라 확신한다.

---

5) 학생들이 교과서를 사지 않으려하는 것은 공부하지 않겠다는 것과 다름이 없다. 공부의 도구를 사용하지 않는 것이기 때문이다.

인문사회과학 문헌정보 접근법

학문은 세계를 보는 '렌즈'다. 학자들은 학문을 통해서 세상을 보고, 해석하고, 평가하고, 방향을 잡는다. 역사학자는 역사학의 렌즈로, 경제학자는 경제학의 렌즈로, 화학자는 화학의 렌즈로 세상을 보고 해석을 내린다.

도서관에서는 다양한 분야의 렌즈로 세계를 보고, 새로운 세계를 발견할 수 있다. 이들 다양한 세계를 널리 포용하고, 이해하며, 안내하는 곳이 바로 도서관이다. 도서관처럼 다양한 지식을 보유하고, 수집하고, 안내하고, 제공하는 곳은 별로 없다. 혹자는 종합대학이 있지 않느냐고 반문할 것이다. 그러한 이해도 틀린 것은 아니다. 종합대학은 개설되어 있는 학문분야의 모든 지식을 제공 안내한다. 그러나 그렇더라도 대학에서의 지식 보유와 안내 및 제공은 대학에 속해 있는 중앙도서관을 비롯한 여러 단과대학의 도서관을 통해서 이루어진다.

이렇게 도서관은 모든 지식을 보유하고, 안내하고, 활용하는 지식 정보의 보고(寶庫)이다. 따라서 도서관의 진정한 봉사는 이러한 지식정보의 동맥과 정맥을 정확히 짚어 안내할 수 있는 유능한 주제 전문사서들이 많이 포진하면서 고객들을 맞이해야만 지식정보서비스의 질적 수준을 향상시킬 수 있을 것이다.

인문사회과학 문헌정보접근법은 사서들에게 주제전문성을 길러주기 위한 의도에서 기획된 문헌정보학 전공 교과목이다. 주제전문사서의 양성이 제도적으로 미흡한 우리나라의 교육상황에서 사서들이 각 분야 지식의 갈래와 개념을 이해하고, 핵심적 지식정보자원으로 이용자를 안내할 수 있도록 도와주기 위한 것이다.

"철학은 철학하는 방법만을 가르칠 수 있다."는 말이 있다. 이 말은 모든 학문에도 통용될 것 같다. 인문사회과학 문헌정보 접근법은 인문사회과학 분야의 문헌정보를 해설하고 정보원을 찾아가는 길을 제시하는 교과목이다. 즉 각 학문분야의 개요와 학문 갈래, 세부 정보원에 대하여 정확하게 안내하기 위하여 정보를 찾아가는 관문을 열어주는 분야이다. 이러한 길 안내를 통해 사서들은 스스로 그 방법을 익히고, 보다 심도 있는 지식 정보에 접근하는 길을 스스로 터득해야 할 것이다.

정보원의 안내는 서지리스트의 나열과 해제보다는 각 분야 정보원에 접근하는 방법을 아는 것이 중요하다. 그 방법의 하나로서 전국 대학의 학과에서 개설한 교과과정에 기초를 두고 각 학문분야의 기본교과서를 중심으로 점차 관련 정보원으로 그 깊이와 넓이를 확대하는 방법을 적용하는 것이 바람직하다. 이렇게 함으로서 학문에 접근하는 초학자로부터 교수, 연구자에 이르기까지 각 분야에 대한 수준별 체계적인 접근안내를 할 수 있을 것으로 판단되기 때문이다.

인문사회과학

철학 : 동양철학, 서양철학, 철학사

종교 : 종교학, 기독교, 불교, 이슬람교, 유교, 대종교, 원불교, 천도교

문학 : 국문학, 영문학, 독문학 불문학, 일본문학, 중국문학, 각국의 문학

어학 : 국어학, 영어학, 독일어학, 불어학, 일본어학, 중국어학, 각국의 어학

예술 : 미학, 연극, 영화, 음악, 미술, 사진, 체육

역사학, 사회학, 정치학, 행정학, 법률학, 언론학, 사회복지학

경제학, 경영학, 무역학, 지리학, 문헌정보학, 교육학, 심리학, 가정학

인문사회과학 사서 필독서

- 각 분야의 개론서(○○원론, ○○개론, ○○입문, ○○의 이해, ○○이란 무엇인가 등)

- 이지성. 2010. 『리딩으로 리드하라』(311~331쪽)에 소개된 인문고전 독서교육 참고도서

- 문학의 숲 편. 2010. 『법정스님의 내가 사랑한 책들』에 소개된 50권의 책

- 서울대 학생을 위한 권장도서 100선(http://book100.snu.ac.kr)

선정취지

현대인은 지식과 정보가 폭발적으로 늘어나는 시대에 살고 있다. 이러한 시대환경의 변화 속에서 대학의 교육이념 역시 바뀌지 않으면 안 된다. 대학이 개별 분과학문의 전문지식을 전수하는 전통적인 역할에만 안주할 때는 자기 분야만 아는 편협한 근시안을 양산할 수밖에 없으며, 미래사회의 복잡다기한 변화에 대처할 수 없다. 이런 이유에서 대학은 더 이상 정형화된 기성지식의 전수기관이 아니라

새로운 가치를 창출할 수 있는 지적 능력을 길러내는 곳으로 바뀌어야 한다. 학생들이 장차 어떤 직종에 종사하든, 평생 동안 시대의 변화에 적응하며 지속적으로 학습할 수 있는 든든한 잠재역량을 키워주어야 한다. 따라서 오늘날 대학교육은 학생들이 개별 분과학문의 경계를 넘어서 종합적 판단력과 비판적 사고력을 기를 수 있도록 하는 데 주력해야 한다. 이런 취지에서 서울대학교는 인문·사회·자연 과학의 기초학문 분야를 바탕으로 하는 기초교육 강화에 중점을 두고 있다.

서울대학교는 그러한 기초교육 강화의 취지를 제대로 살리고 내실을 기하기 위한 핵심과제의 하나로 <서울대 학생을 위한 권장도서 100선>을 선정하는 한편, 후속작업을 통해 서울대학교 학생들이 학문 분야를 막론하고 지식의 원천이 되는 동서양 고전을 읽는 풍토를 조성하고자 한다. 따라서 이번에 선정된 도서들은 단지 해당 전공분야의 학생들만을 위한 것이 아니라, 개별 전공의 울타리를 넘어서 서울대학교 학생들이 재학기간 동안 두루 섭렵하기를 권장하는 취지로 마련된 것이다. 또한 과거와 달리 지식기반사회에서는 대학에서 배운 지식을 사회에서 활용하는 데 그치지 않고 평생 지속적으로 새로운 지식을 창출해야 한다는 점을 고려할 때, 여기에 제시되는 도서들은 학생들이 대학을 졸업한 후에도 가까이 두고 꾸준히 읽어나가는 것이 바람직함은 물론이다.

고전이란 모름지기 인류의 지혜가 집약된 보고라 할 수 있다. 현대사회에서 지식과 정보가 급속하게 팽창할수록 인간과 사물에 대해 종합적으로 판단하고 사고할 수 있는 능력은 그만큼 더 중요하다. 학생들이 고전에 대한 독서를 통해 그러한 판단력과 사고력을 함양하는 한편 성숙한 지성인으로서의 기본 소양을 기를 수 있기를 기대한다.

도서목록

연번	분야	서명	저자
1		고전시가선집	
2		연암산문선	박지원
3		구운몽	김만중
4		춘향전	
5		한중록	혜경궁 홍씨
6		청구야담	작자미상
7		무정	이광수
8		삼대	염상섭
9	한국문학	천변풍경	박태원
10		고향	이기영
11		탁류	채만식
12		인간문제	강경애
13		정지용전집	정지용
14		백석시전집	백석
15		카인의 후예	황순원
16		토지	박경리
17		광장	최인훈
18		당시선	
19		홍루몽	조설근
20	외국문학	루쉰전집	루쉰
21		변신인형	왕멍
22		마음	나쓰메 소세키

23		설국	가와바타 야스나리
24		일리아드, 오딧세이아	호메로스
25		변신이야기	오비디우스
26		그리스비극선집	소포클레스 / 아이스퀼로스 / 에우리피데스
27		신곡	단테
28		그리스로마신화	
29		세익스피어 (Hamlet, Macbeth, As you like it, Tempest.)	세익스피어
30		위대한 유산	찰스 디킨스
31		주홍글씨	호손
32		젊은 예술가의 초상	제임스 조이스
33		허클베리 핀의 모험	마크 트웨인
34		황무지	엘리엇
35		보바리 부인	플로베르
36		스완네 집 쪽으로	프루스트
37		인간조건	말로
38		파우스트	괴테
39		마의 산	토마스 만
40		변신	카프카
41		양철북	그라스
42		돈키호테	세르반테스
43		백년동안의 고독	마르께스
44		픽션들	보르헤스
45		고도를 기다리며	베케트
46		카라마조프가의 형제들	도스토예프스키
47		안나 카레니나	톨스토이
48		체호프 희곡선	체호프
49		삼국유사	일연
50		보조법어	지눌
51		퇴계문선	이황(李滉)
52		율곡문선	이이(李珥)
53		다산문선	정약용(丁若鏞)
54	동양사상	주역	작자미상
55		논어	
56		맹자	맹자(孟子)
57		대학, 중용	증자(曾子), 자사(子思)
58		제자백가선도	

59		장자	장자(莊子)
60		아함경	작자미상
61		사기열전	사마천(司馬遷)
62		우파니샤드	작자미상
63		역사	헤로도토스(Herodotos)
64		의무론	키케로(Cicero, Marcus Tullius)
65		국가	플라톤(Platon)(영:Plato)
66		니코마코스 윤리학	아리스토텔레스(Aristoteles)
67		고백록	아우구스티누스(Aurelius, Augustinus) (영 : Saint Augustine. Saint Augustine of Hippo)
68		군주론	니콜로 마키아벨리(Machiavelli, Niccolo)
69		방법서설	르네 데카르트(Descartes, Rene)
70		리바이어던	토마스 홉스(Hobbes, Thomas)
71		정부론	존 로크(Locke, John)
72		법의 정신	
73		에밀	장 자크 루소(Rousseau, Jean-Jacques)
74		국부론	아담 스미스(Smith, Adam)
75		페더랄리스트 페이퍼	알렉산더 해밀턴(Hamilton, Alexander)
76	서양사상	미국의 민주주의	알렉시스 토크빌 (Tocqueville, Alexis (Charles-Henri-Maurice Clérel) de)
77		실천이성비판	임마누엘 칸트(Kant, Immanuel)
78		자유론	존 스튜어트 밀(Mill, John Stuart)
79		자본론	칼 마르크스(Marx, Karl Heinrich)
80		도덕계보학	프리드리히 니체(Nietzsche, Friedrich)
81		꿈의 해석	지크문트 프로이트(Freud, Sigmund)
82		프로테스탄티즘의 윤리와 자본주의 정신	막스 베버(Weber, Max)
83		감시와 처벌	미셸 푸코(Foucault, Michel Paul)
84		간디 자서전	M.K. 간디 지음, 함석헌 옮김
85		물질문명과 자본주의	페르낭 브로델(Braudel, Fernand)
86		홉스봄 4부작 : 혁명의 시대, 자본의 시대, 제국의 시대, 극단의 시대	에릭 홉스봄(Hobsbawm, Eric John Ernst)
87		슬픈 열대	레비스트로스(Levis Strauss, Claude)
88		문학과 예술의 사회사	아르놀트 하우저(Hauser, Arnold)
89		미디어의 이해	마샬 맥루한(Mcluhan, Marshall)
90	과학기술	과학고전선집	
91		신기관	프란시스 베이컨(Bacon, Francis)

92	종의 기원	찰스 다윈(Darwin, Charles Robert)
93	과학혁명의 구조	토마스 쿤(Kuhn, Thomas S.)
94	괴델, 에셔, 바흐	더글러스 호프스태터(Hofstadter, Douglas R.)
95	부분과 전체	베르너 하이젠베르크(Heisenberg, Werner)
96	엔트로피	제레미 리프킨(Rifkin, Jeremy)
97	이기적 유전자	리처드 도킨스(Dawkins. Richard)
98	객관성의 칼날	찰스 길리스피(Gillispie, Charles Coulston)
99	같기도 하고, 아니 같기도 하고	로얼드 호프만(Hoffmann, Roald)
100	카오스	제임스 글리크(Glieck, James)

※ 위의 권장도서 100권에 대한 자세한 설명은 서울대학교 기초교육원 편. 2010.『창조적 지식인을 위한 권장도서 해제집－문학에서 과학기술까지』. 서울대학교 출판문화원. 참조

6

과학기술 문헌정보 접근법

과학기술 사서는 과학기술자라야 하는가? 그렇다면 그 어렵고 방대한 과학기술을 어떻게 섭렵해야 할까? 아리스토텔레스가 다시 태어난다면 몰라도 그렇지 않은 이상 보통사람으로서는 한마디로 불가능한 일이다. 그러면 과학기술 사서가 될 수 있는 좋은 방법은 없을까? 이러한 답답한 질문에 대한 하나의 해답을 제시하기 위하여 본 교과목이 마련되었다.

필자가 자연과학도가 아닌데도 과학기술 문헌정보에 대한 강의를 맡는다는 것은 문자 그대로 '주제 넘는' 일이다. 그럼에도 불구하고 이러한 시도를 하는 것은 한 가지 좋은 방법이 떠올랐기 때문이다. 그 방법의 힌트는 바로 자동차를 운전하면서 머리에 스쳐갔다. 우리가 교통수단으로 없어서는 안 될 자동차는 과학기술이 이루어 낸 중요한 발명품 중 하나이다. 현재와 같은 성능이 우수한 자동차가 나오기까지는 무수한 과학기술자들의 연구와 노력이 있어 왔다. 그러나 자동차는 과학기술자들의 전유물만은 아니다. 자동차 운전을 배워 익히면 누구든지 쉽게 자동차를 운전할 수 있다. 바로 이것이다. 자동차기술을 모르는 사람도 자동차를 잘 운전할 수 있는 것과 같이 과학기술을 잘 모르는 사람도 과학기술을 잘 '운전'할 수 있는 것이다. 과학기술에 대해서 기초부터 차근차근 탐구해 간다면 과학기술이라 할지라도 그렇게 두려운 상대가 아니라는 생각이 들었다. 만용인지는 몰라도…….

실험실에서 연구하는 사람들은 과학자들이다. 그러나 실험실에서 연구하지 않는 대다수의 학생들과 일반인들도 과학에 대한 관심을 갖고 공부한다면 문헌정보를 통해서 과학기술에 대한 전반적인 이해를 넓힐 수 있다. 즉 과학을 직접 연구하는 것은 어렵지만 과학에 대해서 지식을 넓히고 이용하는 일은 가능하다는 것이다. 일상생활, 특히 도서관에서 과학에 관한 문헌과 정보 데이터베이스들에 대하여 그 학문의 갈래, 용어, 연구 분야, 연구동향을 파악하는 일은 과학기술에 관심 있는 사서들이라면 비교적 체계적으로 능히 감당할 수 있는 것이다.

필자는 본 강의를 준비하면서 자연과학과 기술에 대한 많은 책을 구입하고, 구입할 수 없는 책은 도서관에서 대출받아 읽고 있다. 그 결과 다시 느끼게 된 것은 학문의 경계라는 것은 별로 큰 의미가 없다는 점이다. 경계는 단지 편의상 나눈 것일 뿐 그 이상도 이하도 아니라는 생각이 들었다. 모든 학문이 인간에 의해, 인간을 위해서 존재하는 한 학문은 결국 하나로 통합된다는 사실 때문이다. 학생들도 고등학교까지는 전 과목을 다 배우지 않았는가? 단지 문제는 인문과학과 자연과학 사이에는 인간과 자연을 바라보는 시각과 방법이 보다 정성적이냐 수량적이냐에 차이가 있다. 그래서 인문학은 언어가 기초가 되고 과학기술은 수리가 기초가 된다. 사회과학은 그 중간에 위치할 것이다.

본 강의에서 자연과학 전반에 관한 이해는 서울대학교 화학과 김희준 교수의 『자연과학의 세계 1, 2』와 한국방송통신대학교 이필렬 교수의 『인간과 과학』을 활용하려 한다. 이 책들은 자연과학 전공 교수들이 과학기술 전반을 알기 쉽게 설명한 것이다. 그리고 각종 문헌정보자료와 도구들은 도서관 자료조사와 웹자료의 조사를 통해서 각 분야의 지평을 넓혀가려 한다. 학생들은 자연과학의 세계에 대한 기초적인 이해를 위하여 강의 중에 제시되는 문헌들을 꼴돌히 읽고 직접 검색하여 봄으로써 과학기술 문헌정보에 대한 이용자 안내를 어떻게 할 것인가를 자연스럽게 터득하게 될 것이다.

과학기술 사서 필독서

<출처: 김용준 외 48인, 2005, 『스무살에 선택하는 학문의 길』, 서울: 아카넷.>

과학일반

이필렬, 『인간과 과학』, 한국방송통신대학교출판부, 2006.

김희준, 『자연과학의 세계 1, 2』, 궁리, 2003.

한국과학문화재단, 『과학기술인! 우리의 자랑』, 양문, 2006.

한국과학문화재단, 『교양으로 읽는 과학의 모든 것』, 미래M&B, 2006.

물리학

파인만, 김희봉 옮김, 『파인만 씨, 농담도 잘하시네』, 사이언스북스, 2000.

브라이언그린, 박병철 옮김, 『엘러건트 유니버스』, 승산, 2002.

하이젠베르그, 김용준 옮김, 『부분과 전체』, 지식산업사, 2005.

홍성욱 외, 『뉴턴과 이인슈타인』, 창비, 2004.

이인식, 『나노기술이 미래를 바꾼다』, 김영사, 2002.

수학

박세희, 『수학의 세계』, 서울대학교출판부, 1985.

클라인, 김경화 · 이혜숙 옮김, 『지식의 추구와 수학』, 이화여자대학교출
    판부, 1994.

이브스, 허민 · 오혜영 옮김, 『수학의 위대한 순간들』, 경문사, 1994.

맥레인, 이상구 외 4인 옮김, 『수학, 형식과 기능』, 청음사, 2001.

스미스, 황선욱 옮김, 『수학사 가볍게 읽기』, 한승, 2002.

화학

보니더스, 김민희 옮김, 『$E=mc^2$』, 생각의 나무, 2005.

린들리, 이덕환 옮김, 『볼츠만의 원자』, 숭산, 2003.

브라이슨, 이덕환 옮김, 『거의 모든 것의 역사』, 까치, 2003.

김홍종 · 김희준, 『과학으로 수학보기, 수학으로 과학보기』, 궁리, 2005.

생물학

에른스트 마이어, 최재천 외 옮김, 『이것이 생물학이다』, 몸과 마음,
    2002.

루이스 웰포트, 최돈찬 옮김, 『하나의 세포가 어떻게 인간이 되는가』, 궁
    리, 2001.

제임스 왓슨, 이한음 옮김, 『DNA생명의 비밀』, 까치, 2003.

리처드 도킨스, 홍영남 옮김, 『이기적 유전자』, 을유문화사, 2002.

에드워드 윌슨, 최재천 · 장대익 옮김, 『통섭 : 지식의 대통합』, 사이언스
    북스, 2005.

천문학

칼 세이건, 홍승수 옮김, 『코스모스』, 사이언스북스, 2004.

스티븐 와인버그, 신상진 옮김, 『최초의 3분』, 양문, 2005.

스티븐 호킹, 김동광 옮김, 『시간의 역사』, 까치, 1998.

박석재, 『우주를 즐기는 지름길』, 천문우주기획, 2000.

지구환경과학

박경리, 『토지』, 나남출판, 2002.

찰스 다윈, 장순근 옮김, 『비글호 항해기』, 전파과학사, 1993.

윌리엄 샤이러, 『제3제국의 흥망』, 에디터, 1993.

보리스 파르테니라크, 『의사 지바고』.

건축학

르 코르비지에, 이관석 옮김, 『건축을 향하여』, 동녘, 2002.

기디온, 김경준 옮김, 『공간, 시간, 건축』, 시공문화사, 2005.

루이스 헬만, 임종엽 옮김, 『재미있는 건축 이야기』, 국제, 1999.

조너선 글랜시, 강주헌 옮김, 『사진과 그림으로 보는 건축의 역사』, 시공
　　　사, 2002.

김석철, 『세계건축기행』, 창작과 비평사, 1997.

김석철, 『20세기 건축』, 생각의 나무, 2005.

기계공학

정재승, 『물리학자는 영화에서 과학을 본다』, 동아시아, 2000.

데이비드 맥컬레이, 박영재·박은숙 옮김, 『도구와 기계의 원리』, 서울

문화사, 2002.

사이먼 싱, 박병철 옮김, 『페르마의 마지막 정리』, 영림카디널, 2003.

Paul G. Hewitt, 공창식 옮김, 『알기 쉬운 물리학 강의』, 청범, 1998.

배일한, 『인터넷 다음은 로봇이다』, 동아시아, 2003.

김종환, 『로봇 축구 시스템』, 대영사, 2000.

재료공학

정미정, 『하버드 VS 서울대』, 답게, 2005.

백승일·김재정, 『엔지니어 인생에는 NG가 없다』, 김영사, 2000.

다치바나 다카시, 이정환 옮김, 『도쿄대생는 바보가 되었는가』, 청어람
　　　미디어, 2002.

김용준, 『갈릴레오의 고민』, 솔, 1996.

존 케리 편저, 이광열 등 옮김, 『지식의 원천』, 바다, 2005.

생명화학공학

리쳐드 올리버, 류현권 옮김, 『바이오테크 혁명. 다가오는 제4의 물결』,
　　　청림출판, 2000.

니케이 바이오테크, 강승우 옮김, 『유전자 비즈니스』, 김영사, 2002.

김훈기, 『유전자가 세상을 바꾼다』, 궁리, 2004.

유영재외 18인, 『실험실 밖에서 만난 생물공학 이야기』, 고려원미디어,
　　　1997.

이재열, 『자연의 지배자들』, 지호, 1999.

전기, 전자, 컴퓨터공학

하로나카 하이스케, 박승양 옮김, 『학문의 즐거움』, 김영사, 1992.

앨빈 토플러, 권오석 옮김, 『제3의 물결』, 홍신문화사, 1994.

가나데 다케오, 안소현 옮김, 『초보처럼 생각하고 프로처럼 행동하라』, 해바라기, 2003.

빌게이츠, 안진환 옮김, 『빌게이츠@생각의 속도』, 청림출판, 1999.

토목, 도시공학

석촌돈 외, 조남규 외 옮김, 『그림으로 해설한 토목시리즈』, 성안당, 2000.

허광희, 『토목공학 개론』, 구미서관, 2002.

한국건설산업연구원, 『건설관리 및 경영』, 보성각, 1997.

오덕성 · 문홍길, 『도시설계』, 기문당, 2003.

원제무, 『도시시설론』, 보성각, 2003.

원제무 외, 『글로벌시대의 도시정책론』, 박영사, 2000.

의학

이은성, 『소설 동의보감』, 창작과 비평사, 2000.

강구정, 『나는 외과의사다』, 사이언스북스, 2000.

나루시마 가우리, 박청원 옮김, 『환자가 된 의사들의 좌충우돌 투병기』, 산해, 2003.

에릭 J. 카셀, 강신익 옮김, 『고통받는 환자와 인간에서 멀어진 의사를 위하여』, 들녘, 2002.

헬.헬먼, 이충 옮김, 『의사들의 전쟁』, 바다출판사, 2002.

한의학

신동원 · 김남일 · 여인석, 『한권으로 읽는 동의보감』, 들녘, 1999.

신동원, 『조선사람 허준』, 한겨레신문사, 2001.

박윤재, 『한국 근대의학의 기원』, 혜안, 2005.

구만옥, 『조선 후기 과학사상사 연구』, 혜안, 2004.

이태진, 『의술과 인구 그리고 농업기술』, 태학사, 2002.

식품영양학

르네 튜보, 김숙희 옮김, 『적응하는 인간. 상 · 하』, 이화여자대학교 출판
      부, 1987.

제레미 리프킨, 신형승 옮김, 『육식의 종말』, 시공사, 2002.

윤서석, 『우리나라 식생활 문화의 역사』, 신광출판사, 1999.

김숙희 외, 『기초영양학』, 신광출판사, 2004.

과학기술독후감

건국대학교 인문과학대학 문헌정보학과, 『우리들이 만든 과학기술정보
      원』, 2006.(비매품)

7

통섭이란 무엇인가

　　요즘 모든 학문은 '통섭'의 학이 되어야 한다는 주장이 나오고 있다. 미국의 생물학자 에드워드 윌슨(Edward Osborne Wilson 1929~)의 『consilience : the unity of knowledge. 학문의 대 통합, 통섭』이 1998년에 출간되어 2005년에 우리나라에 번역 소개되었다. 이 책을 번역한 생물학자 최재천 교수는 생물학으로부터 학문의 대 통합을 이루어야 함을 강조하고 있다.[1] [2] 물론 그 이전에도 서울대학교 장회익 교수가 '온생명론'을 주창하였다. 장교수는 그의 저서 『삶과 온 생명』에서 자연과학을 우주 전체의 생명의 문제로 보고 동양철학적인 해석을 시도하였다.[3] 우주는 곧 생명의 질서로

---

1) 에드워드 윌슨(Edward Osborne Wilson). 최재천 역. 2005. 『학문의 대 통합 통섭』. 서울 : 사이언스북스
　　"진리의 행보는 우리가 애써 만든 학문의 경계를 존중해 주지 않는다. 학문의 구획은 자연에 실재하는 것이 아니기 때문이다. 진리의 궤적을 추적하기 위해 우리 인간이 그때그때 편의대로 만든 것일 뿐이다. 진리는 때로 직선으로 때로 완만한 곡선을 그리며 학문의 경계를 관통하거나 넘나드는데, 우리는 우리 스스로 만들어 놓은 학문의 울타리 안에 앉아 진리의 한 부분만을 붙들고 평생 씨름하고 있다."<통섭. 7쪽. 옮긴이 서문 첫 단락에서>
2) 최재천. 2005. "생물학, 지식을 통섭하는 학문." 『스무살에 선택하는 학문의 길』. 서울 : 아카넷. 391~402쪽.
3) 장회익. 1998. 『삶과 온생명』. 서울 : 솔출판사.

서 우주 전체가 하나의 거대한 생명체라는 것이다. 따지고 보면 학문 간의 편 가름은 매우 부질없고 편협한 짓이다. 우주의 전체를 보고 학문을 해야만 올바른 생명의 원리와 질서를 알아낼 수 있다. 인문학을 하든 자연과학을 하든, 저 광대무변한 우주의 생명을 기저로 해야 한다는 것이다.

'통섭'의 골자는 한마디로 고대의 학문처럼 학문의 본래 모습으로 돌아가야 한다는 것으로 세부 전공자들이 자신만의 좁은 테두리를 벗어나 전체 학문을 인간적으로 조망할 수 있는 눈을 갖자는 것으로 이해된다. 모든 학문은 결국 '인간의, 인간을 위한, 인간에 의한 학문'이기에 좁은 스펙트럼의 색안경을 쓰고는 그런 포괄적 안목을 갖기 어렵다는 것이다. 현재 흔히 목도되고 있는 학문 간의 담쌓기에 대한 경종이 아닐 수 없다. 사실 학문이란 무엇인가? 배우고(學) 묻는(問) 것이다. 배우면서 의문을 가지고 탐구하고 또 배우고 … 여기에 경계란 무의미하다. 학문은 소통되어야 한다. 학문은 한 개인 학자의 전유물이 아니다. 누구든지 배우고 물어서 새로운 것을 터득하여 인류에게 이롭게 하면 되는 것이다.[4]

그런데 통섭을 이루어내는 역할은 역시 인문학이 앞장서야 한다. 어떤 학문을 해도, 어떤 일을 해도 그 저변에는 확고한 '인간정신'이 살아 있어야 하기 때문이다. 여러 분파의 학문도 본래에는 인문학에서 분가되어 나간 것이기에 통합을 이루는 데 있어도 역시 인문학이 앞장서 소통해야 하리라고 본다. 특히, 도서관을 중심으로……

---

4) 「우리 학문, 소통해야 위기 뚫는다」, 조선일보 2007년 1월 9일(화) A23면.
   한국학술협의회. 2006. 「기획 특집, 우리학문 어디에 서 있는가」, 『지식의 지평』 창간호 (2006년 12월 15일). 87~192쪽.

21세기 도서관의 경영

대중문화의 기반 공공도서관

문화 하면 우리들은 흔히 영화나 연극을 떠올리게 된다. 또 문화와 예술이 함께 쓰이는 경우가 많으므로 음악과 춤, 미술 등을 포함하여 문화 예술이라고 부르고 있다. 이렇게 우리의 문화에 대한 인식은 연극, 영화, 음악, 미술 등 예술부문에 치중되어 있고 정작 문화의 기반이 되고 있는 도서관은 우리의 인식과 생활 속에서 동떨어져 있다는 느낌이 든다. 대선 후보들의 토론에서도 누구하나 문화정책 가운데 도서관 정책을 언급하는 후보가 없으며 토론자로 나온 사람들도 후보들의 영화 예술에 대한 관심과 정책은 질문해도 도서관에 대한 정책을 물어보는 사람은 없었다.

사실 문화(文化)는 대단히 포괄적 의미를 지닌 말이다. 문화의 학문적 개념을 빌리지 않더라도 현대인의 생활 속에 문(文)이 개입되지 않는 분야는 없기 때문에 우리생활 자체가 바로 문화(文化)라고 할 수 있을 것이다. 따라서 우리는 문(文)을 통하여 커뮤니케이션과 창조의 과정을 반복하면서 보다 수준 높은 생활로 발전시켜 나가고 있는 것이다. 그러면 이러한 문화를 형성하는 기본 도구는 무엇인가? 그것은 단적으로 말해서 정보를 담고 있는 미디어 즉, 책이라고 할 수 있다. 책을 통해서 우리는 교육을 받고 지식을 확장하면서 지식정보사회로 나아가고 있다. 책으로 대표되는 정보미디어는 문화의 기초이며 그러한 정보미디어를 체계적으로 제공해 주는 도서관이야말로 가장 기본적인 문화의 텃밭인 것이다.

그런데 우리나라는 이러한 텃밭을 제대로 일구지 못하고 있다. 예를 들면 교육문화의 기반이 되어야 할 학교도서관은 초등학교에나 중·고등학교에나 제대로 설치되어 있지 않다. 또 도서관의 전문성이 결여되어 교육정보의 제공은커녕 먼지 쌓인 창고로 방치되어 있을 뿐이다. 학교에 도서관이 부실하다는 것은 교육문화 형성의 기본 환경이 부실하다는 뜻이다. 획일적인 입시제도의 틀 속에서 '시험선수' 양성에 치중하다보니 교과서와 참고서 이외의 책은 필요가 없으며 따라서 도서관도 별로 필요하지 않았다. 그 결과 인성과 창의성, 다양성을 길러주는 교육이 이루어질 수 없어 공교육의 위기를 초래하게 된 것이다. 공공도서관의 경우에도 우선 도서관 수가 2009년 말 현재 전국에 703개에 불과하여 인구 7만 명 당 1개 도서관이라는 미개한 수준에 머물러 있다. 또한 이용자층을 보더라도 대학입시나 취직시험준비를 위해 자기 책을 가지고 와서 열람실을 공부방으로 활용하는 수험생들이 대부분이다. 학교교육에서부터 첫 단추가 잘못 끼워져서 올바른 도서관 문화가 형성되지 못하고 있는 것이다.

최근 몇 년 사이에 전국의 각 지방자치단체들이 시민문화시설 확충이라는 기치 아래 공공도서관을 설립하고 있는 것은 그나마 다행스러운 일이다. 우선 도서관의 용도로 건물을 설계, 건축하고, 내부 시설도 다른 도서관의 장단점을 벤치마킹하면서 좋은 점들을 본받으려고 노력하는 모습을 보이고 있다. 그런데 경영 면에서 살펴보면 아직 도서관 서비스의 본질에 접근하지 못하고 있다. 구청장들이 인사권을 쥐고 있어 퇴직 공무원이나 자기 정당 소속인사들을 도서관 경영자로 임용하다보니 도서관 경영의 전문성을 살리지 못하고 있다. 관장이 도서관에 대한 마인드가 없어 도서관을 마치 잠시 조용하게 머물다 퇴직하는 직장으로 여기고 있다.

앞으로 대중의 정보문화 기반으로서 도서관이 제 역할을 다하기 위해서는 다음과 같은 정책개혁이 필요하다. 첫째, 각 급 학교에 도서관을 제대로 설립, 경영하고 도서관을 통해서 다양하고 창의적인 교육이 이루어질 수 있도록 교육제도를 개선해야 한다. 각 급 학교의 충실한 도서관 설치와 사서교사에 의한 도서관 경영은 공교육의 정상화에 기여할 것이며 학생들에게 도서관을 친숙한 공간으로 인식시켜 장차 성인이 되어서도 도서관을 생활문화의 터전으로 활용하게 될 것이다. 둘째, 공공도서관을 현재의 2배 이상으로 대폭 확충하여 국민이면 누구나 일상적으로 도서관을 접근할 수 있도록 정보사회의 지역 거점을 충실히 마련해야 한다. 셋째, 도서관에 가면 누구나 필요한 정보를 얻을 수 있고, 온라인 디지털 정보도 부담 없이 이용할 수 있도록 내용을 알차게 채워야 한다. 넷째, 도서관 경영은 전문직 사서에게 맡겨야 한다. 교장은 교사가, 법원장은 판사가, 대학총장은 교수가 맡듯이 도서관경영은 사서가 담당하는 것이 순리이다. 문화기관으로서의 도서관 경영의 전문성과 고객 중심 서비스의 지속적 개선, 수익사업에 매달리기보다는 시민의 정보편익을 우선하는 경영마인드가 도서관 정상화의 관건이기 때문이다.

끝으로 시민에 대한 도서관의 적극적인 마케팅이 필요하다. 대부분의 시민들이 도서관을 학생들의 공부방으로 인식하는 상황에서 도서관의 본질적인 서비스가 무엇인지를 다양한 채널을 통해서 알리는 활동은 또 하나의 도서관 서비스가 될 것이다. 어떤 사회시스템이든 그 본질에 충실하게 경영하는 것이 가장 중요하다. 도서관이 21세기 시민사회를 위한 문화의 텃밭으로서 시민사회에 깊이 뿌리내리기 위해서는 정부의 과감한 정책지원과 인식전환이 절실하다.

도서관 고객서비스 교육의 필요성과 방향

1. 정보 · 서비스 사회의 전개

21세기는 정보화와 서비스화라는 두 가지 큰 화두로 출발하였다. 앨빈 토플러(Alvin Toffler)의 예견대로 정보사회는 급속히 진전되고 있다.[1] 우리나라는 1990년대 중반 이후부터 인터넷이 보급, 확산되어 이제는 인터넷이 없으면 업무를 할 수 없을 정도가 되었다. 물론 인터넷만이 정보화인가에 대해서는 논란의 여지가 없지 않을 것이다. 그러나 현실적으로 우리 생활의 많은 부분이 인터넷을 통한 정보 교환에 의존하고 있다고 볼 때 인터넷은 정보화의 대표 지수라고 해도 무리가 없을 것이다.

또 하나의 큰 줄기는 서비스화이다. 20세기에는 농업과 제조업이 산업의 중심축을 형성하였다. 그러나 각종 산업의 눈부신 발달은 물량적 생산의 단계를 넘어 제품의 품질 경쟁으로 바뀌게 되었고, 다시 품질 수준이 평준

---

1) Alvin Toffler, 1980, *The third wave*, New York : William Morrow and Co., 1980

화 되어감에 따라 이제는 서비스 경쟁으로 그 중심이 옮겨지게 되었다. 또한 제품의 생산이 없이 순수 서비스만을 주된 업으로 하는 서비스산업이 중요한 산업분야를 형성하여 왔으며 서비스 부문이 국민 총생산의 절반이 넘는 국가들이 속속 등장하게 되었다. 이렇게 서비스산업 부문이 GNP의 절반 이상을 차지하는 경제를 특히 '서비스 경제'라고 일컫게 되었다.[2]

서비스 경제사회에는 서비스 경영을 필요로 한다. 현재 서비스 경영은 이익과 직결되는 기업들이 주도하고 있다. 이는 소비자들의 평판이 좋다는 회사에 전화를 걸어보면 곧 체감할 수 있다.

> "정성을 다하겠습니다. ○○팀 ○○○입니다."

이와 같은 '정성어린' 대답을 들을 수 있고 업무내용도 대체로 만족스럽게 처리하는 기업들이 늘어나고 있다. 이것은 저절로 이루어지는 것이 아니라 각 기업의 부단한 경영혁신과 고객중심의 서비스 경영이 반영된 결과라고 할 수 있다. 산업사회에서는 손으로 만져지는 제품의 품질이 가장 중요했지만 서비스사회에서는 제품의 품질은 기본이고, 서비스의 질이 가장 중요한 경쟁력의 핵심으로 등장하게 된 것이다.

이렇게 정보화와 서비스화는 21세기를 운행하는 수레의 두 바퀴라고 할 수 있다. 이 두 바퀴는 신속·정확·친절을 생명으로 한다. 신속하지 않은 정보, 정확하지 않은 정보, 불친절한 정보는 이미 정보가 아니다. 마찬가지로 신속하지 않은 서비스, 정확하지 않은 서비스, 불친절한 서비스는 이미

---

2) 이유재, 「서비스 품질에 대한 종합적 고찰: 개념 및 측정을 중심으로」, 『서울대 경영논집』 31: 3-4(1997). 249쪽.

서비스가 아니기 때문이다.

그러나 일반적으로 '서비스 경영'이라고 하면 사기업 부문에만 한정되는 것으로 인식되고 있어 서비스에 대한 도서관 경영자의 의식과 지원이 형성되지 못하고 있으며 이는 외국의 문헌정보학 논문에서도 지적되고 있다.[3] 과연 공공부문, 특히 도서관 부문은 서비스 경영의 예외지대인가? 이에 대한 대답은 결코 '아니다'일 것이다. 공적(公的) 서비스인가, 사적(私的) 서비스인가의 구분만 가능할 뿐이며 서비스의 필요성은 어디에나 상존하고 있다. 오히려 공공부문의 서비스 경영이 사회발전에 미치는 긍정적인 효과는 더욱 지대한 것으로 평가되기도 한다.[4] 사기업은 영리를 목적으로 서비스를 판매하지만 공공부문은 사회발전을 목적으로 서비스를 문자 그대로 '서비스'하기 때문이다.[5]

2. 도서관 업무의 기본 성질

도서관은 원래 서비스 기관이기 때문에 서비스라는 용어는 도서관 관련 문헌에서 일반적으로 사용되어 왔다. 도서관 업무의 본질이 서비스라고 한다면 도서관에서의 고객 서비스 교육은 필수적인 과정임에 틀림없다. 그러

---

3) Peter Hernon, Danuta A. Nitecki and Ellen Altman, "Service Quality and Customer Satisfaction : An Assessment and Future Directions." *Journal of Academic Librarianship* 25 : 1(1999) : 9-17.
4) ① 피터 드러커, 1995, 『비영리단체의 경영』, 서울 : 한국경제신문사.
  ② 공무원을 영어로 Civil Service라고 한 것은 공무원이 시민을 위해 봉사하는 서비스직 임을 나타내고 있으나 우리나라는 공무원이 서비스를 하기보다는 오히려 시민보다 우월한 입장에서 지시적인 행정을 해온 것이 사실인 것 같다.
5) 박영실, 2001, 『서비스를 돈으로 만드는 여자』, 서울 : 도서출판 하우.

나 지금까지의 도서관 서비스 인식은 서비스라는 본질적 의미와 실천은 간과한 채 도서관 업무 자체가 제품을 생산하는 것이 아니기 때문에 서비스라는 용어를 사용해 온 것은 아닌지 의문시 된다. 도서관이 서비스기관이라면 정말 '서비스'를 해야 하는데 공무원이 대부분인 공공도서관 직원들은 아직 서비스와는 다소 먼 거리에 있다.

도서관은 업종으로도 서비스 부문이지만 직원들의 행동 또한 서비스로 무장되어야 한다. 도서관은 고객이 원하는 정보들을 어떤 방법으로든 수집하여 제공할 의무가 있다. 도서관 경영 프로세스의 핵심은 도서관의 시설, 장비 등 하드웨어, 장서, 전자자료 등 콘텐츠웨어, 경영자, 사서, 일반직원 등 휴먼웨어, OPAC, 홈페이지, 인터넷 등 소프트웨어의 모든 요소들을 활용하여 고객에게 최적의 정보 서비스를 제공하는 것이다.

특히 정보사회의 공공도서관은 신속하고 정확한 정보서비스를 생명으로 한다. 정보사회에는 사회 전 부문의 개인과 조직 단위로부터 가정에 이르기까지 네트워크로 연결되기 때문에 네트워크에 탑재되는 콘텐츠가 신속하고 정확하지 못하다면 고객의 요구를 충족시킬 수 없다.[6] 도서관은 정보 콘텐츠인 자료를 신속 정확하게 수집, 정리, 분석하고 고객이 이를 적기에 이용할 수 있도록 하는 정보 네트워크의 지역 거점이다.

한편 서비스의 제공은 사서와 고객 간의 인간적 관계이므로 친절이 필수적이다. 특히 서비스의 질적 우월성이 조직 성패의 관건이 되고 있는 오늘의 서비스 사회에서는 더욱 그러하다. 일찍이 친절의 중요성을 깨달은 사

---

6) 정보사회는 직장인들이 출근하면 인터넷 컴퓨터부터 켜고 하루 종일 컴퓨터 앞에서 일하는 것을 보면 실감할 수 있다. 이러한 현상은 1990년대 중반만 해도 일반화되지 않았던 일이다.

기업들에서는 고객서비스(CS : Customer Service)교육을 전문적으로 시행하고 있다.[7] 인사하는 방법으로부터 고객을 대하는 태도, 전화 받는 태도에 이르기까지 반복적인 교육으로 종업원들에게 친절의 생활화를 유도하고 있다. 친절과 정성으로 대하지 않으면 고객을 만족시킬 수 없기 때문이다. 그러나 도서관들은 아직 고객서비스 교육을 실시하지 않고 있다. 사서들이 고객을 대하는 태도는 친절과는 거리가 먼 것으로 자주 지적되고 있다. 도서관이 아무리 현대식 건물과 첨단시설을 갖추고 있고, 고급 인력이 근무하고 있다고 하더라도 고객을 친절하게 대하지 않으면 고객들의 불만을 사게 될 것이다.

3. 도서관 서비스의 고객평가

도서관이 서비스를 어떻게 하고 있는지는 해당 도서관의 업무수행에 대한 고객들의 평가가 모여서 결정된다. 따라서 고객들로부터 좋은 평가를 얻기 위해서는 서비스의 질을 높이는 것이 필수적이다. 1980년대 중반부터 경영학의 마케팅 분야에서 이루어지고 있는 서비스 품질과 고객만족에 대한 연구들은 어떻게 서비스를 수행할 것인가라는 서비스 경영의 문제를 과학적으로 해결하기 위한 노력이라고 할 수 있다. 필자가 공공도서관 서비스에 대한 고객들의 인식을 조사하여 분석한 바에 따르면 고객들이 중요하

---

7) 서비스교육은 항공회사에서 승무원을 대상으로 실시하였으나 지난 몇 년 사이에 삼성을 비롯한 대기업이 세계화 경쟁력의 확보 및 서비스 경영차원에서 「서비스 아카데미」 등 전문교육장을 마련하고 서비스 교육을 본격적으로 실시하고 있다. 또 최근에는 한국전력 등 공기업들도 서비스 전문교육을 실시하고 있다.

게 생각는 서비스 요인과 고객만족에 가장 큰 영향을 미치는 도서관 서비스 요인들은 직원들의 예의바름, 업무 적극성, 친절성이 최우선 순위로 나타났다.[8]

4. 고객 서비스와 도서관의 사회적 효과

도서관의 사회적 효과는 도서관이 사회에서 요구하는 역할과 기능을 얼마나 잘 수행하고 있는가의 문제라고 할 수 있다. 이는 도서관의 목적론과 밀접하게 연관되어 있다. 즉 도서관의 효과는 도서관이 사회의 요구에 부응하여 그 요구를 얼마나 잘 충족시키는가에 의하여 판가름 난다고 볼 수 있다. 여기서 사회적 요구란 세 가지로 분류될 수 있다.

우선 도서관을 직접 이용하고 있는 고객들의 요구가 있다. 도서관을 이용하는 고객들이 도서관에 대하여 희망하고 요구하는 사항들이다.

둘째는 도서관의 직접적인 이용자는 아니더라도 도서관과 관련이 있는 학부모나 교사, 직장인 등 다양한 사람들의 요구가 있다. 말하자면 현재 도서관을 이용하지는 않지만 평생교육사회의 도래와 함께 앞으로 이용할 가능성이 있는 도서관의 잠재적 이용자의 요구이다.

셋째는 도서관 정책결정을 담당하는 행정당국과 의회, 각종위원회, 지역사회의 각 급 학교, 그리고 비정부기구, 출판, 잡지, 신문, 방송 등 여타 지식 커뮤니케이션 기관들의 요구가 있다.

---

8) 이종권, 2001, 「공공도서관 서비스 질의 고객평가에 관한 연구」, 성균관대학교 대학원 박사학위 논문, 30~53쪽.

도서관은 이들의 다양한 요구를 적절히 수용하고 조정하여 그들이 만족할 수 있는 정보 서비스를 제공하는 것이 도서관의 사회적 목적이며 존재이유가 된다. 도서관의 목적과 기능은 그 도서관이 속해 있는 사회의 요구에 기초할 때에만 그 효용과 가치가 인정될 수 있기 때문이다.[9]

이러한 관점에서 볼 때 도서관이 우선적으로 해야 할 일은 현재의 고객들에 대한 서비스를 먼저 만족스럽게 제공하지 않으면 안 된다. 현재의 고객들은 도서관을 이용한 결과 도서관의 서비스에 대한 묵시적인 평가를 하게 되며 이를 주변의 사람들에게 전파한다. 이들이 전파한 도서관에 대한 평가는 지역 주민에게 전달될 뿐 아니라 정책결정자나 이해관계자에게 전달되어 도서관의 효과성에 대한 사회적 평가가 형성된다.

따라서 도서관의 서비스 개선은 오늘의 정보사회와 서비스사회의 변화하는 환경 속에서 살아남기 위한 필수적 과제이다. 특히, 고객만족의 가장 중요한 요인으로 밝혀진 직원들의 업무 적극성, 예의바름, 친절성은 가장 우선적으로 개선되어야할 과제이다. 고객이 원하는 것을 제일 먼저 개선해 주는 도서관 경영은 곧 도서관의 사회적 효과를 높이고 위상을 제고하는 길이다. 따라서 도서관의 전 직원에 대한 고객서비스 교육은 도서관의 효과를 높일 수 있는 최우선의 과제임을 알 수 있다.

---

9) 최성진, 「도서관법중 공공도서관의 목적에 대한 비판적 고찰」, 『한국비블리아』 제2집(1974)
    : 164.

5. 결론

이상에서 살펴본 바와 같이 정보화 환경과 서비스 환경 하에서는 환경에 발 빠르게 적응함은 물론 변화를 사전에 예측하고 대비하여 최적 대안을 실행하는 전략적 서비스 경영이 필요하다. 사회의 거의 모든 부문에서 확대되어 가고 있는 고객서비스 교육을 도서관이 구경만 하고 있다가는 도서관의 위상과 사회적 존재가치를 제고하기 어려울 것이다. 의식개혁이 말로만 홍보되고 전파된다고 단시일에 성취되지 못하는 것처럼 서비스 개선도 생각과 구호만으로는 실현되기 어렵다. 따라서 가장 좋은 방법은 도서관의 경영자가 중심이 되어 직원들에 대한 서비스 교육을 계획하여 매일 매일 연습하고 실천해 나가는 길일 것이다. 사람은 아무리 사소한 일이라도 교육을 받지 않으면 실천하지 못하는 속성을 지닌다.

이러한 현실을 감안하여 도서관의 고객서비스 교육은 현실을 직시하는 절실한 교육이 되어야 하고, 도서관 현장의 서비스를 실질적으로 개선하는 실천적 교육이 되어야 한다. 이를 위해서는 우선 서비스 전문 강사를 초빙하여 시범 교육을 실시하고, 도서관계 자체의 교육기관이나 연수원에서 적절한 커리큘럼을 마련하여 의무교육을 실시하며, 도서관 현장에서 매일 실천할 수 있는 서비스 실천교육 시스템을 갖추는 것이 바람직하다고 생각된다.

3

공공도서관의 서비스 질 평가에 관한 실증적 연구

1. 서론

정보기술의 발전과 보급으로 정보사회가 실현되고 있고 서비스 산업이 급격히 확대됨에 따라 사회의 모든 부문에서 정보화와 서비스화가 21세기의 주된 경영전략이 되고 있다. 도서관도 이러한 사회변화에 발맞추어 이용자가 요구하는 정보서비스를 신속, 정확, 친절하게 충족시키는 고객중심 경영으로 전환하지 않으면 안되게 되었다. 특히 공공도서관은 정보사회의 지역 거점이 되는 기반조직으로서 그 중요성이 더욱 증대되고 있다.

우리나라의 공공도서관들은 지방자치 실시 이후 많은 발전을 이룩하였다. 2001년도 문화관광부의 문화기반시설 관련 정책자료에 따르면 지난 10년 동안 전국적으로 199개의 공공도서관이 신설되어 2000년 말 현재 400개관이 운영중이며, 2011년까지 총 750개관으로 확충할 계획으로 있다. 이에 따라 전국의 시, 군 지방자치단체들은 지역의 문화기반시설로서 공공도서관을 지어 속속 개관하고 있다. 또 기존의 공공도서관들도 시설을 확충하고 사회 변화에 적응하기 위한 노력을 기울이고 있다.

그럼에도 불구하고 아직 대부분의 공공도서관들은 사회로부터 도서관의 발전 노력에 상응하는 평판을 얻지 못하고, 사회적 위상과 정체성을 제대로 확립하지 못하고 있는 실정이다. 이것은 사회일반의 도서관에 대한 인식 부족에도 문제가 있겠으나 보다 근본적으로는 도서관이 고객의 요구를 정확하게 파악하고 고객의 관점에서 도서관의 서비스를 평가하여 개선하는 활동을 수행하지 않고 있는 데서 그 주요 원인을 찾을 수 있을 것이다.

우리나라의 도서관에 대한 평가는 1994년 대학 종합평가 인정제도 실시에 따라 대학도서관에서 먼저 시작되었고, 공공도서관에 대한 평가는 1998년 문화관광부에서 문화기반시설 관리운영 평가를 시작으로 연구가 활성화되기 시작하였다. 문화관광부의 평가 보고서 및 후속 연구들은 자원의 투입과 산출을 중심으로 한 정량적 평가가 주류를 이루어 왔으며 서비스의 질적 평가는 평가의 어려움 때문에 이루어지지 않았다.

도서관 서비스 질 평가가 어려운 이유는 서비스의 특성상 정형화된 객관적인 질적 기준을 만들기 어렵기 때문이다. 1998년 이후 도서관의 서비스 질에 대한 연구는 마케팅 분야의 서비스 질 이론을 활용하여 도서관 서비스 질의 측정 가능성을 제시한 연구[1]와 대학도서관을 대상으로 한 서비스 질 측정 연구[2] 등이 있으나 공공도서관에 대한 서비스 질 측정과 평가 연구는 아직 수행되지 않았다. 따라서 공공도서관의 서비스 질 측정과 평가를 위한 모형과 기법의 개발은 공공도서관 서비스 질을 개선하는 데 있어

---

1) 이상복, 「도서관의 이용자 중심 질 평가와 측정에 관한 이론적 고찰」, 『한국문헌정보학회지』 32 : 3(1998) : 265~280.
2) ① 박동진, 윤동원, 「대학도서관 품질의 측정」, 『한국도서관·정보학회지』 30 : 4(1999) : 183~206쪽.
② 백항기, 2000, 「대학도서관의 성과측정－서비스 질의 구성요인과 고객만족을 중심으로」, 성균관대학교 대학원 박사학위논문.

가장 필요하고도 시급한 과제라 하겠다.

본 연구는 공공도서관 서비스의 질을 어떻게 측정하고 평가할 것인가를 설명할 수 있는 서비스 질의 측정 및 평가 모형을 구축하고 이를 검증함으로써 공공도서관 서비스 질 개선을 위한 평가의 도구를 제공하는 데 목적이 있다.

2. 서비스 질 측정의 이론적 배경

1) 서비스 질의 정의

도서관은 원래 서비스 기관이기 때문에 서비스라는 용어는 문헌정보학 문헌에서 일반적으로 사용되어 왔다. 그러나 서비스를 질적인 측면에서 연구한 것은 마케팅 분야의 서비스 질 연구가 활발해진 1990년대부터라고 할 수 있다. 지금까지 밝혀진 서비스의 특성은 다음 세 가지로 요약할 수 있다.

첫째, 서비스는 무형(intangible)이다. 서비스는 업무수행이나 경험이기 때문에 사전에 보여줄 수 없고 감지할 수도 없으며 산출결과도 무형적이다. 둘째, 서비스는 이질적(heterogeneous)이다. 서비스는 제공자에 따라, 고객에 따라, 시점에 따라 모두 다르게 나타난다. 셋째, 서비스는 생산과 소비를 분리할 수 없다(inseparable). 서비스는 생산자와 소비자 사이의 상호작용을 통한 전달 과정에서 동시에 이루어진다.[3]

이러한 서비스의 기본적 특성으로 인해 제품의 품질에서처럼 객관적인 기준을 제시할 수 없어 서비스 질의 개념을 쉽게 정의하기가 어려웠다. 따라서 서비스의 질은 객관적인 차원이 아니라 평가자, 즉 고객의 인지적, 주관적 차원에서 개념 정의가 이루어졌다. 그랜루스(C. Groenroos)는 서비스의 질이란 고객이 기대한 서비스와 실제 제공된 서비스의 비교를 통해서 이루어진다고 하였다.[4] 또 패러슈러만(A. Parasurman) 등은 서비스의 질은 고객이 서비스에 대하여 기대하는 수준을 충족하거나 능가하는 정도, 즉 서비스에 대한 '고객의 기대와 지각사이의 불일치의 정도'라고 정의하고,[5] 서비스 질을 측정하기 위한 서브퀄(SERVQUAL : Service Quality, 이하 서브퀄로 표기)척도를 개발하였다.

그러나 이에 대한 비판적인 견해도 제기 되었다. 크로닌(J. Cronin)과 테일러(A. Taylor)는 서비스의 질은 서비스의 성과 그 자체이기 때문에 서비스 질의 측정에 있어서 고객의 기대를 측정할 필요는 없으며 서비스 성과에 대한 고객의 지각을 측정하는 것으로 충분하다는 주장을 폈다. 그들은 실제로 성과에 기반을 둔 서비스 측정 방법이 오히려 더 개선된 방법이라고 하면서 서비스 품질 평가방법을 경험적으로 검증하기 위하여 서브퍼프(SERVPERF : Service Performance)라는 새로운 척도를 개발하였다.[6]

서비스 질 측정의 이론적 모형에 대한 논쟁에서 가장 중요한 문제는 서비스 질의 정의에 대한 관념적 이해라 할 수 있다. 즉 서비스 성과에 대한 기대와 지각의 차이로 서비스 질을 정의할 것인가, 아니면 실제의 서비스

---

3) Valarie A. Zeithaml, A. Parasurman and Leonard L. 1990. *Berry, Delivering Quality Services Balancing Customer Perception and Expectations*, New York : The Free Press, p.15.

4) C. Groenroos, "A Service Quality Model and its Marketing Implications", *European Journal of Marketing* 18:4(1984) : 40.

5) Valarie A. Zeithaml, A. Parasurman and Leonard L. Berry, op.cit., pp.18~19.

6) J. Joseph Cronin, Jr. and Steven A. Taylor, "Measuring Service Quality : A Reexamination and Extension", *Journal of Marketing* 56(1992) : 55~68.

성과에 대한 고객의 지각만을 서비스의 질로 정의할 것인가의 문제이다. 지금까지 서비스 질의 정의는 서비스의 질은 고객이 주관적으로 판단하는 서비스의 우수성에 대한 기대와 실제 서비스 수행에 대한 지각된 인지의 차이라는 것이 일반적으로 인정되고 있다.

2) 서비스 질의 측정도구

서비스 질은 주관적이고 추상적인 개념이기 때문에 측정의 방법도 고객을 대상으로 조사하는 인지적 접근 방법에 의존할 수밖에 없다. 패러슈러만 등은 서비스 질의 속성을 분류하여 추상적인 서비스의 질을 구체적으로 측정하기 위한 5개의 차원을 설정하였다. 서비스 질의 5개 차원은 처음에는 유형성, 신뢰성, 반응성, 적임성, 정중성, 진실성, 안전성, 접근성, 의사소통, 고객의 이해 등 10개로 구성하였으나 그후 유형성, 신뢰성, 반응성, 보장성, 공감성 등 5개의 기준으로 재정리하였다.

패러슈러만 등은 또 이러한 5개의 차원에 따라 서비스의 질을 측정하기 위한 22개 항목의 서브퀄 척도를 개발하였다.

〈표 1〉 서비스 질의 차원

서비스 질 측정의 차원		내용
10개의 차원	5개의 차원	
유형성(Tangibles)	유형성 (Tangibles)	물리적 시설, 장비, 사람, 커뮤니케이션 도구의 외형
신뢰성(Reliability)	신뢰성 (Reliability)	약속된 서비스를 정확하고 믿음성 있게 수행하는 능력
반응성(Responsiveness)	반응성 (Responsiveness)	고객을 도와 즉각적인 서비스를 제공하려는 의지
적임성(Competence) 정중성(Courtesy) 진실성(Credibility) 안전성(Security)	보증성 (Assurance)	종업원의 지식 및 정중함, 진실과 확신을 전달하는 능력
접근성(Access) 의사소통(Communication) 고객의 이해 (Understanding the Customer)	공감성(Empathy)	고객에 대한 개별적인 관심과 배려

자료 : Valarie A. Zeithaml, A. Parasurman and Leonard L. Berry, 1990. *Delivering Quality Services Balancing Customer Perception and Expectations*, New York : The Free Press. p.25.

3) 도서관 서비스 질의 측정

마케팅 분야에서 개발된 서비스 질 측정을 위한 서브퀼 척도는 일반적인 서비스 기업을 대상으로 한 것이기 때문에 모든 서비스 분야에 통용될 수 없다는 한계를 지니고 있다. 따라서 서브퀼의 기본적인 개념의 바탕 위에서 각 분야의 특징에 따른 속성을 반영하여 척도를 변형, 사용하고 있다. 문헌정보학에서의 서브퀼 척도의 변형 개발 사례는 캘버트(Philip J. Calvert)와 허논(Peter Hernon)이 조사하여 만든 대학도서관을 위한 서브퀼 척도가 대표적이다. 이들은 대학도서관 서비스 질 측정에 필요한 101개 항목의 서비스 질 측정 문항들을 <표 3>과 같이 구성하였다. 또한 이 측정문항들을 안내, 대기시간, 전자서비스, 직원, 장비, 자료, 건물·환경, 비품 및 편의시

〈표 2〉 패러슈러만의 SERVQUAL 척도

차원	번호	척도문항
유형성	1	현대적 장비와 시설
	2	물리적 시설의 시각적 매력
	3	종업원들의 용모 단정
	4	팜프렛 등 설명 자료들의 시각적 매력
신뢰성	5	고객과의 약속을 잘 지킴
	6	고객의 문제 해결에 성의 있는 관심을 보임
	7	처음부터 올바른 서비스를 제공
	8	약속한 시간에 서비스를 제공
	9	정확한 업무처리와 기록 유지
반응성	10	종업원들은 언제 서비스가 제공될 것인가를 정확하게 알려줌
	11	종업원들은 고객에게 즉각적인 서비스를 제공
	12	종업원들은 항상 고객에게 기꺼이 도움을 줌
	13	종업원들은 아무리 바빠도 고객의 요청에 응답
보증성	14	종업원들의 직무관련 행위는 고객에게 신뢰감을 줌
	15	고객들은 행동에 편안함을 느낌
	16	종업원들은 고객에게 항상 예의바르고 공손함
	17	종업원들은 고객의 질의에 답변할 지식을 가지고 있음
공감성	18	회사는 고객에게 개별적인 관심을 기울임
	19	회사는 모든 고객에게 편리한 시간에 운영
	20	종업원은 고객에게 개인적인 관심을 기울임
	21	회사는 고객의 최선의 이익을 도모함
	22	종업원은 고객의 특수한 요구를 이해함

자료 : Valarie A. Zeithaml, A. Parasurman and Leonard L. Berry, 1990. *Delivering Quality Services Balancing Customer Perception and Expectations*, New York : The Free Press, p.176~183 내용을 재구성.

설, 과제도서 등 9개의 범주로 분류하여 도서관의 업무 속성에 따라 범주화하였다.[7]

---

7) Philip J. Calvert and Peter Hernon, "Serveying Service Quality within University Libraries", *Journal of Academic Librarianship* 23 : 5(1997) : 408-415.

<표 3> 대학도서관의 서브퀄 척도

범주	척도 문항
안내	온라인 목록은 내가 요구하는 자료를 알려준다. 온라인 목록은 내가 빌려간 자료를 알려준다. 온라인 목록에 제시된 정보는 분명하고 쉽다. 온라인 도서관 목록의 원격 검색이 용이하다. 온라인 목록 정보는 주문 및 처리중 도서를 알려준다. 온라인 목록을 이용하여 자료를 요청할 수 있다. 온라인 목록은 도서관 소장 자료의 정확한 정보를 제공한다. 온라인 목록을 원격지에서 접속할 때 연결이 잘 된다. 도서관 외부에서 온라인 목록과 전자정보에 쉽게 접근할 수 있다. 온라인 목록을 이용하여 자료 대출을 갱신할 수 있다. 도서관의 지시사항은 분명하고 이해하기 쉬우며 도움이 된다. 온라인 목록용 컴퓨터는 잘 작동된다. 온라인 목록은 쉬운 도움말 기능을 가지고 있다. 도서관 직원은 도서관 외부의 정보원도 안내해 준다. 도서관의 개관시간을 미리 알 수 있다 온라인 목록 컴퓨터는 도서관 전체에 편리하게 배치되어 있다. 도서관 직원은 비소장자료에 대한 상호대차 방법을 알려준다 도서관은 고장난 장비에 대한 적절하고 정확한 정보를 안내한다 도서관 직원은 도서관 밖에서 정보를 얻는 곳을 안내한다. 도서관에 들어섰을 때 도움을 받을 수 있는 장소를 알 수 있다
대기시간	3분 이상 기다리지 않고 책을 대출할 수 있다. 3분 이상 기다리지 않고 대출 제한 자료를 이용할 수 있다. 3분 이상 기다리지 않고 자동 대출기를 이용할 수 있다. 3분 이상 기다리지 않고 참고데스크의 도움을 받을 수 있다. 3분 이상 기다리지 않고 온라인 목록을 이용할 수 있다. 3분 이상 기다리지 않고 마이크로필름 리더기를 이용할 수 있다 3분 이상 기다리지 않고 컴퓨터 프린터를 이용할 수 있다. 도서관에 전화로 도움을 요청했을 때 3분 이상 기다리지 않는다. 3분 이상 기다리지 않고 전자 정보원(CD-ROM 등)을 이용할 수 있다. 직원은 내가 납득할 수 있는 이용 시간을 알려준다. 3분 이상 기다리지 않고 복사기를 이용할 수 있다.
전자 서비스	도서관 직원은 적절한 전자자료를 선택하도록 도와준다. 도서관 직원은 전자자료를 이용하는데 개별적으로 도와준다. 도서관 직원은 온라인목록 이용방법을 보여준다. 도서관 직원은 전자자료를 이용하도록 시범을 보여 가르쳐 준다. 도서관 직원은 자료가 있는 장소로 직접 데려다 준다. 도서관은 내가 도움을 요청하면 다시 오겠다고 고무시켜 준다. 도서관 직원은 도서관의 브로슈어나 보조자료를 제시하여 준다. 도서관 직원은 문화적인 감수성을 보여준다. 도서관 직원은 내가 찾는 정보를 이해한다. 도서관 직원은 너무 많은 상세 정보를 지나치게 제공하지 않는다. 사서는 도서관자료 및 서비스 이용의 효과적인 프로그램을 교육한다
직원	직원은 내가 필요로 할 때 도움을 받을 수 있다. 직원은 정중하고 예의바르다 직원은 접근하기 쉬운 환영하는 느낌을 준다.

구분	내용
	내가 원하는 자료들은 적절한 장소에 비치되어 있다. 직원은 나의 질문에 정확한 대답을 준다. 자료들은 즉시 재배열된다. 직원들은 친절하여 말을 걸기가 쉽다. 건물 내에서 자료(책, 저널, 비디오, 지도 등)가 있는 장소를 알기가 쉽다 연구직원이 대출 제한 자료를 요청했을 때 즉시 제공된다. 직원은 나를 돕기 위해 자리에서 일어날 준비가 되어 있다. 개관시간 중에는 항상 전문지식이 있는 직원의 도움을 받을 수 있다. 장비(복사기 등)는 항상 잘 작동된다. 도서관의 모든 서비스 장소에는 전문지식이 있는 직원이 도와준다.
장비	멀티미디어 컴퓨터는 잘 작동된다. CD-ROM 및 데이터베이스 컴퓨터는 잘 작동된다. 시청각 기기들(비디오 플레이어, 슬라이드 등)은 잘 작동된다. 마이크로필름 및 마이크로 피쉬 리더기는 잘 작동된다. 컴퓨터 프린터는 잘 작동된다. 자동 대출기는 잘 작동된다. 전자자료원의 스크린에 나타나는 정보는 분명하고 알기 쉽다. 도서관 웹페이지에는 도서관 서비스의 정확하고 유용한 정보가 있다.
자료	내가 요청한 자료는 정해진 시간 내에 제공된다. : 소장자료 내가 요청한 자료는 정해진 시간 내에 제공된다. : 상호대차 자료를 요청했을 때 도착되는 시간을 알려준다. : 소장자료 자료를 요청했을 때 도착되는 시간을 알려준다. : 상호대차 내가 요청한 자료는 정해진 시간 내에 제공된다. : 대출중인 자료 자료를 요청했을 때 도착되는 시간을 알려준다. : 대출중인 자료 새로운 자료의 구입 요청시 언제 주문, 도착되는지를 알려준다.
건물·환경	건물 내의 습도는 적절하다. 건물 내의 온도는 적절하다. 건물 내의 공기정화는 잘되고 있다. 건물 내의 조명은 적절하다.
비품 및 편의시설	식수대는 청결하다. 건물 내 식수대는 충분하다. 책상, 의자 등 비품은 이용 가능하다. 도서관 비품은 안락하고 편리하다. 정숙이 유지되는 학습 공간이 있다. 도서관 비품은 기능적이다. 화장실은 청결하다. 충분한 수의 그룹학습실이 있다.
과제도서	도서관의 소장자료는 나의 교과 과정에 필요한 자료를 충족시킨다. 도서관은 교과과정과 관련된 새로운 자료를 구입한다. 도서관 자료에서 얻는 정보는 정확하다.
기타	내가 필요한 자료는 페이지가 찢기거나 손상되지 않았다. 내가 필요한 자료는 완전한 상태(파손되지 않은)이다. 도서관의 학습공간은 정숙이 유지된다. 도서관의 내부장식은 매력적이다. 도서관 서비스에 대하여 불만제기 및 건의 제안이 용이하다. 불만을 제기했을 때 도서관은 즉시 응답한다.

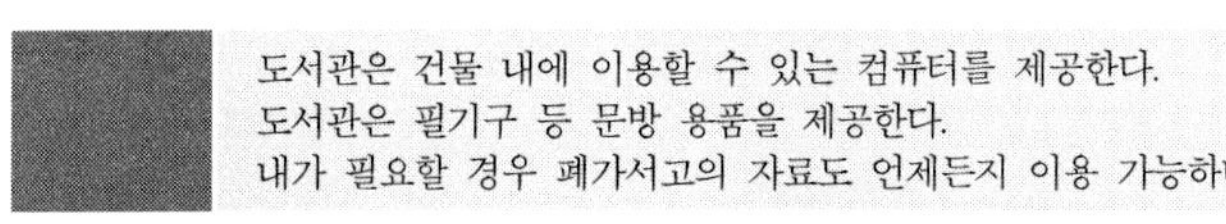

<표 3>의 대학도서관의 서브퀄 척도는 뉴질랜드의 사례이므로 우리나라의 실정에 맞지 않는 부분도 많이 있음을 알 수 있다. 또한 범주 간에 구분이 모호하거나 중복되는 항목들도 많이 발견된다. 그러나 이러한 대학도서관 서브퀄 척도는 다른 종류의 도서관 서비스 척도 개발의 기초가 될 수 있다. 특히 공공도서관의 서비스 질 척도 문항은 아직 개발된 사례가 없으므로 도서관의 공통적 속성과 공공도서관의 기능을 고려하여 대학도서관 서브퀄 척도를 변형하여 적용할 수 있다.

3. 연구의 개념적 모형

1) 연구의 개념도

본 연구의 개념적 모형은 패러슈러만 등의 서비스 질 평가 이론을 응용하여 구성하였다. 서비스 질의 중요 요인은 고객의 기대 수준인 서비스 요인별 중요도로 측정하였다. 서비스 질의 평가모형은 서비스 질 요인과 고객만족, 서비스 질 요인과 고객 행태의 상관관계 모형을 설계하였다. 본 연구의 개념도는 다음과 같다.

<그림 1> 연구의 개념도

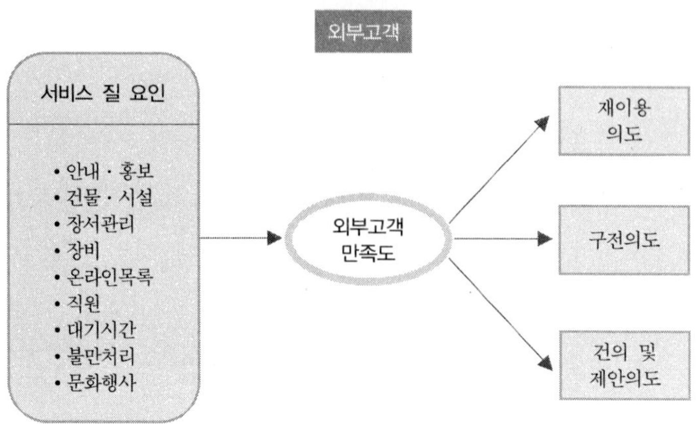

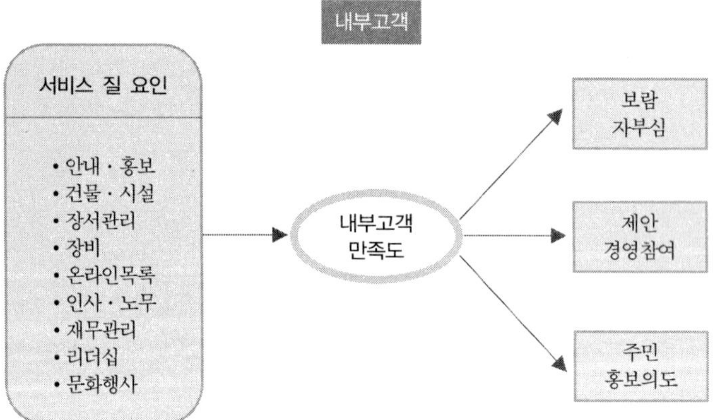

2) 서비스 질의 요인변수

(1) 외부고객 평가요인

외부고객의 서비스 질 평가요인은 캘버트와 허논의 대학도서관 서브퀄 척도 및 국내외 선행연구를 바탕으로 <표 4>와 같이 안내홍보, 건물시설, 장서, 장비, 온라인목록, 직원, 대기시간, 불만처리, 문화행사 등 9개 분야 45개 항목으로 구성하였다.

<표 4> 외부고객 평가요인

서비스 분야	서비스 질 요인	서브퀄차원
안내·홍보	1. 도서관 홈페이지 내용 충실성 2. 외부 길거리 안내표지의 충분성 3. 도서관 안내데스크의 친절성 4. 도서관 내부 안내 표지의 정확성 5. 도서관 홍보자료의 다양성 6. 대중교통의 편리성	공감성
건물·시설	1. 주차공간의 충분성 2. 도서관의 건물 규모의 적절성 3. 도서관 내부 환경의 쾌적성 4. 도서관 내부 냉·난방의 적정성 5. 도서관 내부시설 배치의 편리성 6. 도서관의 비품의 충분성 7. 도서관의 식수대 배치의 충분성 8. 도서관의 구내식당의 청결성 9. 도서관의 휴게실의 청결성 10. 도서관의 화장실의 청결성	유형성
장서관리	1. 자료의 구성의 다양성 2. 장서수의 충분성 3. 연속간행물의 다양성 4. 장서의 최신성 5. 희망자료 신청처리의 신속성 6. 소장자료의 상태의 완전성 7. 전자자료,비도서자료의 다양성 8. 자료 보존상태의 완전성	신뢰성
장비	1. 복사기의 편리성 2. 비디오 플레이어의 편리성 3. 컴퓨터 프린터의 편리성	유형성
온라인 목록	1. 인터넷 컴퓨터 수의 충분성 2. 인터넷 컴퓨터의 최신성 3. 목록검색용 검퓨터의 충분성 4. 목록검색 처리속도의 신속성 5. 목록내용 구성의 충실성 6. 목록기능(대출, 예약 등)의 다양성	반응성

직원	1. 직원배치의 적정성 2. 직원의 예의바름 3. 직원의 능력의 전문성 4. 직원의 활동의 적극성 5. 직원의 고객태도 친절성	보증성
대기시간	1. 개관시간의 충분성 2. 대출 대기시간의 신속성 3. 복사 대기시간의 신속성	반응성
불만처리	1. 건의 및 불만제기의 용이성 2. 건의 및 불만처리 신속성	반응성
문화행사	1. 문화행사의 다양성 2. 문화프로그램의 내용 충실성	공감성
합계	45문항	

(2) 내부고객 평가요인

내부고객의 서비스 질 평가요인의 구성은 외부고객의 평가 요인중 안내・홍보, 건물・시설, 장서관리, 온라인목록, 장비 등은 공통사항으로 포함하고 직원, 대기시간, 이용자 불만처리 등은 내부고객인 직원 자신들에 대한 평가 항목이므로 제외하였다. 대신 내부고객 만족에 영향을 미칠 것으로 생각되는 인사・노무관리, 재무관리, 리더십 등의 내부경영관리 요인들을 포함하여[8] <표 5>와 같이 9개 분야 46개 항목으로 구성하였다.

---

8) Margaret Kinnell, Bob Usherwood and Kathryn Jones, op.cit., 71~98.

<표 5> 내부고객 평가요인

서비스 분야	서비스 질 요인	서브퀄차원
안내·홍보	1. 도서관 홈페이지 내용 충실성 2. 외부 길거리 안내표지 충분성 3. 도서관 안내데스크의 친절성 4. 도서관 내부 안내표지 정확성 5. 도서관 홍보자료의 다양성 6. 대중교통의 편리성	공감성
건물·시설	1. 주차공간의 충분성 2. 도서관의 건물 규모이 적절성 3. 도서관 내부 환경의 쾌적성 4. 도서관 내부 냉난방의 적정성 5. 도서관 내부시설 배치의 편리성 6. 도서관의 비품의 편리성 7. 도서관의 식수대 배치의 충분성 8. 도서관의 구내식당의 청결성 9. 도서관의 휴게실의 청결성 10. 도서관의 화장실의 청결성	유형성
장서관리	1. 자료의 구성의 주제 다양성 2. 장서수의 충분성 3. 연속간행물의 다양성 4. 장서의 최신성 5. 희망자료 신청처리의 신속성 6. 소장자료의 상태의 완전성 7. 전자자료, 비도서자료의 다양성 8. 자료보존상태의 완전성	신뢰성
장비	1. 복사기 이용의 편리성 2. 비디오 플레이어의 이용 편리성 3. 컴퓨터 / 프린터의 이용 편리성	유형성
온라인목록	1. 인터넷 컴퓨터의 충분성 2. 인터넷 컴퓨터의 최신성 3. 목록검색용 검퓨터의 충분성 4. 목록검색 처리속도의 신속성 5. 목록내용 구성의 충실성 6. 목록기능(대출, 예약 등)의 다양성	반응성
인사·노무	1. 인력배치의 전문성 2. 인원수의 적정성 3. 채용 및 승진의 공정성 4. 교육훈련의 적정성 5. 급여수준의 적정성 6. 복리 후생의 적정성	보증성
재무관리	1. 예산규모의 적정성 2. 예산집행절차의 합리성	보증성

리더십	1. 상하 관계의 민주성 2. 부서간 관계의 협조성 3. 지역사회 관계의 협조성	신뢰성
문화행사	1. 문화행사의 다양성 2. 문화 프로그램의 충실성	공감성
합계	46문항	

(3) 표본 도서관의 선정 및 설문지 배포

조사대상 도서관의 선정은 한국도서관협회의 2000년도 도서관통계를 기초로 하였다.[9] 다만 이 통계는 1999년 말 현재의 자료이기 때문에 2000년 1월 이후에 설립된 도서관은 연구자가 조사하여 추가하였다. 조사결과 우리 나라 공공도서관은 전국적으로 400개이나 전자자료, 인터넷, 온라인 목록 등 정보기술과 전문직원, 문화프로그램 등 본 연구에서 설정한 서비스 질 요인 항목을 고루 구비하고 있는 곳은 주로 광역시 이상의 대도시 공공도서관이고 그중 서울소재 공공도서관들은 행정구역별로 고루 분포되어 있고 규모가 비슷하므로 대표성이 있다고 판단되어 서울시내 공공도서관으로 한정하였다. 표본은 서울소재 25개 공공도서관중 10개의 도서관을 설립연대별로 선정하였다. 설립 연대별로 구분한 이유는 건물 시설 등이 오래된 곳과 최신 시설을 갖추고 있는 곳을 고루 포함시켜 표본의 대표성을 높이기 위해서이다. 선정된 도서관의 기초 통계자료는 <표 6>과 같다.

---

9) 한국도서관협회, 2000, 『한국도서관통계 2000』, 서울 : 한국도서관협회, 34~37쪽.

〈표 6〉 표본으로 선정된 도서관

연대별	도서관명	설립일	직원 수	연간예산 (단위: 천원)	장서 수			이용자 수
					도서(권)	연간물 (종)	비도서 (점)	
60년 이전	종로도서관	20.11.5	32	1,005,299	187,612	674	915	554,327
	남산도서관	22.10.5	62	2,088282	401,692	869	3,435	588,450
70년대	영등포도서관	74.6.1	37	1,302,659	214,850	238	2,260	453,708
	정독도서관	77.1.4	76	2,438,759	404,762	1,197	6,082	1,052,588
80년대	용산도서관	81.4.21	44	1,370,688	209,147	1,300	3,963	468,918
	고덕도서관	84.8.30	28	1,030,729	140,558	551	1,970	719,007
90년대	중계도서관	90.5.8	29	1,152,353	130,229	802	1,309	762,431
	송파도서관	94.12.14	35	1,199,629	108,870	761	1,391	1,298,557
2000년 이후 *	광진도서관	00.11.10	22	1,027,178	35,657	425	2,522	693,744
	강북정보센터	01.5.26	21	1,149,051	63,214	236	2,719	215,245

자료 : 2000년 이후 설립된 도서관은 2001년도 통계임

설문의 대상은 표본으로 선정된 상기 10곳의 도서관에 대하여 각 도서관마다 무작위로 선정하였다. 외부고객의 경우는 조사 당일 각 도서관을 이용하고 있는 고객 가운데 330명을 무작위로 선정하였으며 내부고객의 경우는 조사 당일에 도서관에 근무중인 직원들을 대상으로 도서관마다 10명씩 총 100명을 무작위로 선정하였다.

4. 서비스 질의 중요 요인 분석

1) 기초자료 및 신뢰도

(1) 설문의 응답률

설문은 2001년 9월 18일부터 9월 24일 까지 1주일 동안 서울시내 10개 도서관을 직접 방문하여 조사하였다. 설문 조사 결과 응답률은 <표 7>과 같다.

<표 7> 설문 조사 결과 응답률

구분	배포된 설문지	회수된 설문지	유효 설문지	유효응답비율
외부고객	330	321	309	93.6%
내부고객	100	93	87	87%

(2) 신뢰도 분석

신뢰도는 측정변수들이 의도하는 개념을 얼마나 일관성 있게 측정하였는가를 나타내는 지표로서 요인별 신뢰도는 <표 8>과 같다.

<표 8> 신뢰도 계수(Cronbach's Alpha)

구분	서비스 질 요인	중요도	만족도
외부고객	1. 안내·홍보	.9669	.9536
	2. 건물·시설	.9664	.9547
	3. 장서관리	.9663	.9550
	4. 장비	.9666	.9545
	5. 온라인 목록	.9661	.9545
	6. 직원	.9663	.9539
	7. 대기시간	.9664	.9550
	8. 불만처리	.9665	.9547
	9. 문화행사	.9670	.9550
	종합	.9665	.9545
내부고객	1. 안내·홍보	.9661	.9365
	2. 건물·시설	.9660	.9337
	3. 장서관리	.9656	.9338
	4. 장비	.9662	.9350
	5. 온라인 목록	.9655	.9334
	6. 인사·노무	.9657	.9347
	7. 재무관리	.9655	.9337
	8. 리더십	.9656	.9348
	9. 문화행사	.9663	.9346
	종합	.9658	.9344

2) 서비스 질의 중요 요인 분석

(1) 외부고객의 관점

서비스 질 요인의 중요도는 서비스 질에 대한 고객의 기대수준을 나타낸다. 중요도의 측정은 요인별 5점 척도를 사용하였다. 그러나 5점 척도(매우 낮음, 낮음, 보통, 높음, 매우 높음)의 설문에서 응답자들은 대부분 보통 이상에 응답하는 경향이 있어 중요 요인을 점수 기준으로 정하는 데는 어려움이 있다. 따라서 본 연구에서는 서비스 질 요인들의 중요도 순위를 산출하여 순위를 기준으로 상위 10%, 상위 20% 등 단계별 영역으로 중요 요인을

<표 9> 서비스 질 요인별 중요도 순위(외부고객)

단계별 영역	서비스의 질 요인	평균	표준편차	순위
상위 10% 이내	도서관 내부 환경의 쾌적성	4.20	0.88	1
	도서관 내부 냉난방의 적절성	4.12	0.91	2
	장서 구성의 주제 다양성	4.07	0.93	3
	장서의 최신성	4.06	0.96	4
	장서 수량의 충분성	4.05	0.98	5
상위 20% 이내	도서관 화장실의 청결성	4.02	0.88	6
	개관시간의 충분성	4.02	0.91	7
	직원의 친절성	3.98	0.96	8
	직원의 업무처리의 적극성	3.97	0.92	9
상위 30% 이내	희망자료 신청 처리의 신속성	3.96	0.95	10
	인터넷 컴퓨터의 충분성	3.94	0.96	11
	대중교통의 편리성	3.93	0.97	12
	인터넷 컴퓨터의 최신성	3.92	0.97	13
	도서관 구내식당의 청결성	3.91	0.96	14
상위 40% 이내	소장자료 상태의 완전성	3.91	0.92	15
	대출 대기시간의 신속성	3.91	0.84	16
	도서관 내부 시설배치의 편리성	3.90	0.85	17
	도서관 건물 규모의 적절성	3.89	0.83	18
	도서관 휴게실의 청결성	3.89	0.89	19
상위 50% 이내	직원의 예의바름	3.89	0.97	20
	자료보존 상태의 완전성	3.88	0.93	21
	목록기능(대출, 예약 등) 다양성	3.88	0.88	22
	연속간행물의 주제 다양성	3.87	0.92	23
상위 60% 이내	목록 검색용 컴퓨터의 충분성	3.84	0.90	24
	목록 내용의 충실성	3.83	0.86	25
	목록 검색 처리속도의 신속성	3.80	0.89	26
	도서관 안내데스크의 친절성	3.78	1.04	27
	전자자료, 비도서자료의 다양성	3.78	0.90	28

	직원의 전문성	3.77	0.92	29
상위 70% 이내	건의 및 불만처리의 신속성	3.75	0.81	30
	복사대기시간의 신속성	3.74	0.83	31
	도서관 식수대 배치의 충분성	3.72	0.87	32
상위 80% 이내	복사기의 이용 편리성	3.72	0.91	33
	건의 및 불만제기의 용이성	3.71	0.84	34
	내부 안내 사인물의 정확성	3.69	0.78	35
	컴퓨터 프린터의 이용 편리성	3.68	0.97	36
상위90% 이내	도서관 비품의 편리성	3.65	0.85	37
	직원 배치의 적절성	3.60	0.84	38
	문화강좌 운영의 충실성	3.55	0.89	39
	홈페이지의 내용 충실성	3.54	0.75	40
100%	문화행사의 다양성	3.51	0.90	41
	길거리 안내표지의 충분성	3.41	0.89	42
	도서관 홍보의 다양성	3.41	0.87	43
	주차공간의 충분성	3.40	0.94	44
	비디오플레이어의 이용 편리성	3.34	0.91	45
평균		3.80		

구분하였다. 외부고객관점의 중요도 순위는 <표 9>와 같다.

<표 9>는 외부고객들의 도서관 서비스에 대한 기대 우선순위로서 도서관이 고객관점의 업무를 수행하는 데 지표가 될 수 있다. 즉 모든 서비스 질 요인들을 개선하기 어려운 현실에서 서비스 중요도의 단계에 따라 집중 개선하는 방법을 선택할 수 있다.

(2) 내부고객의 관점

내부고객 관점의 서비스 질 요인별 중요도 순위는 <표 10>과 같이 나타났다.

<표 10> 서비스 질 요인별 중요도 순위(내부고객)

단계별 영역	서비스의 질 요인	평균	표준편차	순위
상위 10% 이내	장서의 최신성	4.46	0.73	1
	장서 구성의 주제 다양성	4.45	0.59	2
	장서 수량의 충분성	4.36	0.71	3
	희망자료 신청 처리의 신속성	4.32	0.78	4
	연속간행물의 주제 다양성	4.28	0.71	5
상위 20% 이내	인터넷 컴퓨터의 최신성	4.24	0.86	6
	목록 검색 처리속도의 신속성	4.23	0.71	7
	인터넷 컴퓨터 수의 충분성	4.22	0.82	8
	목록 검색용 컴퓨터 수의 충분성	4.20	0.71	9
상위 30% 이내	목록 내용의 충실성	4.18	0.72	10
	도서관 화장실의 청결성	4.17	0.73	11
	목록기능(대출, 예약 등) 다양성	4.17	0.74	12
	직원의 전문성	4.16	0.78	13
	부서간 협조성	4.15	0.76	14
상위 40% 이내	교육훈련의 적정성	4.14	0.76	15
	도서관 내부 환경의 쾌적성	4.13	0.73	16
	소장자료 상태의 완전성	4.09	0.73	17
	문화행사의 다양성	4.08	4.31	18
상위 50% 이내	급여수준의 적정성	4.08	0.85	19
	도서관 안내데스크의 친절성	4.06	0.71	20
	자료보존 상태의 완전성	4.06	0.74	21
	채용 및 승진의 공정성	4.06	0.75	22
	예산규모의 적정성	4.06	0.88	23

	도서관 내부 냉난방의 적절성	4.02	0.76	24
상위 60% 이내	상하관계의 민주성	4.02	0.88	25
	전자자료, 비도서자료의 다양성	4.01	0.88	26
	복리후생의 적정성	4.01	0.95	27
	지역사회 관계의 협조성	4.01	0.86	28
상위 70% 이내	홈페이지의 내용 충실성	4.00	0.63	29
	도서관 구내식당의 청결성	4.00	0.82	30
	예산 집행절차의 합리성	4.00	0.84	31
	도서관 내부 시설배치의 편리성	3.98	0.78	32
상위 80% 이내	도서관 휴게실의 청결성	3.97	0.76	33
	대중교통의 편리성	3.95	0.81	34
	내부 안내 사인물의 정확성	3.92	0.64	35
	직원수의 적정성	3.88	1.08	36
	복사기의 이용 편리성	3.84	0.68	37
상위 90% 이내	도서관 홍보의 다양성	3.83	0.65	38
	도서관 건물 규모의 적절성	3.83	0.81	39
	도서관 비품의 편리성	3.72	0.77	40
	컴퓨터 프린터의 이용 편리성	3.71	0.65	41
100%	도서관 식수대 배치의 충분성	3.69	0.78	42
	길거리 안내표지의 충분성	3.66	0.82	43
	문화강좌 운영의 충실성	3.61	0.92	44
	주차공간의 충분성	3.40	0.77	45
	비디오플레이어의 이용 편리성	3.39	0.78	46
평균		4.01		

<표 10>의 중요도 순위는 내부고객들의 도서관 서비스에 대한 기대 수준의 순서이므로 내부고객 관점의 업무를 수행하는 데 지표가 될 수 있다. 특히 외부고객과 내부고객간의 중요도에 대한 인식차이를 고려할 수 있으며 내부고객에만 해당되는 경영관리 요인도 중요도의 단계에 따라 집중 개

선하는 방법을 선택할 수 있다.

5. 서비스 질 요인과 고객만족 및 고객행태의 상관관계

본 연구의 상관관계 분석도구로는 구조방정식 모형개발을 위한 통계패키지 프로그램 AMOS(Analysis of Moment Structure)를 이용하였다. 상관관계 분석은 두 변수간의 선형관계의 정도를 측정하는 방법으로 일반적으로 결정계수와 표준화상관계수를 사용한다. 결정계수는 종속변수의 변동 중에서 독립변수에 의해서 설명된 부분의 비율을 나타낸다. 표준화상관계수는 두 변수간의 선형관계의 방향과 관계의 정도를 측정하는 수치로서 −1과 +1의 사이 값으로 나타내며 값이 +이면 상관관계가 있고, 값이 0이면 상관관계가 전혀 없으며, 값이 −이면 음의 상관관계를 나타낸다. 표준화상관계수는 비표준화계수를 표준오차로 나눈 통계량의 값이 2이상이면 유의한 것으로 본다.

1) 외부고객의 관점

(1) 서비스 질 요인과 외부고객만족의 상관관계

외부고객의 서비스 질 요인과 외부고객만족도와의 상관관계는 <표 11>과 같이 산출되었으며 이를 부문별로 보면 다음과 같다.

가. 안내·홍보요인

안내 홍보부문에서 외부고객 만족도에 영향을 미치는 요인들은 홈페이지 내용충실성, 안내데스크의 친절성, 내부안내표지의 정확성 순으로 나타났으며, 길거리 안내표지의 충분성, 도서관 홍보의 다양성 등은 고객만족에 영향을 미치는 정도가 미약한 것으로 나타났다.

나. 건물·시설 요인

건물·시설 부문에서 외부고객 만족도에 영향을 미치는 요인들은 내부환경의 쾌적성, 휴게실의 청결성, 구내식당의 청결성, 화장실의 청결성, 냉난방의 적절성 순으로 나타났다. 또 건물·시설요인들은 주차공간의 충분성을 제외하고는 영향을 미치는 정도가 높은 것으로 나타나 고객만족의 주요 요인임을 알 수 있다.

다. 장서관리 요인

장서관리 부문에서 외부고객 만족도에 영향을 미치는 요인들은 희망자료 신청처리의 신속성, 장서의 최신성, 연속간행물의 주제 다양성 순으로 나타났다. 또한 장서관리 부문의 모든 요인들은 고객만족에 영향을 미치는 정도가 높아 장서부문이 도서관의 핵심 요소임을 다시 한번 확인할 수 있다.

라. 장비 요인

장비관리 부문이 만족도에 영향을 미치는 요인은 복사기 이용의 편리성이며, 비디오플레이어 및 컴퓨터프린터는 영향을 미치는 정도가 미약한 것으로 나타났다. 이는 복사기 이외의 장비는 아직 고객의 이용이 일반화되지 않은데서 기인되는 것으로 볼 수 있다.

<표 11> 서비스 질 요인과 외부고객만족의 상관계수

	서비스 질 요인	결정계수	비표준화계수	표준오차	통계량	표준화상관계수	순위
안내홍보	홈페이지의 내용 충실성	0.50	1.000	-	-	0.71	1
	길거리안내표지의 충분성	0.14	0.502	0.081	6.185	0.37	4
	안내데스크의 친절성	0.37	1.029	0.092	11.188	0.61	2
	내부 안내 표지물의 정확성	0.20	0.548	0.070	7.784	0.45	3
	도서관 홍보의 다양성	0.08	0.388	0.083	4.680	0.29	5
	대중교통의 편리성	0.03	0.307	0.103	2.968	0.18	6
건물시설	주차공간의 충분성	0.25	1.000	-	-	0.50	10
	건물규모의 적정성	0.41	1.249	0.120	10.446	0.64	6
	내부환경의 쾌적성	0.55	1.527	0.126	12.072	0.74	1
	냉·난방의 적정성	0.44	1.289	0.120	10.776	0.66	5
	시설배치의 편리성	0.39	1.108	0.108	10.125	0.62	7
	비품의 편리성	0.35	0.907	0.094	9.659	0.59	9
	식수대 배치의 충분성	0.38	1.184	0.117	10.097	0.62	8
	구내식당의 청결성	0.46	1.364	0.124	11.013	0.68	3
	휴게실의 청결성	0.48	1.455	0.130	11.172	0.69	2
	화장실의 청결성	0.46	1.372	0.125	11.001	0.68	4
장서	장서구성의 주제 다양성	0.35	1.000	-	-	0.59	6
	장서수량의 충분성	0.27	0.845	0.102	8.293	0.52	8
	연속간행물의 주제 다양성	0.37	1.003	0.102	9.841	0.61	3
	장서의 최신성	0.44	1.126	0.105	10.701	0.66	2
	희망자료 신청처리의 신속성	0.45	1.083	0.100	10.828	0.67	1
	소장자료 상태의 완전성	0.37	1.005	0.103	9.799	0.61	4
	전자, 비도서자료의 다양성	0.25	0.798	0.100	8.019	0.59	5
	자료 보존상태의 완전성	0.30	0.959	0.109	8.816	0.55	7
장비	복사기의 이용 편리성	0.40	-	-	-	0.63	1
	비디오 플레이어의 이용 편리성	0.18	0.574	0.076	7.511	0.43	2
	컴퓨터 프린터의 이용 편리성	0.14	0.532	0.084	6.315	0.37	3
	인터넷 컴퓨터 수의 충분성	0.26	1.000	-	-	0.51	6

온라인목록	인터넷 컴퓨터의 최신성	0.56	1.497	0.131	11.401	0.75	3
	목록 검색용 컴퓨터의 충분성	0.69	1.544	0.124	12.234	0.83	1
	목록검색 처리속도의 신속성	0.66	1.479	0.121	12.210	0.81	2
	목록 내용의 충실성	0.48	1.121	0.105	10.719	0.69	4
	목록기능(대출, 예약) 다양성	0.30	0.988	0.114	8.693	0.56	5
직원	직원 배치의 적절성	0.44	1.000	-	-	0.66	5
	직원의 예의 바름	0.77	1.645	0.097	16.973	0.88	1
	직원의 전문성	0.65	1.268	0.083	15.206	0.80	4
	업무처리의 적극성	0.74	1.481	0.089	16.593	0.86	2
	직원의 친절성	0.66	1.456	0.094	15.467	0.81	3
대기시간	개관시간의 충분성	0.30	1.000	-	-	0.54	1
	대출 대기시간의 신속성	0.16	0.513	0.075	6.837	0.39	3
	복사 대기시간의 신속성	0.18	0.599	0.079	7.554	0.43	2
불만처리	건의 및 불만제기 용이성	0.40	1.000	-	-	0.63	1
	건의 및 불만처리 신속성	0.27	0.683	0.074	9.260	0.52	2
문화행사	문화행사의 다양성	0.32	1.000	-	-	0.57	1
	문화강좌 운영의 충실성	0.12	0.468	0.075	6.212	0.35	2
종합	안내 홍보	0.05	1.000	-	-	0.22	9
	건물 시설	0.64	7.826	0.567	13.796	0.80	2
	장서관리	0.53	4.767	0.387	12.303	0.72	4
	장비	0.44	2.251	0.200	11.262	0.66	5
	온라인 목록	0.56	4.823	0.376	12.823	0.75	3
	직원	0.67	5.498	0.389	14.123	0.82	1
	대기시간	0.41	2.068	0.190	10.873	0.64	6
	불만처리	0.41	1.510	0.137	11.020	0.64	7
	문화행사	0.24	1.121	0.134	8.350	0.49	8

마. 온라인 목록 요인

온라인 목록부문의 각 서비스 질 요인들이 외부고객 만족도에 영향을 미치는 정도는 목록검색용 컴퓨터의 충분성, 목록 검색속도의 신속성, 인터넷 컴퓨터의 최신성, 목록내용의 충실성, 목록기능의 다양성 순으로 나타났다. 또한 온라인 목록부문의 서비스 질 요인들은 변수의 설명력이 높고 영향을 미치는 정도도 높은 것으로 나타나 고객만족의 주요 요인으로 밝혀졌다.

바. 직원 요인

직원부문의 각 서비스 요인들이 외부고객 만족도에 미치는 영향의 정도는 직원의 예의바름, 업무처리의 적극성, 직원의 친절성 순으로 나타났다. 또 직원 부문의 모든 변수들이 고객만족에 영향을 미치는 정도는 매우 높아 고객만족의 가장 중요한 요인으로 밝혀졌다.

사. 대기시간 요인

대기시간에 대한 서비스 질 요인들이 외부고객 만족도에 영향을 미치는 정도는 개관시간의 충분성이며, 복사 대기시간의 신속성과 대출 대기시간의 신속성은 변수의 결정계수가 낮아 고객만족에 영향을 미치는 정도가 미약한 것으로 나타났다. 이는 개관 시간이 충분하면 대출과 복사도 개관 시간 내에 할 수 있기 때문인 것으로 해석된다.

아. 불만처리 요인

불만처리 부문의 서비스 질 요인은 건의 및 불만제기의 용이성이 만족도에 더 영향을 미치는 것으로 나타났다. 이는 불만사항을 손쉽게 제기할 수 있는 시스템을 갖추고 있는 것이 불만사항을 신속히 처리하는 것보다 외부고객만족에 더 영향을 미치는 것으로 해석할 수 있다.

자. 문화행사 요인

문화행사 부문에서는 문화행사의 다양성이 고객만족에 영향을 미치는 서비스 질 요인이며, 문화강좌운영의 충실성은 영향을 미치는 정도도 미약한 것으로 나타났다. 이는 문화강좌에 참여한 경험이 없는 이용자들이 설문에 응답한 결과로 해석된다.

차. 부문별 종합 분석

외부고객이 평가한 공공도서관 서비스의 질 요인 9개 부문을 종합하여 보면 서비스 질 요인이 만족도에 미치는 영향의 정도는 ① 직원(0.82), ② 건물시설(0.80), ③ 목록(0.75), ④ 장서관리(0.72), ⑤ 장비(0.66), ⑥ 대기시간(0.64), ⑦ 불만처리(0.64) 순이며 문화행사 및 안내홍보는 영향의 정도가 미약한 것으로 나타났다. 이처럼 직원요인이 만족도에 미치는 영향이 가장 높은 것은 다른 요인들의 서비스 수준이 일정하더라도 적극성과 친절성 등 직원들의 노력 여하에 따라 고객 만족도를 향상시킬 수 있음을 의미하는 것이다.

(2) 서비스 질 요인과 외부고객 행태의 상관관계

서비스 질 요인이 외부고객행태에 미치는 영향은 재이용의도, 구전의도, 건의제안의도로 나누어 분석하였으며 부문별 분석결과 영향을 미치는 정도가 상대적으로 높은 요인들을 요약하면 다음과 같다.

	서비스 질 요인	비표준화 계수	표준 오차	통계량[*]	표준화상관계수	순위
안내 홍보	홈페이지의 내용 충실성	0.473	0.063	7.497	0.401	15
	안내데스크의 친절성	0.391	0.045	8.698	0.449	5
건물 시설	비품의 편리성	0.422	0.046	9.091	0.464	3
	식수대배치의 충분성	0.432	0.043	9.972	0.498	1
	구내식당의 청결성	0.399	0.047	8.497	0.440	8
	휴게실의 청결성	0.421	0.052	8.051	0.422	12
장서 관리	장서구성의 주제 다양성	0.369	0.046	8.084	0.424	11
	장서수량의 충분성	0.358	0.043	8.312	0.433	10
	연속간행물의 주제 다양성	0.366	0.046	8.029	0.421	13
목록	목록기능(대출, 예약 등)	0.375	0.047	7.972	0.418	14
직원	직원배치의 적절성	0.337	0.040	8.512	0.440	7
	직원의 예의바름	0.406	0.047	8.853	0.445	6
	직원의 전문성	0.392	0.043	9.224	0.470	2
	직원의 업무처리의 적극성	0.368	0.041	8.993	0.459	4
문화 행사	문화강좌 운영의 충실성	0.433	0.052	8.331	0.435	9

가. 재이용 의도

재이용 의도에 영향을 미치는 요인들로는 식수대 배치의 충분성, 직원의 전문성, 비품의 편리성, 직원 업무처리의 적극성, 안내데스크의 친절성 순으로 나타나 주로 도서관이 고객에 대하여 생리적으로 편리한 환경을 제공하고 직원들이 전문지식을 가지고 적극적으로 친절하게 도와주는 것이 재이용의 관건임을 확인할 수 있다. 따라서 고객들이 호감을 가지고 도서관을 계속적으로 이용하도록 하기 위해서는 기본적 편의시설과 장서를 갖추고 직원들이 좀 더 적극적으로 고객을 대하는 노력이 필요함을 알 수 있다.

〈표 13〉 구전의도에 미치는 서비스 질 요인

	서비스 질 요인	비표준화 계수	표준오차	통계량	표준화상관 계수	순위
안내 홍보	홈페이지의 내용 충실성	0.615	0.069	8.869	0.459	12
	안내데스크의 친절성	0.459	0.050	9.297	0.473	9
건물 시설	도서관 내부환경의 쾌적성	0.449	0.057	7.856	0.413	19
	도서관 비품의 편리성	0.524	0.051	10.186	0.506	5
	도서관 식수대 배치의 충분성	0.565	0.047	12.100	0.572	1
	도서관 구내식당의 청결성	0.497	0.052	9.513	0.481	8
	도서관 휴게실의 청결성	0.521	0.059	8.885	0.456	13
장서	장서구성의 주제 다양성	0.466	0.051	9.229	0.471	10
	장서 수량의 충분성	0.421	0.049	8.647	0.447	14
	연속간행물의 주제 다양성	0.456	0.051	8.985	0.461	11
	자료보존상태의 완전성	0.538	0.064	8.400	0.438	16
목록	인터넷 컴퓨터의 충분성	0.398	0.052	7.673	0.406	21
	목록검색용 컴퓨터의 충분성	0.457	0.057	8.045	0.421	18
	목록검색 처리속도의 신속성	0.499	0.065	7.715	0.408	20
	목록 기능(대출, 예약 등) 다양성	0.503	0.051	9.800	0.492	7
직원	직원배치의 적절성	0.435	0.043	10.010	0.500	6
	직원의 예의바름	0.539	0.051	10.483	0.518	4
	직원의 전문성	0.521	0.046	11.359	0.548	2
	직원의 업무처리의 적극성	0.492	0.044	11.162	0.540	3
불만 처리	건의 및 불만처리의 용이성	0.517	0.061	8.464	0.438	15
문화 행사	문화강좌 운영의 충실성	0.484	0.060	8.124	0.426	17

나. 구전 의도

서비스 질 요인들이 고객들의 구전 의도, 즉 다른 사람들에게 도서관의 이용을 권유하도록 하는 주된 요인들은 <표 13>과 같이 나타났다. 구전

의도에 미치는 요인들 역시 건물과 시설의 편리함과 장서의 주제 다양성, 직원들의 적극성과 친절성 등이 주요요인으로 확인되었다.

다. 건의·제안 의도

서비스 질 요인들이 건의·제안 의도에 미치는 영향은 통계분석 결과 모든 요인들이 유의성이 없는 것으로 나타났다.

이상으로 서비스 질 요인들이 외부고객행태에 미치는 영향을 종합하여 보면 고객의 구전 의도, 재이용 의도에는 영향을 미치나 고객의 건의·제안의도에는 영향을 미치지 못하는 것으로 나타났다. 이는 외부고객들이 서비스 질 요인들을 높게 인식할수록 다른 고객에게 전파하고, 스스로도 도서관을 다시 이용하게 되나 도서관의 서비스 개선을 위해 아이디어를 내는 데는 소극적인 행태를 나타내는 것으로 해석된다.

2) 내부고객의 관점

(1) 서비스 질 요인과 내부고객 만족의 상관관계

내부고객의 서비스 질 요인과 고객만족도와의 상관관계는 <표 14>와 같이 산출되었으며 이를 부문별로 보면 다음과 같다.

가. 안내·홍보 요인

안내·홍보 부문의 서비스 질 요인들이 내부고객 만족도에 영향을 미치는 정도는 내부 안내표지의 정확성, 안내데스크의 친절성, 홈페이지의 내용 충실성 순으로 나타났다. 그러나 길거리 안내표지의 충분성, 도서관 홍보의 다양성, 대중교통의 편리성 등은 영향을 미치는 정도가 미약한 것으로 밝혀졌다.

나. 건물·시설 요인

건물·시설 부문의 서비스 질 요인들이 내부고객 만족도에 미치는 영향은 시설배치의 편리성, 내부환경의 쾌적성, 화장실의 청결성, 비품의 편리성 순이며 영향을 미치는 정도가 매우 높아 내부고객만족의 주된 요인으로 나타났다. 그러나 주차공간이나 구내식당은 내부고객 만족도에 미치는 영향이 미약한 것으로 나타났다.

다. 장서관리 요인

장서관리 부문에서 내부고객만족에 영향을 미치는 요인들은 장서구성의 주제 다양성, 장서의 최신성, 자료보존상태의 완전성 순으로 나타났다. 또 장서관리 요인에서 희망자료 신청처리의 신속성을 제외한 다른 변수들은 고객만족에 영향을 미치는 정도가 매우 높은 것으로 나타났다. 희망자료 신청처리의 신속성이 내부고객 만족도에 영향을 미치는 정도가 미약한 것은 희망자료의 신속 구입 요구가 직원의 입장에서는 업무 부담 등 불만요소로 작용할 수 있기 때문으로 해석된다.

라. 장비 요인

장비관리 부문의 서비스 질 요인들은 결정계수와 표준화 상관계수가 낮아 내부고객 만족도에 별 영향을 미치지 못하는 것으로 나타났다. 이는 내부고객은 외부 고객용 장비를 별로 활용하지 않기 때문으로 해석된다.

마. 온라인 목록 요인

온라인 목록 부문의 서비스 질 요인들이 내부고객 만족도에 미치는 영향
은 목록검색용 컴퓨터의 충분성, 목록검색 처리속도의 신속성, 인터넷 컴퓨
터의 최신성 순으로 차이가 나타났다. 인터넷 컴퓨터 수의 충분성이 만족
도에 미치는 영향이 낮은 것은 컴퓨터의 수 보다는 처리속도가 빠른 최신
컴퓨터가 필요함을 반영하는 것으로 해석된다.

바. 인사·노무 요인

인사·노무 부문의 서비스 질 요인들이 내부고객 만족도에 미치는 영향
은 교육훈련의 적정성, 급여수준의 적정성, 복리후생의 적정성, 채용 승진
의 공정성 순으로 요인 간에 차이가 있음이 확인되었다. 반면 직원의 전문
성, 직원 수의 적정성은 만족도에 영향을 미치는 정도가 미미한 것으로 나
타났다. 이는 사서직의 전문성에 대한 비사서직들의 낮은 인식이 반영된
것으로 해석된다.

<표 14> 서비스 질 요인과 내부고객 만족의 상관관계

	서비스 질 요인	결정계수	비표준화계수	표준오차	통계량	표준화상관계수	순위
안내홍보	홈페이지의 내용 충실성	0.40	1.000	-	-	0.63	3
	길거리 안내표지의 충분성	0.03	0.353	0.249	1.420	0.18	5
	안내 데스크의 친절성	0.41	1.153	0.232	4.961	0.64	2
	내부 안내표지의 정확성	0.42	1.139	0.226	5.031	0.65	1
	도서관 홍보의 다양성	0.10	0.538	0.206	2.615	0.32	4
건물	대중교통의 편리성	0.00	0.060	0.321	0.189	0.02	6
	주차공간의 충분성	0.08	1.000	-	-	0.28	10
	건물규모의 적절성	0.43	2.217	0.537	3.962	0.65	5

구분	항목						
시설	내부환경의 쾌적성	0.58	2.312	0.547	4.230	0.76	2
	냉·난방의 적정성	0.42	1.889	0.480	3.936	0.65	6
	시설배치의 편리성	0.61	2.246	0.525	4.276	0.78	1
	비품의 편리성	0.49	1.597	0.390	4.089	0.70	4
	식수대 배치의 충분성	0.32	1.556	0.424	3.670	0.56	7
	구내식당의 청결성	0.11	0.887	0.347	2.531	0.33	9
	휴게실의 청결성	0.21	1.268	0.391	3.247	0.46	8
	화장실의 청결성	0.52	2.210	0.534	4.135	0.72	3
장서	장서구성의 주제 다양성	0.56	1.000	-	-	0.75	1
	장서수량의 충분성	0.39	1.040	0.719	5.805	0.63	4
	연속간행물의 주제 다양성	0.33	0.809	0.154	5.267	0.58	5
	장서의 최신성	0.49	1.150	0.174	6.590	0.70	2
	희망자료 신청처리의 신속성	0.07	0.471	0.202	2.327	0.27	8
	소장자료 상태의 완전성	0.22	0.712	0.171	4.174	0.47	6
	전자,비도서자료의 다양성	0.21	0.865	0.215	4.032	0.45	7
	자료 보존상태의 완전성	0.49	0.973	0.149	6.457	0.70	3
장비	복사기의 이용 편리성	0.15	1.000	-	-	0.38	1
	비디오플레이어의 이용편리성	0.03	0.552	0.411	1.342	0.17	2
	컴퓨터 프린터의 이용편리성	0.02	0.357	0.361	0.987	0.12	3
온라인목록	인터넷 컴퓨터 수의 충분성	0.20	1.000	-	-	0.45	6
	인터넷 컴퓨터의 최신성	0.48	1.715	0.329	5.208	0.69	3
	목록 검색용 컴퓨터의 충분성	0.77	1.810	0.928	6.083	0.88	1
	목록검색 처리속도의 신속성	0.75	1.770	0.293	6.042	0.86	2
	목록 내용의 충실성	0.30	0.968	0.222	4.360	0.55	5
	목록기능(대출, 예약) 다양성	0.45	1.303	0.256	5.083	0.67	4
인사노무	직원의 전문성	0.18	1.000	-	-	0.43	5
	직원수의 적정성	0.09	0.915	0.337	2.427	0.31	6
	채용·승진의 공정성	0.39	1.445	0.342	4.223	0.63	4
	교육훈련의 적정성	0.66	1.963	0.407	4.824	0.82	1
	급여수준의 적정성	0.50	1.509	0.334	4.523	0.71	2
	복리후생의 적정성	0.48	1.569	0.352	4.454	0.69	3

재무	예산규모의 적정성	0.35	1.000	-	-	0.59	2
	예산집행절차의 합리성	0.39	1.011	0.239	4.223	0.63	1
리더십	상하관계의 민주성	0.55	1.000	-	-	0.74	1
	부서간의 협조성	0.30	0.785	0.163	4.806	0.55	2
	지역사회관계의 협조성	0.28	0.812	0.175	4.634	0.53	3
문화 행사	문화행사의 다양성	0.33	1.000	-	-	0.58	2
	문화강좌 운영의 충실성	0.40	1.104	0.245	4.498	0.63	1
종합	안내 홍보	0.03	1.000	-	-	0.17	9
	건물 시설	0.74	11.526	2.115	5.449	0.86	1
	장서관리	0.68	7.905	1.478	5.347	0.82	2
	장비	0.25	2.274	0.600	3.794	0.50	7
	온라인 목록	0.52	7.049	1.422	4.956	0.72	3
	인사 노무	0.31	3.869	0.927	4.172	0.56	5
	재무관리	0.35	1.557	0.360	4.320	0.59	4
	리더십	0.27	2.236	0.592	3.929	0.52	6
	문화행사	0.19	1.592	0.465	3.427	0.43	8

사. 재무관리 요인

재무관리 요인들은 예산집행절차의 합리성이 예산규모의 적정성 보다 내부고객만족에 더 영향을 미치는 것으로 나타났다. 이는 예산이 많더라도 예산을 합리적으로 집행하지 않으면 도서관 운영의 효율과 효과를 기할 수 없다는 직원들의 의식이 반영된 것으로 해석된다.

아. 리더십 요인

리더십 요인들은 상하관계의 민주성, 부서간의 협조성, 지역사회관계의 협조성 순으로 내부고객 만족도에 영향을 미치는 것으로 나타났다. 이는 상하간의 민주적 관계가 조직 분위기를 활성화시키며 이를 통해 부서간의 협조가 원활해 질 수 있고 지역사회 관계도 개선될 수 있다는 조직 경영의 순차적 관계를 반영하는 것으로 해석된다.

자. 문화행사 요인

문화행사 요인들은 문화강좌 운영의 충실성이 문화행사의 다양성보다 내부고객 만족도에 더 영향을 미치는 것으로 나타났다. 이는 문화행사 종류가 많은 것보다는 내실 있는 문화 프로그램 운영이 더 중요하다는 직원들의 일반적 인식을 반영하고 있는 것으로 해석된다.

차. 부문별 종합분석

내부고객이 평가한 공공도서관 서비스의 질 요인 9개 부문을 종합한 결과 서비스 질 요인이 내부고객만족도에 미치는 영향의 정도는 ① 건물시설(0.86), ② 장서관리(0.82), ③ 온라인목록(0.72), ④ 재무관리(0.59), ⑤ 인사노무(0.56), ⑥ 리더십(0.52), ⑦ 장비(0.50), ⑧ 문화행사(0.43) 순이며 안내홍보는 별로 영향을 미치지 못하는 것으로 나타났다. 특히 내부고객 만족에 가장 영향을 미치는 것은 건물·시설로서 직원들의 관점에서는 열악한 근무환경의 개선이 만족의 주된 요인임을 알 수 있다.

(2) 서비스 질 요인과 내부고객 행태의 상관관계

서비스 질 요인이 내부고객행태에 미치는 영향은 보람·자부심, 제안·경영참여, 주민홍보의도로 나누어 분석하였으며 부문별 분석결과 영향을 미치는 정도가 상대적으로 높은 요인들을 요약하면 다음과 같다.

가. 보람·자부심

　보람·자부심은 직원들의 사기와 관련되는 것으로 이에 영향을 미치는 주된 요인들은 <표 15>와 같이 상하관계의 민주성, 지역사회 협조성 등 리더십 요인과 장서관리, 재무관리 인사노무요인들이 직원들의 사기를 높일 수 있는 주된 요인임을 확인할 수 있다.

〈표 15〉 보람·자부심에 영향을 미치는 서비스 질 요인

	서비스 질 요인	비표준화 계수	표준오차	통계량*	표준화상관 계수	순위
안내 홍보	홈페이지의 내용 충실성	0.358	0.118	3.037	0.316	16
건물 시설	도서관 내부환경의 쾌적성	0.286	0.099	2.877	0.301	18
	식수대 배치의 충분성	0.255	0.083	3.089	0.319	14
	도서관·구내식당의 청결성	0.349	0.084	4,154	0.413	3
장서 관리	장서수량의 충분성	0.317	0.091	3.479	0.357	9
	연속간행물의 주제 다양성	0.294	0.081	3.618	0.369	6
	장서의 최신성	0.342	0.106	3.229	0.332	12
	소장자료 상태의 완전성	0.427	0.109	3.923	0.394	4
목록	목록 내용의 충실성	0.328	0.093	3.539	0.362	8
	목록기능(대출, 예약 등) 다양성	0.283	0.088	3,237	0.333	11
인사 노무	직원의 전문성	0.399	0.106	3.770	0.380	5
	교육훈련의 적정성	0.318	0.105	3.036	0.314	17
	급여수준의 적정성	0.363	0.118	3.072	0.318	15
재무 관리	예산규모의 적정성	0.338	0.117	2.885	0.300	19
	예산집행절차의 합리성	0.396	0.117	3,393	0.349	10
리더 십	상하관계의 민주성	0.524	0.085	6.198	0.562	1
	부서간의 협조성	0.298	0.094	3.190	0.329	13
	지역사회관계의 협조성	0.356	0.083	4.264	0.424	2
문화 행사	문화강좌 운영의 충실성	0.387	0.108	3.595	0.365	7

나. 제안·경영참여

서비스 질 요인들이 직원들의 제안 및 경영참여 의도에 미치는 영향은 통계분석결과 전반적으로 유의성이 없으며 영향을 미치는 정도가 미약한 것으로 나타났다. 따라서 직원들은 서비스 질 요인에 관계없이 제안 및 경영참여에 소극적인 행태를 취하고 있음을 알 수 있다.

다. 주민 홍보의도

서비스의 질 요인들이 직원들의 주민 홍보의도에 미치는 영향은 안내표지의 정확성, 전자자료·비도서자료의 다양성, 장서의 최신성, 문화강좌운영의 충실성, 도서관 구내식당의 청결성 순으로 나타났다. 이는 정확한 안내와 최신자료의 비치, 청결한 복지시설과 문화강좌 등의 요인이 직원들의 관점에서 주민홍보 의도로 작용하고 있음을 알 수 있다.

〈표 16〉 주민 홍보의도에 영향을 미치는 서비스 질 요인

	서비스 질 요인	비표준화 계수	표준오차	통계량	표준화상관 계수	순위
안내 홍보	홈페이지의 내용 충실성	0.415	0.129	3.214	0.333	9
	내부 안내표지물의 정확성	0.438	0.114	3.829	0.389	1
건물 시설	식수대 배치의 충분성	0.281	0.089	3.135	0.324	10
	도서관 구내식당의 청결성	0.330	0.093	3.544	0.361	5
	주차공간의 충분성	0.300	0.101	2.985	0.310	13
장서 관리	연속간행물의 주제 다양성	0.268	0.091	2.934	0.307	14
	장서의 최신성	0.414	0.113	3.657	0.371	3
	전자자료 비도서 자료의 다양성	0.371	0.098	3.779	0.381	2
	인터넷 컴퓨터의 최신성	0.289	0.095	3.040	0.315	11
	목록 내용의 충실성	0.338	0.101	3.349	0.345	6
인사 노무	직원의 전문성	0.382	0.117	3.272	0.336	8

	상하관계의 민주성	0.348	0.106	3.275	0.338	7
리더십	지역사회 관계의 협조성	0.291	0.097	3.012	0.314	12
문화 행사	문화강좌 운영의 충실성	0.415	0.117	3.552	0.361	4

서비스 질 요인들이 내부고객 행태에 미치는 영향을 종합하여 보면 보람과 자부심, 주민 홍보의도 순으로 영향을 미치며, 제안·경영참여의도에 미치는 영향은 미약한 것으로 나타났다. 이는 서비스 질 요인들을 내부고객이 높게 인식할수록 보람과 자부심을 느끼고, 주민에게 홍보할 의욕이 있으나 도서관의 서비스 개선을 위한 아이디어를 짜내는 일에는 직원들이 소극적인 행태를 보이는 것으로 해석된다.

6. 결론

본 연구는 공공도서관의 서비스 질 요인과 고객만족 및 고객행태의 상관관계 모형을 설계하고 이를 검증하였다.

첫째, 외부고객이 기대하는 공공도서관 서비스의 질 요인과 내부고객이 기대하는 서비스의 질 요인들을 측정하여 서비스 질 요인들의 중요도 순위를 산출하였다.

둘째, 서비스의 질 요인과 고객만족과의 상관관계를 분석하였다. 고객만족에 영향을 미치는 공공도서관 서비스의 질 요인들을 9개 부문으로 분류하여 각 부문별로 고객만족도에 영향을 미치는 정도와 요인별 차이를 증명하였다. 그 결과 외부고객평가 모형에서는 직원, 건물시설, 온라인목록, 장서관리, 장비, 대기시간, 불만처리, 문화행사, 안내홍보 순으로 고객만족에 영향을 미치는 것으로 밝혀졌다. 또 내부고객 평가 모형에서는 건물시설, 장서관리, 온라인목록, 재무관리, 인사노무, 리더십, 장비, 문화행사, 안내홍보 순으로 내부고객 만족에 영향을 미치는 것으로 밝혀졌다.

셋째, 서비스 질 요인과 고객 행태와의 상관관계를 분석하여 서비스 질 요인별로 고객행태에 미치는 영향의 정도와 요인간의 차이를 밝혔다. 그 결과 외부고객 평가모형에서 서비스 질 요인은 외부고객의 재이용 의도 및 구전의도에 영향을 미치는 것으로 밝혀졌다. 그러나 고객의 건의 · 제안의도에는 거의 영향을 미치지 못하는 것으로 나타났다. 또 내부고객 평가모형에서 서비스 질 요인은 내부고객의 보람 · 자부심, 주민 홍보의도 순으로 영향을 미치며 제안 · 경영참여의도에 영향을 미치는 정도는 미미한 것으로 밝혀졌다.

본 연구에서 검증된 공공도서관 서비스 질 평가의 모형은 향후 개별 공공도서관에서 각 도서관의 실정에 따라 서비스 요인들을 조정하여 자체평가에 활용할 수 있을 것으로 기대된다.

우리 공공도서관 무엇이 문제인가

1. 들어가며

민주국가의 공공도서관은 시민의, 시민에 의한, 시민을 위한 도서관이다. 서구에서의 공공도서관 탄생 시기는 19세기 서구 민주주의의 탄생 시기와 때를 같이한다. 시민의 문맹퇴치와 교육을 위하여 시민의 세금으로 누구에게나 무료로 책을 읽을 수 있게 하는 평등한 공공도서관 제도가 확립된 것이다. 그러나 선진국이라 하더라도 당시 경제 사정상 세금만으로 모든 지역에 공공도서관을 설립한다는 것은 불가능한 일이었다. 이러한 사정을 간파한 철강왕 카네기는 미국과 영국에 2,509개의 도서관을 지어 기증했다. 이렇게 공공도서관 제도의 확산에는 정부와 민간의 협력이 필요했다. 그러나 우리나라는 최근까지 정부도 민간도 공공도서관의 건립에 대하여 별로 큰 관심을 갖지 않았다.

2. 정책

공공도서관의 효과적 경영을 위해서는 국가의 올바른 도서관정책이 필수적이다. 정책은 정치와 행정의 산물로서 정책방향을 어떻게 정하느냐에 따라 그 분야의 앞날이 결정된다. 정책은 아주 큰 분야에서부터 작은 분야에 이르기 까지 광범위하다. 국가정책의 결과는 크게는 헌법, 법률, 명령, 조례, 규칙 등으로, 작게는 내부운영규정이나 지침으로 나타난다. 세부 정책들은 법령이라는 큰 틀의 범위 내에서 정해진다. 정책은 법질서를 실행하는 것이기에 법치주의의 실천이다. 그러나 정책 수행을 통해서 불합리한 법을 개선할 수도 있으므로 정책은 법보다 큰 '정치'이다.

우리나라의 도서관 정책은 도서관법으로 구체화되어 있다. 그러나 도서관법은 강제성이 적은 선언적 의미의 법률로 인식되어 법규범으로서의 제 역할을 다하지 못하고 있다. 도서관법이 몇 차례 개정되기는 했으나 도서관정책이 법대로 집행되지 못하고 있다. 도서관 내부의 운영규정이나 장서개발정책도 도서관들이 별로 신경을 쓰지 않아 대학 강단에서 말로만 강조하는 수준에 머무르고 있다. 이러한 유명무실한 정책에 힘을 싣기 위해 도서관계는 2007년에 도서관정보정책위원회 설치를 건의하여 받아들여졌고, 2008년 새 정부의 위원회 통폐합 방침에 따라 폐지의 위기를 맞았으나 겨우 살아남아 현재 활동을 진행 중이다.

3. 인력

공공이건 민간이건 일은 사람이 한다는 점에서 양질의 전문 인력은 어느 분야에서나 필수적이다. 도서관 인력구성의 핵심은 전문직 사서라고 할 수 있다. 사서는 책을 수집, 정리, 보존, 서비스하는 모든 이론적, 기술적, 기능적 능력을 갖춘 전문직이다. 도서관에는 행정, 전산 등 다른 직종의 직원도 필요하다. 그러나 사서가 없으면 도서관의 기능을 수행하기 어렵다. 특히 도서관의 경영을 총괄하는 경영자가 전문사서가 아니라면 그 도서관은 도서관의 본질적 기능을 수행하기 어렵다. 예를 들어 행정 공무원이 퇴임할 무렵에 공공도서관장으로 발령 받는 경우가 허다한데 이 경우 도서관은 활력을 잃고 표류하게 된다. 도서관법 제30조에는 "공립 공공도서관의 관장은 사서직으로 임명한다."고 명시하고 있으나 행정당국은 이 법을 밥 먹듯 위반하고 있다. 또한 사서 정원이 너무 적어 비전문 임시직으로 땜질함으로써 도서관의 일을 제때에 제대로 해내지 못하고 있다.

4. 서비스 및 프로그램

도서관은 비영리 서비스기관이다. 특히 공공도서관은 불특정 다수의 시민들에게 이용에 대한 대가를 받지 않고 무료로 서비스를 제공해야 한다. 서비스는 적극적인 행동을 필요로 한다. 말로만의 서비스나 서류만의 서비스는 서비스의 가치가 없거나 적다. 서비스는 오직 제공자의 행동으로 표현되어야 한다. 프로그램도 서비스의 일종이다. 이용자가 필요로 하는 다양한 프로그램들을 개발하고 이를 행동으로 실천해야 한다. 이 모든 서비스와 프로그램의 실행은 각기 서비스 대상별 수준과 눈높이에 맞아야 한다. 또한 모든 서비스에 기본적으로 필요한 것은 신속, 정확, 친절이다. 고객의 요구에 신속하고, 정확하게, 친절하게 답하지 않으면 서비스가 좋다고 할 수 없다.

그런데 우리의 공공도서관들은 이 모든 것이 미흡하기 짝이 없다. 공공
도서관의 서비스가 무료라는 것은 잘 알고 있지만, 그 이외의 것은 아직
저 멀리 산 너머에 있는 것 같다. 우선 직원들이 적극적으로 움직이지 않는
다. 물어보아도 반응이 무성의하고, 늦으며, 정확하지도 못하다. 친절도 아
직 몸에 배어있지 않다. 공공도서관이 소속 직원들의 직장생활을 위한 도
서관인지 시민을 위한 도서관인지 잘 구분하기 어렵다. 직영이냐 위탁이냐
의 문제로 논쟁을 벌이면서도 과연 시민을 위하여 어떻게 서비스를 해야
하는지에 대해서는 신경을 쓰고 있는 것 같지 않다.

5. 나오며

우리의 공공도서관들은 서비스경영이라는 관점에서 보면 총체적으로 중
병에 걸려 있다. 국가적으로 공공도서관 정책 부서가 교육과학기술부와 문
화체육관광부로 이원화되어 있어 수십 년 째 혼선을 빚고 있다. 또한 도서
관을 행정당국이 직영할 것인가, 민간에 위탁하여 운영할 것인가를 놓고도
이해관계자들의 논쟁이 뜨겁다. 직영이건 민간 위탁이건 공공도서관의 관
장을 사서직으로 임명하지 않는 곳이 많아 공공기관 스스로가 법률을 위반
하고 있다. 도서관서비스 역시 전문성이 부족하고 신속, 정확, 친절하지도
못하다. 평생교육기관으로서 새로운 프로그램 기획이나 실행도 몇몇 도서
관을 제외하고는 아직 미흡하다. 우리나라의 공공도서관들은 도서관에 따
라 다소 편차는 있겠지만 아직 서비스경영을 하지 못하고 있다. 서비스경

영의 요체는 신속, 정확, 친절하게 고객을 위해 적극적으로 행동하는 것이다. 시민을 고객으로 섬기고, 고객을 위해 무엇을 어떻게 할 것인가를 생각한다면 직영과 위탁은 별 문제가 안 될 것이다. 이 시점에서는 직영이든 위탁이든 도서관의 전문성을 축에 놓고 시민서비스를 제대로 할 수 있는 시민을 위한 진정한 공공도서관을 경영해야 한다.

5

충주시립도서관 – '반기문도서관'을 제안함

충주(忠州)의 지리적 특성

한자의 '충성 忠'자를 따로 떼어 쓰면 '中心'이 된다. 여기에는 깊은 의미가 담겨있다. 곧 충성이란 '마음의 중심을 잡는 것'이라는 뜻이다. 마음에 중심을 잡지 못하고 우왕좌왕해서는 충성할 수가 없다. 忠州라는 지명도 의미심장하다. 즉 충주는 '중심(忠) 고을(州)'을 나타내고 있다. 나라의 중심에 위치하는 도시인 것이다. "뭐 그럴까봐." 할지 모르지만, 실제로 중추는 국토의 중심이다. 충주에는 '중앙탑'이 있다. 중앙탑의 본디 이름은 '중원탑평리 7층석탑(中原 塔坪里 七層石塔)'이며 국보 제6호로 지정된 우리나라의 귀중한 역사유적이다. 중앙탑 앞 안내문에는 다음과 같은 설명이 있다.

"중원문화를 대표하는 유산인 이 탑은 신라탑중 유일한 7층 석탑으로 통일신라기에 우리나라의 중앙에 세워져 '중앙탑'이라고 한다. 건립 시기에 대해서는 여러 주장이 있으나 대체로 8세기 후반~9세기 초로 파악되고 있으며 10개의 크고 긴 돌로 지대석을 마련하고 2층 기단을 쌓아 올렸다. 탑 전체의 높이는

12.951m로 높이에 비해 너비가 좁아서 가늘게 치솟은 느낌이 강하여 웅대함이나 안정감보다는 상승감이 두드러지는 탑이다."(이하 생략)

충주의 지리적 특성은 남동쪽이 높고 북서쪽이 낮다는 것이다. 남동쪽은 산악지대로 경상북도 문경과 경계를 이루며, 물줄기가 남에서 북으로 흘러 남한강을 이루면서 서울의 젖줄이 된다. 충주는 물이 풍부하다. 충주호는 한강의 수량을 조절한다. 월악산 아래 아늑하게 자리 잡은 수안보(水安堡)는 그 이름이 시사하듯 물을 안전하게 담고 있는 곳으로 질 좋은 온천수를 공급한다. 충주에는 관광의 명소들이 많이 있다. 수안보, 탄금대, 중앙탑(국보 6호), 중원고구려비(국보 205호), 충주호, 송계계곡 등이다. 충주의 별명은 '대원(大原)'이다. 그도 그럴 것이 산악지대 아래 커다란 평원을 이루고 있기 때문이다. 따라서 농업이 발달했다.

명현의 고장 충주 – 우륵에서 반기문까지

충주는 유구한 역사를 지닌 도시이다. 선사시대, 마한, 백제, 통일신라, 고려, 이조를 내려오는 동안 수많은 전란을 겪으면서도 많은 문무 충신 명현들을 배출하였다. 중앙탑 옆에 세워진 충주박물관은 충주의 역사 유물을 보존, 전시하고 있다. 충주박물관의 '충주명현실'에는 가야에서 귀화한 악성 우륵을 위시하여 강수, 김생, 이제현, 김윤후, 김이소, 홍가상 등 충주 출신 역사 인물들의 업적을 기리고 있다. 또한 권근, 정인지, 박팽년, 신립, 임경업 등 누구나 이름만 들어도 알 수 있는 기라성 같은 정치가, 명장들도 충주출신이다.[1]

충주문화의 특징을 한마디로 요약한다면 '문과 무, 그리고 예술의 고장'
이라고 할 수 있을 것 같다. 충주에는 몽고의 침략과 왜의 침입에 항거한
용맹무쌍한 애국 충신 장군들의 기상이 곳곳에 서려 있다. 탄금대에서 가
야금을 연주하며 인생을 노래하고, 학문을 익혀 치국평천하에 기여하며, 불
의의 침략에 단호히 일어설 줄 아는 충절의 고장 충주, 충주는 그 이름값을
톡톡히 해내고 있다.

그래서 이 기상과 전통을 이어받아 현대에 와서도 충주인들의 활약상은
가히 세계적이다. 그 대표적인 예가 바로 반기문 유엔사무총장이다. 반 총
장은 충주의 자랑일 뿐 아니라 우리 대한민국의 자랑으로서 세계적인 일
처리도 충직하게 해낼 것이다.

충주 도서관의 역사

이제 충주 도서관의 역사를 좀 살펴보아야겠다. 충주는 고려 말 이조시
대에 좋은 국가 도서관을 가지고 있었다. 바로 충주사고(忠州史庫)이다. 충주
사고는 고려 말에 충주시 동량면 하천동 정토사에 설치되었으며, 조선에
와서는 세종21년(1439)에 충주의 객사 동남쪽(현재의 성내동 453-458번지 충주
우체국 동편)에 실록각(實錄閣)을 지어 수많은 귀중자료를 보존하였다.[2] 그러
나 충주사고는 임진왜란으로 소실되고 말았다.

---

1) 충주시, 2001, 『忠州市誌』上, 743~882쪽 참조.
2) 충주시, 2001, 『忠州市誌』上, 236~237쪽 및 최일성, 1987, 「충주사고에 관한 고찰」, 『충주공
   업전문대학논문집』 21, 61~83쪽 참조

충주의 대표 도서관인 충주시립도서관은 이러한 충주사고의 전통위에 그 역사적 기반을 두어야 한다고 생각된다. 그러나 충주시립도서관 안내문이나 소식지만으로는 그러한 역사전승의 흔적을 찾을 수 없었다. 안내문에는 충주도서관이 1954년 충주읍사무소에 처음 설치되었고, 1963년에 '충주시립도서관'으로 신축 개관하였으며, 1979년에 (주)중앙일보, 동양방송에서 기증하여 건물을 신축 '충주시립중앙도서관'으로 개관하였고, 2006년 6월에 현재의 건물을 신축 '충주시립도서관'으로 개관한 것으로 되어 있었다. 충주에는 또 충주학생도서관, 중원도서관이 있다.

건축예술의 백미, 투명하게 빛나는 유리건물

2007년 3월 27일 충주시립도서관 건물에 다다랐을 때 필자는 반짝반짝 빛나는 유리의 반사에 황홀경을 느꼈다. 건물 외벽이 온통 하늘색 유리로 되어 있어 태양빛을 받으며 찬란히 빛나고 있었다. 또한 건물의 전체 모양은 사각형이지만 평행사각형이 아니라 한 쪽이 더 넓고, 이 넓은 쪽이 약간 치켜 올려진 상태여서 비행물체가 이륙하려는 것 같은 '상승과 진취'의 기상을 느낄 수 있었다. 과연 문명의 빛이 반짝이며 저 높은 곳을 향해서 전진하는 충주인의 기상을 상징하기에 충분하다고 생각하며 건물 안으로 들어섰다.

시설과 장서

현관 로비에 들어서니 텅 빈 시원스런 공간이 전개된다. 단조로운 화초가 초록의 신선함을 뽐내고 있는데, 그 옆으로 걸려 있는 멋진 미술작품들이 눈길을 끈다. 1층 로비는 이렇게 작품 전시실로 활용하는가보다. 1층에서는 도서관에 들어오는 고객들의 정서를 차분하고 편안하게 만들어 주는 것 같다.

소파에 앉아 잠시 오금을 편 후 계단을 오르니 2층에는 어린이들을 위한 공간이었다. 유아자료실과 어린이자료실이 별도로 있었다. 최근 어린이도서관이 활성화되고 있는데 이 도서관도 어린이를 우선 배려하고 있었다. 어린이를 위한 아담하고 예쁜 비품, 그리고 알록달록한 책들을 갖추고 밝은 얼굴의 사서가 어린이들을 맞는다. 아름다운 정경이다. 같은 층에 독서토론실, 동화구연실도 별도로 있어 2층은 전부 어린이를 위해 열어놓고 있다.

3층으로 올라갔다. 1층 현관은 지붕에 이르기까지 시원하게 통해 있어 유리건물을 통과한 자연광이 도서관 전체를 밝게 비추고 있다. 3층에는 일반시민을 위한 공간으로 '제1자료실'에 언어, 문학, 역사자료를 소장하고 있다. 언뜻 보기에 자료가 많은 것 같아 직원에게 물어보니 실제로는 자료가 많지 않았다. 11만 권을 좀 넘는다고 한다. 서가에 빈 공간이 많았다. 이정도의 공공도서관이면 30만 종은 되겠거니 했는데……. 앞으로 장서의 확충과 이용활성화를 위한 노력이 시급해 보인다.

4층에는 '제2자료실' 간판을 걸고 총류, 철학, 종교, 사회과학, 기술과학, 예술자료들을 모아놓았다. 또 '참고자료실'이 있어 사전, 연감, 향토자료, 행정자료들을 이용할 수 있도록 되어 있다. 3층과 4층은 일반시민을 위한 자료공간이지만 지역 공공도서관에서 특히 중요시되어야 할 향토자료가 빈약해 보인다.

5층은 '디지털자료실'로 명명했는데 예산이 부족해 아직 정상 가동이 안

되고 있었다. 전부터 쓰던 '짱구머리 컴퓨터 모니터'들이 눈에 띄었다. 이런 곳에 기부가 필요하다는 것을 절실히 느낄 수 있었다. 시민의 정보문명을 위해 시 예산으로 모자라는 부분은 독지가나 기업가의 기부가 있어야 소생할 수 있다. "혹시 김밥 할머니 안계신가요? 기업인님들, 기부하시려거든 카네기처럼 공공도서관에 기부하세요. 그러면 시민 모두가 행복해진답니다."

충주시립도서관에 거는 기대

이제 충주시립도서관은 목욕재계(沐浴齋戒)한 후 옷을 갈아입고 산뜻한 기분으로 열심히 공부하는 중이다. 열심히 공부해서 실력을 확 끌어올려야 국토의 중앙에 위치한 도서관으로서의 역할을 제대로 해낼 수 있을 것이다. 그러기 위해서는 다양하고 창의적인 서비스프로그램을 개발하여 도서관을 시민속의 도서관으로 만들어야 한다. 각 분야 주제전문사서를 초빙하고, 실력 있는 강사를 확보하여 도서관을 통해서 학교교육과 평생교육의 수월성을 진작시켜야 한다. 장서를 충실히 확충할 뿐 아니라 모든 형태의 정보에 접근할 수 있도록 문호를 개방하여 충주의 명실상부한 정보거점이 되어야 하는 것이다.

충주 시민들이 적극적으로 나서면 충주시립도서관은 빠른 시일 내에 최고의 명품도서관으로 성장할 수 있을 것으로 믿는다. 충주사고(忠州史庫)의 역사적 전통을 계승하고 오늘의 정보사회에 사통팔달하는 정보도서관을 만들겠다는 의지만 있다면, 그리고 도서관의 본질을 잘 이해하고 경영을 이끌어가는 전문가가 나선다면 충주시립도서관의 미래는 그 건물의 찬란

함만큼이나 밝아질 것이다. 이 기회에 필자는 제안을 하나 하고 싶다. 앞으로 반기문 유엔사무총장이 임기를 마치고 귀향할 시기에 맞추어 '반기문도서관'을 개관하면 어떨까? 충주시립공공도서관이 글로벌 도서관이 되어 세계 시민을 위한 '지식과 지혜의 광장'이 되는 날이 하루 빨리 오기를 기다려 본다.

충주시립도서관 어린이실

6

파주 '헤이리'의 인문과 예술 그리고 도서관

'헤이리'의 첫 인상

"헤이리는 다양한 문화장르가 한 공간에서 소통하는 문화예술마을을 지향합니다. 1994년부터 구상, 1997년 발족된 헤이리는 15만 평에 작가, 미술인, 영화인, 건축가, 음악가 등 370여 명의 예술인들이 회원으로 참여해 집과 작업실, 미술관, 박물관, 갤러리 등 문화예술 공간을 짓고 있습니다. 마을 이름은 경기 파주지역에 전해져오는 전래농요인 '헤이리 소리'에서 따왔습니다."

헤이리 홈페이지의 첫 소개 글이다. 자유로를 따라 임진각을 가다가 예술마을 '헤이리'라는 이정표를 보고 '동네 이름 참 희한하다'는 생각을 했었다. 그리고 그 뜻이 무엇인지 매우 궁금했었다. 그래서 이번 방학 중에 시간을 내어 헤이리를 방문하기로 하고 인터넷 검색을 했더니 위와 같은 안내가 나왔다. 헤이리라는 이름이 전부터 있던 동네 이름이 아니라 파주지역의 전래농요에서 따온 것이라는 설명에서 헤이리 사람들의 문화적 감각을 느낄 수 있었다. 때마침 한 잡지에서도 헤이리를 취재, 소개한 글을 읽을 수 있었다. 그 잡지기사에 따르면 헤이리라는 이름의 모태가 되는 파주 농요는 "어허허허 허허이 허허야 헤헤이 헤, 헤이리……."로 시작된다는 것이었다.[1] 허허 그렇구면! 궁금했던 것을 알게 되니 감탄사가 절로 나왔다. 그리고 나도 모르게 흥이 일어났다. "헤헤헤, 헤이 헤이 헤이리"라고 흥얼거리고 싶은 마음이었다.

2007년 1월 14일 포근한 겨울날, 혼자 자동차를 몰고 자유로를 달렸다. 눈앞에 전개되는 시원스런 풍경이 좁은 방구석의 답답한 마음 먼지를 날려주었다. 경쾌, 통쾌, 상쾌하다. 집이 일산에 있다 보니 20여 분만에 헤이리에 도달했다. 겨울이라 초록은 없었지만 아름다운 마을이었다. 우선 겉으로 풍겨오는 마을의 이미지가 여느 마을과는 달랐다. 건물 하나하나가 제각기 멋과 맛을 내면서 독특한 개성미를 뽐내고 있었다. "나는 요렇게 생겼어요, 지는 이렇게 생겼시유, 저는 이루쿠 생겼구만이라오." 건축 예술에 문외한인 나는 그저 특이하고 아름답다는 생각만이 머리에 스칠 뿐이었다. 어느 시인은 아름다운 경치를 보고 그저 "아! 산산산, 아! 물물물" 했다던가? 나도 그 시인을 닮았는지 모른다. '아! 멋있다. 아! 예쁘다.' 다른 말이 떠오르지 않는다.

헤이리와 책의 만남

도서관쟁이인 나의 관심은 어디를 가나 책과 도서관이다. 헤이리가 단순

---

1) 『신동아』 2007년 1월호. 420쪽.

히 예술마을이라면 필자는 헤이리를 더 나중에 찾아 왔을지도 모른다. 그러나 정보검색을 통해 헤이리에 책이 많다는 정보를 얻었기에 서둘러 달려온 것이다. 헤이리에 책을 전시하고 있는 곳은 '북하우스', '매거진하우스', '북카페 반디', '동화나라', '네버랜드빌딩 어린이리브로', '모티프원', '책이 있는 집' 등이다. 이들은 도서관과는 운영 방법이 판이하게 다르지만 도서관과 유사한 문화기능을 하는 공간이다.

'북하우스'는 한길사에서 운영한다고 한다. 1층은 레스토랑과 카페, 2층으로 올라가는 램프(ramp)부터 책을 가득 가득 전시했는데, 다 올라가 보니 또 차를 마시는 낭만적 공간이 나온다. 책의 주 전시장이 올라가는 램프인 셈이다. 램프를 따라 오르내리면서 사람들은 책을 마음대로 뽑아보고, 읽고, 사고 싶으면 사기도 한다. 서점과는 달리 상업적 목적은 현저히 줄어있다는 느낌이 들었다.

'매거진하우스'는 '북하우스' 옆에 있었다. 규모는 작았지만 3층이다. 1층은 잡지 '총집합'인 듯 잡지들마다 울긋불긋 아름다운 색상과 디자인을 뽐내고 있었다. 2층은 책이 있는 카페였다. 여기서는 커피를 한잔 시켜놓고 요모조모 실내를 둘러보았다. 가족들끼리 차를 마시며, 책장을 넘기며, 서로 담소하고 있는 모습들이 보였다. 아름다운 '문화가족들'이라는 느낌이 들었다. 3층에는 건축과 미술에 관한 책을 주로 선보이고 있었다. 관람자들은 여유 있게 책을 구경하며 만져보고 구입하기도 했다.

'북카페 반디'는 규모가 작았다. 럭비공 같기도 한 타원형 건물이다. 건물은 2층이지만 1층만이 북카페였다. 문을 열고 들어가니 주방 겸 카운터의 아주머니 두 분이 놀라 눈이 휘둥그레졌다. '어떻게 오셨냐.'고 묻기에 필자는 의아해서 여기가 '북카페 아닌가요?' 라며 되물어볼 수밖에…. 장소가 협소해보였다. 서비스 경영도 좀 필요해 보였다. 책이 있는 찻집이다.

'동화나라'는 어린이 서점이었다. 역시 1층만 운영하고 있어 공간은 크지 않았다. 어린이 책을 구비해 놓고 판매하는 곳인데 어른을 위한 어린이 책도 있었다. 나는 '어린이 문학의 즐거움1,2권'을 구입했다. 그리고 '고래가 숨 쉬는 도서관'이라는 어린이도서 신간안내 목록도 얻을 수 있었다. 비매품이라 출판사에 부탁했었는데 아직 받아보지 못한 터라 그 목록을 얻으니 좋았다. 아마 그 출판사 담당자는 나의 요청을 까맣게 잊었나 보다.

'모티프 원'은 책이 있는 사랑방이었다. 책을 판매하지 않고 책을 좋아하는 문화예술인들이 '놀러와' 담소하고, 때로는 숙박도 하면서 책을 읽고, 작품을 쓰고, 연주하고, 강의하고, 녹화할 수 있는 공간들이 아담하게 배치되어 있었다. 침대, 책상, 책들이 방마다 비치되어 있고 스튜디오 조명도 있어 편리해 보였다. 이안수 관장과의 담소가 이루어졌다. 그는 내가 문헌정보학 전공자라고 하자 반가워하며 더 적극적으로 이야기를 이어갔다. 나도 뒤질세라 우리 문헌정보학이 지향하는 목적과 대학에서의 교육 경험, 그리고 나의 도서관에 대한 이상, 사서들의 학문적 포괄성 등을 설명했다. 어느덧 책과 학문, 도서관에 대한 공감대가 이루어진 것 같았다. 도서관을 좋아하고 책을 좋아하는 분이었다. 그러나 "우리나라에는 가깝고 친근한 동네 도서관들이 없다"고 아쉬워했다. 필자는 "우리나라는 1990년 이후 도서관이 많이 발전하고 있고, 작은 도서관, 어린이도서관들도 활성화되어 가고 있는 중"이라고 나름대로 설명을 했다. 나는 '모티프 원'을 둘러보고 이런 형태가 내가 생각하는 '라이브러리호텔'과 비슷하다고 생각했다. '모티프 원'은 책을 통해 인간적 소통을 도와주는 부담 없는 사랑방이었다.

'네버랜드빌딩 어린이리브로'는 빌딩이라는 이름에 걸맞게 규모가 제법 컸다. 출입문이 까만 벽창호처럼 생겨 벽과 잘 구분되지 않았다. 문을 열고 들어가니 조명 불빛이 휑한 내 정수리를 한층 빛내주는 것 같았다. 어린이 책이 많았다. 어린이 서점으로 최근에 문을 열었다한다. 인테리어 소품도 어린이들이 좋아할 만큼 신기하게 꾸며놓았다. 안내카운터가 책의 모형이다. 사자 모양의 인형(사자 모양이니 '사자형' 또는 '사형'으로 해야 할 것 같으나 그런 말이 없어 '인형'으로 쓴다) 둘레에도 좋은 실물 책으로 장식하였다. 장식을 너무 하다 보니 정작 책에는 관심이 덜 가 보였다. 다른 구경 하느라고 책은 주마간산(走馬看山)인 듯. 그러나 책이 많아서 앞으로 어린이도서관 사람들이 활용했으면 좋겠다는 생각을 했다. '책이 있는 집'은 시간도 부족하고 또 전시공간이 아니고 개인 가정집이라 하여 방문을 미루었다.

학문, 예술의 교향곡 연주되길

나는 오늘 책과 도서관을 테마로 헤이리를 여행한 셈이다. 이 짧은 여행에서 나는 다시 한 번 책과 도서관의 중요성을 확인하였다. 책이 있기에 학문과 예술이 있다. 도서관이 있기에 학문과 예술이 번창하였다. 헤이리에는 도서관은 없었지만 책이 있었다. 그리고 서점이든 카페든 책을 전시 유통시키는 문화공간이 있었다. 아직은 미숙하지만 앞으로 헤이리 마을에 학문과 예술의 아름다운 협주곡이 날마다 연주되리라는 기대감이 생겼다. 여기에 정말 좋은 도서관이 들어선다면, 그리고 다양한 학술 프로그램을 제공한다면, 우리 학문과 예술의 협주곡은 아름다운 교향곡이 되어 세계로 울려 퍼지지 않을까? 헤이리는 아직 표면적으로는 예술마을이다. 그러나 앞으로 '학술마을'로도 부를 수 있게 되기를 간절히 바라본다.

북하우스 내부

북카페 반디

북하우스

7

도서관에 이런 코너를

　인문과학이든 사회과학이든 과학기술이든 각 학문분야마다 개론서들이 있다. 이들은 '○○개론', '○○원론', '○○입문', '○○의 이해', '○○이란 무엇인가' 등 여러 가지 제목으로 출판되고 있다. 이러한 개론서들을 한 코너에 모아서 배열하여 두면 전공을 선택하는 학생들이나 교양을 넓히고자 하는 시민들에게 매우 유용할 것으로 생각된다.

　인접분야나 다른 분야에 대하여 개략적으로 알고 싶을 때 개론서 코너에 가면 종합자료실이나 대형서점을 헤매지 않고도 쉽게 해당분야를 안내 받을 수 있을 것이기 때문이다.

　필자는 대학에 문헌정보학 교과목으로 개설되어 있는 '인문사회과학정보원' 과 '과학기술정보원'을 강의한 경험이 있다. 이 교과는 각 분야의 학문특성, 개론서, 참고자료들을 체계적으로 조사하고 살펴보는 과목이다. 따라서 여러 전공분야의 개론서들을 접하지 않으면 안 된다. 교재의 리스트에 나오는 서지사항만을 보고 스쳐가기 보다는 각 분야의 개론서를 접하여 목차를 살펴보고, 가능하면 독파하는 것이 지식의 지평을 넓히는 데 큰 도움이 되었다.

학습 및 연구자들이 학제적인 공부와 연구를 수행할 때 관련 분야의 개론서를 살펴보는 것은 필수이다. 이러한 현실적인 필요성을 감안하여 도서관에서 '개론서코너'를 마련하고 홍보하면 새로운 도서관 서비스로 각광받을 수 있지 않을까? 특히 대학도서관에서는 …….

개론서 코너

8

'수학능력' 도서관

2011년도 대학입학수학능력시험문제 언어영역에 공공도서관에 관련된 문제가 출제되었다는 소식이 인터넷을 통해 날아왔다. 즉시 그 문제를 받아 풀어보았다. 문제의 내용은 토의를 듣고 토의 내용과 결과의 반영에 대한 이해의 정확성을 묻는 것인데 그 소재가 공공도서관의 열람실 이용시간 연장문제, 열람좌석을 늘리는 문제 등 현실적으로 공공도서관과 이용자 사이에 대립되고 있는 문제였다.

도서관의 열람실 문제는 이용자측은 도서관을 시험 공부방으로 이용하려 하는 반면, 도서관측은 시민들에게 유용한 지식과 정보를 제공 활용시키는 도서관 본연의 역할을 다하려고 하는 데서 비롯된다. 따라서 대립의 근본적 원인은 시험에 있다. 초·중·고등학교의 시험, 대학입학수학능력시험, 각종 자격시험, 공무원시험, 사법고시, 고등고시 등 사회적 신분상승이 시험에 의해 결정되다보니 시민들이 시험 이외의 것에 대해서는 관심을 가질 수 있는 여유가 별로 없다.

그렇다면 우리는 각종 시험과 관련하여 도서관이 시민들에게 무엇을 어떻게 서비스해야 할 것인지를 진지하게 고민할 필요가 있다. 도서관은 사회적 존재이며 사회적 역할을 충실히 수행할 때라야 존재의 의미가 있기 때문이다. 그렇다고 열람실의 좌석 수와 이용시간만을 늘리는 것은 도서관의 본질에 어긋나니 이 두 가지를 통합하여 도서관의 자료실을 열람실로 확대하고 도서관의 개관시간을 최대한 연장하여 시민들이 도서관의 자료로 공부할 수 있게 하는 파격적 조처가 필요할 것으로 생각된다.

사실 누구나 공부하면서 경험하는 일이지만 도서관의 책을 이 책 저 책 독서만 하는 정도로는 저마다 소기의 목적을 달성하기 어렵다. 자기 책을 가지고 다니면서 밑줄 그어가며 공부하면서 도서관의 풍부한 관련 자료들을 그 때 그 때 참고하는 것이 실력을 극대화하는 방법이다. 그런데 도서관 자료실에는 개인 책을 가지고 들어갈 수 없으니 자료실에서 공부하기가 어렵다. 또 자료실에는 시험에 대비한 책이 별로 없을 뿐 아니라 있다고 해도 자기 책처럼 마음대로 사용할 수 없다.

그래서 가장 좋은 방법은 도서관의 전 자료실을 열람실로 개방하고 자기 책도 가져오게 해서 도서관에서 풍부한 자료를 찾아가며 밤늦도록 공부하게 하는 것이다. 그러나 그렇게 하려면 교대근무를 할 수 있는 많은 인력이 필요한데, 그게 어디 잘 되겠는가? 학교도서관 사서교사 배치도 신경을 못 쓰는 판인데…. 도서관 정책은 그래서 도서관이 사회적 역할을 충실히 수행할 수 있도록 풍부한 전문 인력을 확보하고, 쾌적한 도서관 시설을 확충해서 시민 누구나 빈부격차 없이 열심히 원하는 공부를 할 수 있도록 해주는 것이 최상의 정책이 아닐까? 누가 뭐래도.

KONKUK UNIVERSITY
JOONGWON LIBRARY
MULTIMEDIA INFO.PLAZA

제3장

도서관과 평생교육

우리나라 사서직의 평생교육 체계화 방안

1. 서론

1) 연구의 필요성과 목적

우리나라에서 문헌정보학 교육이 시작된 지도 반세기가 지났다.[1] 한국 문헌정보학 50여년의 역사는 인접 계열의 다른 학문 분야, 이를테면 신문 방송학(1954년 홍익대)이나(한국언론학회 2003, 50) 컴퓨터과학(1970년 숭실대)에[2] 비하여 결코 짧지 않은 교육사라 하겠다. 그럼에도 불구하고 우리나라에서는 아직 도서관직의 전문성을 다른 전문분야만큼 인정받지 못하고 있는 것 또한 사실이다. 이러한 인식은 도서관의 밖에서는 물론, 도서관 내부에서도 흔히 거론되고 있다. 물론 이러한 부정적 평가들은 과학적인 데이

---

1) 1957년 연세대학교 도서관학과의 창립을 우리 문헌정보학교육의 시작으로 본다면 서기 2007년이 한국 문헌정보학 교육 50주년이 된다.
2) http://www.ssu.ac.kr 숭실대학교 연혁 '1970 국내 최초로 전자계산학과 창설'.

터를 근거로 하는 것이 아니라 다분히 인상적인 것으로도 생각할 수 있을 것이다. 그러나 인상적인 평가는 시민과 이용자 및 도서관 직원들의 도서관에 대한 체험에서 나온 것이기 때문에 도서관 서비스 향상에 있어서 결코 무시할 수 없는 요소라 하겠다.

또 한편으로는 50여 년의 문헌정보학 교육사에도 불구하고 아직도 문헌정보학 분야에서 도서관의 전문성, 즉 사서직의 전문성을 논해야 한다는 사실 그 자체가 한국문헌정보학 교육의 문제점을 어느 정도 내포하고 있다고 볼 수 있을 것이다.

문헌정보학 교육의 문제점을 체계적으로 분석하고 대안을 제시하기는 대단히 어렵고 복잡한 일이다. 또한 지난 50여 년 동안 문헌정보학자들은 한국문헌정보학의 이론적 체계화에 꾸준히 노력해 왔으며 실무 도서관인들도 새로운 정보기술발전에 부응하여 지식기반 정보사회에 적응하기 위한 실천적 노력을 꾸준히 전개하여 왔다. 따라서 과거의 교육에 대한 평가는 선임자들의 업적을 평가절하 할 소지가 있어 매우 조심스러운 부분이기도 하다.

그러나 현재 사회 전반적으로 다른 분야에 비하여 낙후되어 있는 도서관에 대한 전문성 인식을 제고하고, 보다 만족스럽고 내실 있는 도서관 경영을 구현하기 위해서는 미래지향적 차원에서 한국 문헌정보학 교육체계의 문제점을 짚어보고 대안을 찾는 일이 이 시대의 문헌정보학 연구자에게 주어진 필수적 과제라고 생각된다. 본고는 이러한 관점에서 한국 문헌정보학 교육체계의 현황 분석과 개선방안을 제시하는 데 초점을 두고자 한다.

본 연구의 목적은 평생교육학 이론을 바탕으로 우리나라 교육제도와 문헌정보학 교육체계를 유치원에서 대학원 및 사회교육에 이르기까지 전 단계에 걸쳐 분석하고 한국문헌정보학의 평생교육체계를 설계함으로써 향후 각 단계별 교육기관의 교육과정 개발과 운영에 체계적 근거를 제공하는 데 있다.

2) 연구의 범위와 방법

본 연구의 범위는 유아교육, 초·중·고등학교의 정보교육으로부터 대학과 대학원의 교육, 그리고 국립중앙도서관 사서연수원교육 및 기타 사회교육에 이르기까지 전체의 문헌정보 교육을 대상으로 한다.

연구 방법은 먼저 평생교육의 이론적 배경과 현대 교육의 흐름을 파악하고, 우리나라의 교육체계 속에서 문헌정보 교육체계의 실태와 문제점을 문헌자료를 통하여 분석한다. 이를 토대로 전 생애((life-long)교육이라는 관점에서 문헌정보학 평생교육의 로드맵을 구성하고 단계별 교육체계를 설계한다.

그러나 본 연구는 평생교육이라는 큰 틀에서 우리나라 문헌정보교육체계의 윤곽적 대안을 제시하는 것이므로 각 단계별 세부 교육과정의 편성과 운영방법을 제시하는 것은 아니다.

2. 평생교육이론의 발전과 현대 교육의 흐름

1) 평생교육의 개념과 특징

교육의 의미를 문자 그대로 '가르치고 기르는 것'이라고 정의한다면 교육의 대상은 아동과 청소년으로 한정되기 쉽다. 그러나 오늘의 평생학습사회에서 교육은 전 연령, 전 직업부문으로 확대되고 있다. 교육은 유사 이래 다양한 형태로 전개되어 왔지만 언제나 그 대상과 영역은 한정된 상태에서 진행되었다. 이는 정치이념, 종교제도, 신분제도, 가족제도, 경제상황, 지리적 요인 등 여러 제약 조건에 기인하여 나타난 결과라 하겠다. 그러나 민주주의와 대중교육의 확대는 이러한 제약요인들을 점차 극복해 왔으며 정보통신기술의 혁명은 이러한 제약 요인들을 급속도로 무너뜨리고 지구촌 전체를 하나의 지식정보사회로 탈바꿈시키고 있다. 그 결과 인간 모두가 교육의 주체이며 객체인 평생학습사회로 바뀌고 있다. 따라서 평생교육은 이제 교육의 전체를 총괄하는 개념이 되었으며 현대사회는 누구든지 평생학습사회에서 자신이 원하든 원하지 아니하든 요람에서 무덤까지 피교육자임과 동시에 교육자로서의 생을 보내지 않으면 안 되게 되었다. 다만 문제는 개별적 교육자와 피교육자들이 이러한 교육상황을 어느 정도 능동적으로 받아들이고 성실히 교육에 임하고 실천하느냐에 따라서 교육의 효과는 천차만별로 다르게 나타날 뿐이다.

평생교육의 세계적 문제 제기는 유네스코(UNESCO)에서 시작되었다. 1960년대 이래 유네스코는 교육을 통한 미개의 극복과 삶의 질 향상을 도모하는 국제적인 선도자 역할을 수행해왔다. 세계경제의 발전과 인간성의 향상을 동시에 추구해야 하는 시대적 소명에 발맞추어 평생교육론이 새롭게 등장한 것이다. 그러나 그 결과는 교육의 개념적 기저를 바꾸어 놓았다. 평생교육론은 교육의 본질적 기반을 과거와는 다른 차원에서 통찰할 수 있게 해 주었고 인간의 교육기반은 바로 평생교육에 두어야 한다는 깨달음을 형성하게 되었다(한숭희, 2006, 48~50). 이와 같은 사실은 데이브(R. Dave)가 종합한 평생교육의 개념적 특징에서 확인할 수 있다(<표 3>).

이와 같은 평생교육의 기틀위에서 교육자가 감당해야할 책임과 역할은 그만큼 무겁고 광범하며 중요하게 되었다. 세계 도처에서 출몰하고 있는 지식과 기술, 정보들을 신속 정확하게 습득하여 모든 교육에 활용해야 하기 때문이다. 그러나 이러한 책임은 예나 지금이나 교육자에게만 국한되지는 않는다. 교육의 효과는 교육대상자의 자발적 노력에 의해서 성취되는 부분이 크기 때문이다. 특히 성인교육에 있어서는 교육자와 교육대상자가 연령적으로 역관계를 이룰 수 있기 때문에 상호 학습 동료로서의 역할이 크다. 교사가 제시하는 지식과 정보를 피교육자가 새롭게 구성하면서 교육의 내용을 수정 보완할 수도 있는 것이다.

평생교육의 개념을 평생교육 및 평생학습사회라는 큰 구조 속에서 분류, 정리하여 보면 <표 1> 및 <표 2>와 같다.

<표 1> 평생 교육의 개념 구분

기준	구분
생애주기	유아교육-아동교육-청소년교육-성인교육-노인교육
교육장소	가정교육-학교교육-사회교육
학교교육과의 관계	학령전교육-학교교육-계속교육
교육내용	기초교육, 일반교육, 직업교육, 전문교육
교육형태	형식교육(formal), 비형식교육(nonformal), 무형식교육(informal)
직업생활과의 관련	학습, 일, 삶의 통합 강조 : 순환(recurrent)교육

자료 : 이해주, 최운실, 권두승. 2006. 11쪽의 <표 1-1>에서 교육장소 부분에 '평생교육'을 '사회교육'으로 교체하였음. 이는 가정과 학교와 사회의 대비가 더 논리적이라고 판단되기 때문임.

〈표 2〉 학교교육과 평생교육의 개념 대비

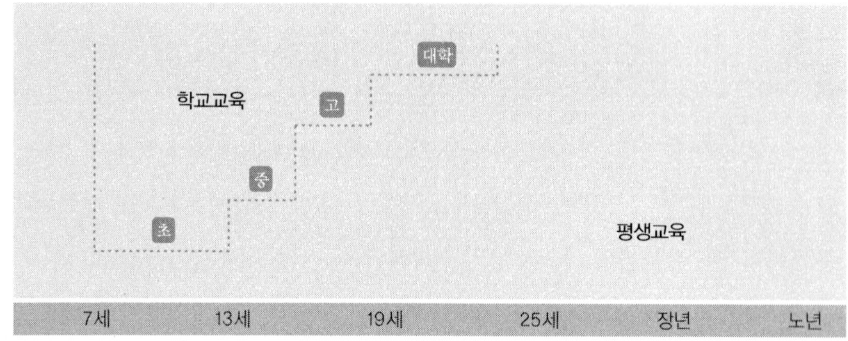

〈표 3〉 평생교육의 개념적 특징 3)

① 평생교육 개념의 의미에 내포되어 있는 세 가지 기본 용어는 삶(life), 평생(lifelong), 교육(education)으로서 세 가지 용어가 가지는 의미와 그 해석을 어떻게 하느냐에 따라 평생교육의 범위와 개념이 결정된다.

② 교육은 정기적인 학교교육으로 끝나는 것이 아니라 평생을 통해서 계속되는 과정이다. 평생교육은 개인의 전 생애에 걸쳐 일어난다.

③ 평생교육은 성인교육에 국한되는 것이 아니라 취학전 교육, 초등교육, 중등교육과 그 이후의 교육을 망라하고 통합한다. 그러므로 평생교육은 총체적으로 교육을 보는 관점을 취한다.

④ 평생교육은 정규교육과 함께 비형식교육과 무형식교육까지도 포함한다.

⑤ 가정은 평생교육과정을 시작하는데 가장 예민하고 결정적인 역할을 한다. 가정에서의 학습은 개인의 전 생애에 걸쳐 작용하는 계속적 과정이다.

⑥ 지역도 역시 어린이가 그 지역과 만나기 시작하는 바로 그 순간부터 평생교육체제에 중요한 역할을 하며 전문적인 직업 영역에서나 일반적인 영역에서나 일생을 통하여 교육적 기능을 행사한다.

⑦ 학교나 대학, 훈련센터 등의 교육기관도 물론 중요하다. 그러나 이것들은 다만 평생교육을 위한 하나의 기관으로서 중요성을 갖는 것이다. 이러한 기관들은 사람들을 교육하는 데 더 이상 독점적 특권을 누릴 수 없으며 지역의 다른 교육기관들로부터 더 이상 고립해서 존재할 수 없다.

⑧ 평생교육은 수직적 차원에서의 계속성과 통합성을 추구한다.

⑨ 평생교육은 수평적 깊이의 차원에서 인생의 모든 단계에서 통합성을 추구한다.

⑩ 교육의 엘리트주의 추구 성격과는 대조적으로 평생교육은 교육의 보편화를 추구함으로써 교육의 민주화를 표방한다.

⑪ 평생교육은 학습내용, 학습도구와 기법, 학습시간의 융통성과 다양성으로 특징지어진다.

⑫ 평생교육은 학습에서 자료와 매체의 적용, 새로운 개발을 허용하는 역동적인 접근방법이다.

⑬ 평생교육은 교육유형이나 형태의 선택을 허용한다.

⑭ 평생교육은 일반 교양교육과 직업전문교육의 두 가지 요소를 모두 포함한다. 이 두 가지 요소들은 개별적으로가 아니라 서로가 관련된 상태에서 상호 보완적으로 작용한다.

⑮ 개인이나 사회의 적응과 혁신적 기능은 평생교육을 통해서 달성된다.

⑯ 평생교육은 기존의 교육체제의 결점을 바로잡아주는 교육 개혁적 의미를 지닌다.

⑰ 평생교육의 궁극적인 목적은 인간의 삶의 질을 향상시키는 것이다.

⑱ 평생교육을 위해서는 아른바 교육기회, 동기유발, 교육가능성 등의 세 가지 중요한 전제조건이 필요하다.

3) 구성주의 교육학의 대두

구성주의 교육학은 기존의 산업사회를 지배했던 객관주의 인식론에 대응하여 지식정보사회의 대안적 인식론으로 등장한 이론이다. 즉, 교수·학습 영역에서 객관주의 패러다임이 지닌 한계와 문제점에 대한 비판과 더불어 새로운 시대정신을 반영한 대안으로서 지식(앎)의 형성과 습득을 개인의 인지작용과 사회적 상호작용에 비추어 설명하는 상대주의 인식론에 기반을 두고 있다. 따라서 학습의 본질과 학습이 이루어지는 과정에 대한 근본적인 변화를 요구한다. 이는 곧 교사 중심에서 학생 중심, 쓸모없는 지식에서 맥락적 지식 중심, 획일적 환경에서 풍부하고 다양한 학습 환경으로의 변화를 의미한다.

전통적 교수·학습관은 객관주의 인식론에 근거한다. 객관주의는 진리 또는 지식을 개인의 의지와 관계없이 독립적으로 존재하는 고정된 실체로 본다. 따라서 보편타당한 절대적 진리와 지식 추구를 최종 목표로 한다. 객관주의 인식론은 지식이란 고정되어 있고 확인할 수 있는 것으로 일단 이러한 지식을 발견할 수 있다면 역사적, 문화적, 시대적인 제약을 벗어나

---

3) R. Dave. 1973. *Lifelong learning and school curriculum*. Hamburg : UNESCO Institute for Education. : 재인용 : 한숭희, 2006, 『평생교육론』, 서울 : 학지사, 160~161쪽 및 윤여각 외, 2006, 『지역사회교육론』, 서울 : 한국방송통신대학교출판부, 68~69쪽. Dave의 우리말 발음을 한숭희의 저서에서는 '다베', 윤여각외 공저에서는 '데이브'로 표기하고 있다.)

서 모든 경우에 적용할 수 있다고 보는 것이다(강인애, 2005, 15~16).

반면에 구성주의는 개인은 어느 특정한 사회에 속하여 살아가면서 그 사회적 문화적, 역사적 배경에 영향을 받게 된다는 것이다. 따라서 개인은 그가 속한 역사적, 사회문화적 환경의 영향을 바탕으로 자신의 인지적 작용에 따라 앎을 지속적으로 구성해 나아가며 그 결과로 생성되는 것이 지식이라는 것이다. 구성주의의 목표는 절대적 진리나 지식이 아니라 현실을 이해하고 살아가는 데 의미 있고 적합한 자신의 지식을 구성해 나가는 것이다. 객관주의와 구성주의의 인식론적 차이를 정리하면 <표 4>와 같이 비교할 수 있다.[4]

<표 4> 객관주의와 구성주의의 인식론적 차이

구분	객관주의	구성주의
지식	고정적이고 확인할 수 있는 대상	개인의 사회적 경험을 바탕으로 하여 개인의 인지적 작용에 의해 지속적으로 구성, 재구성되는 것
지식의 특징	초자연적, 초공간적, 범 우주적인 성격	특정 사회, 문화, 역사, 상황적 성격의 반영과 구현
현실	규칙적으로 규명 가능하며 통제와 예측이 가능	불확실하며 복잡하고, 독특함을 지니고, 예측이 불가능
최종목표	모든 상황적, 역사적, 문화적인 것을 초월하여 적용할 수 있는 절대적 진리와 지식의 추구(truth)	개인에 의해 의미 있고 타당하고 적합한 것이면 모두 진리이고 지식(viability)
주요용어	발견(discovery / find) 일치(correspondence)	창조(creation) 구성(construction)

---

4) 강인애, 2005, 『왜 구성주의인가?』, 서울 : 문음사, 16~17쪽.

(1) 구성주의 학습원칙[5]

구성주의 학습원칙의 특성은 학습자의 주인의식, 학습자의 자아 성찰적 실천, 협동 학습 환경의 활용, 교사의 조언자 내지 동료학습자로서의 역할, 실천적 과제의 제시 등을 특징으로 한다. 이들 원칙을 좀 더 구체적으로 살펴보면

① 학습자의 주인의식 : 구성주의 기본은 학습자 스스로에 의한 지식의 구성이라는 데 그 특징이 있다. 학습자가 주인이 되어 교수 학습이 구성되어야 하므로 학습자의 능동적 참여 없이는 이루어질 수 없다.

② 학습자의 자아 성찰적 실천 : 학습자는 자아를 성찰하고 학습대상의 문제를 깨달음으로써 이를 실천으로 연결시켜야 한다. 깨달음을 실천으로 옮기지 못하는 교육은 헛수고에 지나지 않는 것이다.

③ 협동 학습 환경의 활용 : 교육의 사회적 역사 문화적 맥락을 중요시한다. 따라서 학습에 있어서도 협동적 학습은 필수적이다. 구성과 깨달음은 스스로 하지만 물리적 교육환경 그리고 동료 및 교사와의 협동적 노력을 통해서 개개인의 깨달음을 더욱 촉진시킬 수 있다.

④ 교사의 동료 내지 조언자로서의 역할 : 교사는 우월적 지위에서 벗어나 동료학습자로서 또는 조언자로서의 역할이 요구된다. 교사가 주어진 내용을 체계적으로 제시하는 것이 아니라 학습자가 스스로 터득할 수 있는 제반 조건을 마련하여 주고 도와주는 역할을 수행해야 한다는 것이다.

⑤ 실천적 과제의 제시 : 과제는 구체적 상황을 배경으로 한 실천적인 과

---

5) 강인애, 2005, 『왜 구성주의인가?』, 서울 : 문음사, 20~25쪽.

제를 제시하여야 한다는 것이다. 이러한 실제적 과제는 학자적 수준에서가 아니라 학습자의 인지수준과 필요에 알맞은 과제라야 한다.

(2) 구성주의와 객관주의의 조화

구성주의 교육을 강조함으로서 기존의 객관주의 교육이 전혀 무용지물이 되는 것은 아니다. 객관주의의 장점도 여전히 존재하기 때문이다. 특히 객관주의는 과학정신에 그 근거를 두고 있다. 따라서 인간과 우주에 대한 객관적인 탐구는 학문과 교육에 있어 필수적이다. 과학의 보편타당성과 진리성은 유사 이래 우리 인간이 추구해온 학문정신이다. 이러한 보편타당성이 구성주의로 인해 그 가치가 왜곡되거나 평가절하 되어서는 안 될 것이다. 학문의 정신은 객관적 연구태도를 견지하되 개개인의 학습과 인식과정에서는 스스로 깨우쳐 나가는 교육의 방법이 구성주의적 태도의 본뜻일 것이다. 특히 자연과학분야에서는 자연현상의 법칙과 원리를 발견하고 이를 응용하는 것이 과학의 목적이기 때문에 이러한 객관적 태도가 요구된다. 인문사회과학은 자연과학에 비해 전 인류에게 보편타당한 원리보다는 사회문화적 배경 속에서 형성되는 특징을 지닌다. 그러나 인문사회과학에도 객관주의적인 학문태도를 추구하면서 그 인식과정에서는 구성주의적, 창의적 교육방법을 활용할 필요가 있다. 결국 객관주의는 진리탐구의 기본 정신이며, 구성주의는 모든 학문에 대한 개별적이며 창의적인 교육 방법론이라고 이해해야 할 것이다.

(3) 평생교육과 구성주의 교육의 연관

평생교육은 자발성을 기초로 한다. 자발적으로 전 생애에 걸쳐서 교육 학습을 하기 위해서는 보다 능동적인 교육방법에 바탕을 두지 않을 수 없기 때문이다. 즉 평생교육은 교육의 큰 틀을 구성하며, 구성주의는 모든 교육과정에 적용되는 자발적이고 능동적인 교수학습의 방법론이라 할 수 있다. 그러나 평생교육에 있어서도 객관주의적 학문태도는 필수적인 것이며 지식에 도달하는 방법에 있어서 자발적 창의성을 발휘할 수 있는 구성주의 교육이 적용되어야 한다. 구성주의는 자발적인 교육환경의 조성과 학습자의 자각이 바탕이 된다는 점에서 평생교육과 구성주의 교육은 동전의 앞뒤와 같이 밀접한 연관을 가지고 있다.

4) 제7차 교육과정과 평생교육

교육과정은 학교교육의 성격과 질을 결정하는 중요한 요인이다. 학생들이 어떤 교육의 내용을 어떤 방법으로 수업하면서 학교생활을 하느냐의 문제는 학생 개개인의 행동변화 및 가치관의 형성에 지대한 영향을 미치는 것이다. 이는 또한 장차 사회의 질적 수준과 성격을 형성하는 주요 요인이 된다. 학교생활이 곧 사회생활로 연장되는 것은 당연한 원인과 결과의 논리이기 때문이다. 교육학의 영역은 여러 갈래로 세분되어 있지만 이들 세부영역들의 연구는 모두 교육과정 및 교육방법의 문제를 해결하기 위한 기초과학 내지 보조과학으로서의 성격을 띠는 것이라고 말할 수 있다. 교육과정은 교육의 방법을 구체화하는 것으로서 교육의 목적에 직결되는 문제이다.

우리나라는 근대교육제도가 도입된 이래 교육과정에 많은 변화와 발전이 모색되어 왔다. 우리나라의 초·중등 교육과정은 건국 이래 7차례의 개정을 거치면서 새로운 시대의 변화에 대응하려는 노력을 기울여 왔다. 그러나 정책의 오류와 시행착오 등 문제점이 적지 않게 노정되었던 것도 사실이다. 과거의 객관주의 내지 주지주의 교육은 결과적으로 수동적인 인간을 형성하였다. 수동적 교육을 받은 사람들은 사회에 나가서도 '시키지 않는 일은 하지 않는' 경향을 띠게 되었다. 그러나 제 7차 교육과정의 목표는 획기적이다. 1996년 교육개혁위원회가 내세운 교육과정의 기본 방침은 시대적 변화상을 적절히 간파하여 '열린교육사회, 평생학습사회' 라는 비전을 내걸고 그 기본 개혁 방향을 다음과 같이 설정하였다.[6]

"정보화, 세계화시대의 도래와 함께 지식 정보의 양은 폭증하고 그 생산과 소멸의 주기가 매우 빨라지고 있다. 이제 모든 국민에게 평생학습 기회를 보장하는 것은 각 개인의 성공적 삶을 위해 절실하다. 따라서 누구나 언제 어디서나 원하는 공부를 할 수 있는 열린 교육체제의 기반을 구축하는 것은 시대적 요청이다. 이를 위한 제도적 기반으로 언제, 어디서나 개인이 이수한 과정을 평가하여 학점으로 인정하고, 학위도 취득할 수 있게 하는 학점은행제, 학생이 원하는 시간에 공부할 수 있게 하는 시간제 등록제 등을 수립한다. 이와 함께 첨단 통신매체를 활용한 원격교육체제 구축, 학생의 전·편입학 허용, 전공 이수학점 축소, 학교와 사회교육기관의 프로그램 다양화 등을 추진한다. 기술적 기반 구축

---

6) 함종규, 2003, 『한국교육과정 변천사 연구』, 서울 : 교육과학사, 4쪽.

을 위해서는 누구나, 언제 어디서나 원하는 학습자료 및 교육 정보를 구할 수 있도록 국가 멀티미디어 교육지원센터를 설치 운영한다."[7]

〈표 5〉 미래 교육과정 개혁의 방향(함종규, 2003, 665~666)

기존 교육과정	미래의 교육과정
관료중심 결정	공동체적 결정
지식 기술 중심	인간 존중 중심
3R's전통적 문해력	다원적 문해력
교수중심	학습자 중심
외적 양적 평가	내적 질적 평가
일방적 교수 학습 관계	상호적 교수 학습관계
과거 / 현재 / 미래 중심	과거, 현재, 미래 중심
지식 정보 중심	문제해결 중심
영역주의	통합(전체)주의
독점적 지위 촉구	생태적 연대의식 강조

이와 같이 우리나라의 현행 제7차 교육과정의 기본 방향은 평생교육의 이념과 학습자 중심의 구성주의 교육방법을 적극 반영하고 있다.

3. 우리나라 교육의 체계와 문헌정보학 교육

1) 학교교육체계

우리나라의 학교교육제도는 교육기본법을 근간으로 하여 유아교육법,

---

7) 함종규, 2003, 『한국교육과정 변천사 연구』, 서울 : 교육과학사, 664쪽.

초·중등교육법, 고등교육법이 각각의 교육제도를 규정하고 있다(조석훈, 2004, 24).

(1) 교육기본법[8]

<교육기본법>은 교육에 관한 국민의 권리·의무와 국가 및 지방자치단체의 책임을 정하고, 교육제도와 그 운영에 관한 기본적 사항을 규정하며, 모든 국민으로 하여금 인격을 도야하고 자주적 생활능력과 민주시민으로서 필요한 자질을 갖추게 하여 인간다운 삶을 영위하게 하고, 민주국가의 발전과 인류공영의 이상을 실현하는데 이바지하는데 있음을 선언하였다. 또 학습권의 개념을 도입하여 모든 국민이 평생에 걸쳐 학습하고, 능력과 적성에 따라 교육받을 권리를 보장하였다. 이를 위해 모든 국민은 성별, 종교, 신념, 사회적 신분, 경제적 지위 또는 신체적 조건 등을 이유로 교육에 있어서 차별을 받지 아니함을 규정하고, 교육의 자주성과 자율성을 규정하고 있다.

<교육기본법>에서는 교육은 학교교육과 사회교육으로 나누고 학교교육은 다시 유아교육, 초등교육, 중등교육, 고등교육으로 구분하였다. 그리고 학교의 종류와 학교의 설립·경영 등 학교교육에 관한 기본적인 사항은 따로 법률로 정하도록 하였으며 이에 따라 유아교육법, 초·중등교육법, 고등교육법이 제정되었다.

---

8) 국가법령정보센터(http://www.law.go.kr) 교육기본법.

(2) 유아교육

유아교육을 규정하는 <유아교육법>[9]은 비교적 근래인 2004년에 와서야 제정되었다. 유아교육법에서의 유아란 만 3세부터 초등학교 취학 전까지의 어린이를 의미한다. 이 법에서는 국가 및 지방자치단체는 보호자와 더불어 유아를 건전하게 교육할 책임을 지며 보육에 관한 사항을 심의하기 위하여 국무총리 소속하에 유아교육·보육위원회를 두도록 하였다. 유치원은 국립, 공립, 사립유치원으로 구분된다. 유치원은 교육과정을 운영하여야 하며 교육인적자원부장관은 교육과정의 기준과 내용에 관한 기본적인 사항을 정하며, 교육감은 교육인적자원부장관이 정한 소정의 교육과정의 범위 안에서 지역의 실정에 적합한 기준과 내용을 정할 수 있다. 유치원에는 교원으로 원장·원감 및 교사를 두며 교원 외에 촉탁의사, 영양사, 간호사 또는 간호조무사, 행정직원 등을 둘 수 있다.

유아교육법에서는 유아에 대한 정보문해 교육 규정이 없다.

(3) 초·중등교육

초·중고등학교는 <초·중등교육법>[10]에 근거하고 있다. 이 법은 학교를 국립·공립·사립학교로 구분하고 초등학교와 공민학교, 중학교와 고등공민학교, 고등학교와 고등기술학교를 각각 동일 레벨로 분류하고 있

---

9) 국가법령정보센터(http://www.law.go.kr) 유아교육법.
10) 국가법령정보센터(http://www.law.go.kr) 초·중등교육법.

다. 이를 요약하면

① **초등학교·공민학교**: 초등학교는 국민생활에 필요한 기초적인 초등교육을 하는 것을 목적으로 하며 수업연한은 6년이다. 공민학교는 초등교육을 받지 못하고 취학연령을 초과한 자에 대하여 국민생활에 필요한 교육을 하는 것을 목적으로 하며 수업연한은 3년이다.

② **중학교·고등공민학교**: 중학교는 초등학교에서 받은 교육의 기초위에 중등교육을 하는 것을 목적으로 하며 수업연한은 3년이다. 고등공민학교는 중학교과정의 교육을 받지 못하고 취학연령을 초과한 자 또는 일반 성인에게 국민생활에 필요한 중등교육 및 직업교육을 하는 것을 목적으로 하며 수업연한은 1년 내지 3년이다.

③ **고등학교·고등기술학교**: 고등학교는 중학교에서 받은 교육의 기초위에 중등교육 및 기초적인 전문교육을 하는 것을 목적으로 하며 수업연한은 3년이다. 고등학교에 관할청의 인가를 받아 전일제의 과정 외에 시간제 또는 통신제의 과정을 둘 수 있으며 이 경우 수업연한은 4년이다. 고등학교에 방송통신고등학교를 부설할 수 있으며. 방송통신고등학교의 수업연한은 3년이나 사정에 따라 연장할 수 있다. 고등기술학교는 국민생활에 직접 필요한 직업기술교육을 하는 것을 목적으로 하며 수업연한은 1년 내지 3년이다.

④ **근로청소년을 위한 중 고교 교육**: 산업체에 근무하는 청소년에 대한 중학교 및 고등학교과정의 교육을 위하여 산업체에 인접한 중학교 및 고등학교에 야간수업을 주로 하는 특별학급을 둘 수 있다. 1개 산업체에 근무하는 근로자 중 입학희망자수가 매년 2학급 이상의 학급편성인원이 될 것으로 예상되는 산업체는 당해 산업체에서 근무하는 청소년에 대한 교육을 위하여 산업체 부설 중 고등학교를 설립·경영할 수 있다. 2이상의 산업체

에 근무하는 근로자 중 입학희망자수의 합계가 매년 2학급 이상의 학급편성인원이 될 것으로 예상되는 경우에는 공동으로 하나의 산업체부설 중·고등학교를 설립·경영할 수 있다.

⑤ **특수학교**: 특수학교는 신체적·정신적·지적 장애 등으로 인하여 특수교육을 필요로 하는 자에게 초등학교·중학교 또는 고등학교에 준하는 교육과 실생활에 필요한 지식·기능 및 사회적응 교육을 하는 것을 목적으로 한다. 고등학교과정을 설치한 특수학교에 당해 과정의 졸업자(고등학교의 특수학급 졸업자를 포함한다)에게 전문기술교육을 하기 위하여 수업연한이 1년 이상인 전공과를 둘 수 있다.

⑥ **각종학교**: 국내에 체류 중인 외국인의 자녀와 외국에서 일정기간 거주하고 귀국한 내국인중 대통령령이 정하는 자에 대한 교육을 위하여 외국인학교를 설립할 수 있다. 외국인학교는 유치원·초등학교·중학교·고등학교의 과정을 통합하여 운영할 수 있다. 대안학교는 학업을 중단하거나 개인적 특성에 맞는 교육을 받고자 하는 학생을 대상으로 현장 실습 등 체험위주의 교육, 인성위주의 교육 또는 개인의 소질·적성 개발위주의 교육 등 다양한 교육을 실시하는 학교이다. 대안학교는 초등학교·중학교·고등학교의 과정을 통합하여 운영할 수 있다.

초·중등교육법에는 초·중등교육을 지원하는 학교도서관에 관한 규정이 없다. 대신 도서관법 제37조에서 <초·중등교육법> 제2조에 따른 학교에는 학교도서관을 설치하여야 한다고 하고, 제39조에서 학교도서관은 초·중등교육법과 사립학교법 및 그 밖의 법률의 규정에 따른 해당 학교의 감독청의 지도·감독을 받도록 규정하였다. 한편, 2008년에는 <학교도서관진흥법>이 제정 공포되었다.

(4) 대학교육

대학교육제도는 <고등교육법>[11]에 근거한다. 고등교육법은 대학교육에 관한 사항을 정함을 목적으로 하며 고등교육을 위한 학교는 대학, 산업대학, 교육대학, 전문대학, 방송대학·통신대학 및 방송통신대학, 기술대학, 각종학교로 구분하고 있다.

① 대학 : 대학은 인격을 도야하고, 국가와 인류사회의 발전에 필요한 학술의 심오한 이론과 그 응용방법을 교수·연구하며, 국가와 인류사회에 공헌함을 목적으로 한다. 대학의 수업 연한은 4년 내지 6년이다. 대학(산업대학·교육대학 및 방송·통신대학을 포함)에는 대학원을 둘 수 있다. 대학원의 수업연한은 석사학위과정 및 박사학위과정은 각각 2년 이상, 석사학위 및 박사학위의 과정이 통합된 과정은 4년 이상이다. 대학원에 학위과정 외에 필요에 따라 학위를 수여하지 아니하는 연구과정을 둘 수 있다. 대학원대학은 특정한 분야의 전문 인력을 양성하기 위하여 필요한 경우 대학원만을 두는 대학을 설립할 수 있으며 이를 대학원대학이라 한다.

② 산업대학 : 산업대학은 산업사회에서 필요로 하는 학술 또는 전문적인 지식·기술의 연구와 연마를 위한 교육을 계속하여 받고자 하는 자에게 고등교육의 기회를 제공하여 국가와 사회의 발전에 기여할 산업인력을 양성함을 목적으로 한다. 산업대학의 수업연한 및 재학연한은 각각 이를 제한하지 아니한다. 산업대학(전문대학을 포함)은 학칙이 정하는 바에 의하여 다른 학교·연구기관 또는 산업체등에서 행한 교육·연구 또는 실습 등을

---

11) 국가법령정보센터(http://www.law.go.kr) 고등교육법.

특정한 교과목의 이수로 인정할 수 있다. 산업대학(전문대학을 포함)은 산업체(산업체를 구성원으로 하는 단체를 포함)로부터 위탁받아 교육을 실시하거나 산업체에 위탁하여 교육을 실시할 수 있다.

③ **교육대학 등**: 교육대학은 초등학교의 교원을 양성함을 목적으로 국가 또는 지방자치단체가 설립하며 수업연한은 4년이다. 대학의 사범대학은 중등학교의 교원을 양성함을 목적으로 한다. 대학에는 특별한 필요가 있는 경우에 대통령령이 정하는 바에 의하여 교원의 양성을 목적으로 하는 교육과를 둘 수 있다. 국가 및 지방자치단체는 특별한 필요가 있는 경우에 대통령령이 정하는 바에 의하여 교육대학 및 사범대학의 목적을 동시에 수행할 수 있는 "종합교원양성대학"을 설립할 수 있다. 교육대학·사범대학·종합교원양성대학 및 교육과의 교육은 그 설립목적을 실현하기 위하여 재학생이 교육자로서의 확고한 가치관과 건전한 교직윤리, 교육의 이념과 그 구체적 실천방법의 체득하고 교육자로서의 자질과 역량을 생애에 걸쳐 스스로 신장시켜 나가기 위한 기초를 확립할 수 있어야 한다.

④ **전문대학**: 전문대학은 사회 각 분야에 관한 전문적인 지식과 이론을 교수·연구하고 재능을 연마하여 국가사회의 발전에 필요한 전문직업인을 양성함을 목적으로 하며 수업연한은 2년 내지 3년으로 한다. 다만, 수업연한을 3년으로 하는 경우는 대통령령으로 정한다.

⑤ **방송·통신대학**: 방송·통신대학은 정보·통신매체를 통하여 고등교육을 받을 기회를 부여하여 국가와 사회가 필요로 하는 인재를 양성함과 동시에 열린 학습사회를 구현함으로써 평생교육의 발전에 이바지함을 목적으로 하며 대통령령이 정하는 바에 의하여 전문학사학위과정 및 학사학위과정을 둘 수 있다. 전문학사학위과정의 수업연한은 2년으로 하고, 학사학위과정의 수업연한은 4년으로 한다.

⑥ 기술대학 : 기술대학은 산업체 근로자가 산업현장에서 전문적인 지식·기술의 연구·연마를 위한 교육을 계속하여 받을 수 있도록 함으로써 이론과 실무능력을 고루 갖춘 전문 인력을 양성함을 목적으로 전문학사학위과정 및 학사학위과정을 둔다. 각 과정의 수업연한은 각각 2년이다.

⑦ **각종학교** : 각종학교라 함은 앞의 고등교육기관과 유사한 교육기관이다. 교육인적자원부장관은 국립 각종학교의 설립·운영에 관한 권한을 대통령령이 정하는 바에 의하여 관계 중앙행정기관의 장에게 위탁할 수 있다. 각종학교는 대학 등 유사명칭을 사용할 수 없도록 규정하고 있다.

<고등교육법>에는 대학교육을 지원하는 대학도서관에 대한 규정이 없다. 대신 도서관법 제34조에서 고등교육법 제2조에 따른 대학 및 다른 법률의 규정에 따라 설립된 대학교육과정 이상의 교육기관에는 대학도서관을 설치하여야 한다고 규정하고, 제36조에서 대학도서관은 고등교육법과 사립학교법 그 밖의 법률의 규정에 따른 해당대학의 지도·감독이나 교육기관의 감독청의 지도·감독을 받도록 규정하였다.

2) 평생교육체계

평생교육제도는 교육의 주체나 객체, 교육의 주제나 연한 등을 제한하지 않으므로 누구든, 어떤 주제든 무제한으로 교육을 할 수 있고, 받을 수 있는 길을 열어 놓은 것이다. 따라서 모든 부문이 평생교육 제도 속에서 무제한으로 열려 있다.

우리나라는 1999년 <평생교육법(법률 제6400호, 1999.8.31)>[12]을 제정하여 평생교육을 제도적으로 뒷받침하고 있다. <평생교육법>에서는 학교교육을 제외한 모든 형태의 조직적인 교육활동으로 다양한 장소와 시설에서 이루어지는 교육을 통 틀어 평생교육으로 규정하였다. 또 국가·지방자치단체 기타 공공기관의 장 또는 각종 사업의 경영자는 소속 직원의 평생학습기회를 확대하기 위하여 유급 또는 무급의 학습휴가를 실시하거나 도서비, 교육비. 연구비 등 학습비를 지원할 수 있도록 하여 평생교육을 장려하고 있다. 특히 교육부장관은 평생교육에 대한 연구, 평생교육 종사자에 대한 연수 및 평생교육에 관한 정보의 수집·제공 등 평생교육센터의 기능을 수행하며, 교육감은 관할 구역 안에서 지역주민을 대상으로 평생교육프로그램운영 등을 위하여 평생학습관을 운영하도록 하였다.

또한 평생교육단체 또는 평생교육시설을 지정하여 평생학습관의 기능과 평생교육의 정보제공, 평생학습의 상담 등을 수행하는 지역평생교육정보센터를 운영할 수 있으며, 지역평생교육정보센터를 중심으로 평생교육단체 및 평생교육시설의 상호 연계체계를 구축하도록 하였다. 또 평생교육의 기획·진행·분석·평가 및 교수업무를 수행하는 평생교육사 자격 제도를 마련하고 평생교육사의 양성과 배치에 관한 사항을 교육인적자원부 장관이 관할하도록 하였다.

또한 <도서관법>은 제1조에서 평생교육의 증진에 이바지할 것을 목적에 포함하고 있고 제7조 ③항에서 대학도서관·학교도서관·전문도서관은 그 설립목적의 수행에 지장이 없는 범위 안에서 공중이 이용할 수 있도록 시설 및 도서관 자료를 제공할 수 있다고 규정하고 있다.

---

12) 국가법령정보센터(http://www.law.go.kr) 평생교육법.

3) 사서직 교육체계의 문제점

(1) 학교교육의 문제

가. 유아에 대한 문헌정보 교육 부재

교육은 평생교육의 관점에서 볼 때 유아교육에서부터 시작되어야 한다. 이는 읽고 쓰는 능력이 유아 때부터 발아되기 때문이다. 특히 문헌정보 교육은 특정 과목이라기보다는 기초적 생활습관 형성이 요구되는 부문이므로 유아단계부터 이루어져야 한다. 그러나 우리나라의 유아교육에서는 도서관에 대한 기초적인 개념과 이용방법을 지도하는 교육과정이나 도서관이 없다. 다만 전국 어린이도서관이나 개별 가정에서 활용할 수 있는 도서관에 관한 그림책 몇 권이 있을 뿐이다.

나. 초·중·고등학교 문헌정보 교육 부실

초·중등학교의 문헌정보 교육은 아직 체계화 되어있지 않다. 2009년 말 현재 우리나라 학교도서관은 초등학교 6,203개교 중 5,718개교(92.2%), 중학교는 3,144개교 중 3,005개교(96.5%), 고등학교는 2,225개교 중 2,214개교(99.5%)로 집계되었다.[13] 그러나 이들 많은 학교도서관들은 시설, 장서, 사서교사배치 등 내용면에서는 대부분 초보단계에 머물러 있다. 여기에는 여러 가지 복합적인 원인이 있겠으나 가장 근본적인 이유는 학교도서관을 초·중등교육법에 규정하지 않고 관할관청이 다른 도서관법에 규정함으로써 학교도서관이 필수적 교육기관이 아니라 곁가지의 지원시설이라는 인식

---

13) 한국도서관협회. 2010. 『한국도서관연감』. 83쪽.

을 심어주었다는 점일 것이다.[14] 또한 문헌정보학교육이 초·중·고등학교의 교과과정에 의무적으로 시행되지 않고 있다. 2002년에 개발된 초·중·고등학교의 『정보와 도서관』(김용철. 2003, 305~316) 교과는 자유재량, 선택과목으로서 해도 되고 안 해도 되는 과목으로, 현재 대부분의 학교가 채택하지 않고 있다. 학교도서관을 통한 교육도 사서교사가 배치되어 있는 일부 학교에서만 시행할 뿐 전국 대다수의 초·중·고등학교도서관에는 전문사서교사가 배치되지 않아 문헌정보에 대한 기초교육을 실시하지 못하고 있다. 따라서 우리나라에서의 문헌정보학교육은 초·중·고등학교에서는 극히 일부 학교에서만 소극적으로 시행되고 있다고 보아야 할 것이다.[15]

다. 전문대학 문헌정보 교육의 취약성

전문대학에서의 문헌정보학 교육은 '문헌정보과' 등의 명칭으로 전국의 7개 전문대학에 개설되어 있다. 그러나 우리나라의 전문대학 문헌정보과는 개설 대학 수가 적으며, 개설했던 대학도 폐과하는 경우가 나타나고 있다. 전문대학의 문헌정보과는 수업연한 2년의 전문학사과정을 운영하며 졸업하면 준사서 자격증을 수여한다. 전문대학의 문헌정보 교육이 활성화되지 못하는 이유는 졸업 후 자격이 전문자격이라고 볼 수 없는 준사서 자격증을 수여하는데서 비롯되는 것으로 생각된다. 전문대학 문헌정보과의 교육

---

14) <초중등교육법>과 <도서관법>은 동등한 법률적인 지위를 갖지만 그 계통이 달라 교육계에서 받아들이는 인식에는 큰 차이가 있다고 본다.
15) 초·중·고교에 문헌정보학의 체계적인 기초교육이 이루어지지 않는 문제는 문헌정보학교육을 교과목으로 하느냐, 아니면 학교도서관 활용수업에서 하느냐 와는 또 다른 문제이다.

은 도서관 실무 위주의 기초 교육으로서 전문인 양성을 위한 심화교육에는 이르지 못하고 있다.

라. 대학 학부 문헌정보학 교육의 비전문성

우리나라의 문헌정보학 교육은 주로 대학에서 이루어지고 있다. 전국의 4년제 대학에 문헌정보학과를 설치하고 있는 곳은 2010년 현재 32개 대학이다. 대학에서의 문헌정보학 커리큘럼은 대학마다 약간의 차이는 있으나 전체적으로는 대동소이하다. 이는 문헌정보학과를 개설한 대학들이 상호 벤치마킹을 하기 때문일 것이다.

4년제 대학의 교과과정은 전문 심화부분이 상당수 포함된다. 따라서 문헌정보 일반에 대한 상당한 수준의 지식에 도달할 수 있어 졸업과 동시에 2급 정사서 자격증을 취득한다. 사서직 공무원 등 사서직의 채용은 주로 4년제 대학 문헌정보학과 졸업생을 대상으로 한다.

그러나 대학에서의 주제별 문헌정보 전문성은 취약한 편이다. 주제부문은 인문과학, 사회과학, 과학기술 등 정보자료 안내를 위한 초보적 수준의 주제 과목이 있을 뿐이다. 문헌정보학과의 개설 교과는 문헌정보일반, 정보조직학, 정보서비스론, 도서관정보센터경영학, 정보학, 서지학, 기록관리학, 어학 등으로 구성되어 있고, 각 주제 영역의 전문 심화교과가 전무하다. 이는 도서관 데이터의 관리와 검색기술 측면에서는 수준 높은 교육을 하고 있으나 주제 전문성 측면은 별로 고려되고 있지 않음을 의미한다.

마. 대학원의 주제전문 학자사서 양성 미흡

대학원은 문헌정보학자사서의 양성을 목적으로 한다. 따라서 교과목의 대부분은 학부과정의 교과들에 대한 심화와 특화를 지향하고 있다. 대학원에서는 전공분야를 서지학, 정보학, 문헌정보학, 기록관리학 등으로 나누고 있다. 그러나 그 가운데서 주제별 강화는 이루어지지 않고 있다. 예를 들면 서지학은 고서지학, 현대서지학, 국어학서지, 역사학서지 등으로 심화되지 않고, 더구나 포괄적인 '문헌정보학전공'에서는 주제전문분야가 전혀 없어 주제전문 학자사서양성이 미흡하다. 또한 학부과정 타 전공자의 대학원 문헌정보학과 진입이 어려워 다른 주제 배경을 가진 학생들의 문헌정보전문직 진출은 어렵고 더딜 수밖에 없다. 교육대학원은 사서교사 양성을 목적으로 하고 있다. 따라서 교육학을 중심으로 교직필수과목들이 개설되어 있다. 또한 사서교사로서의 역량 강화를 위하여 독서지도 등 초·중·고 단계의 학생들의 도서관 이용지도를 위한 교과들이 있다. 그러나 국어, 수학, 사회, 과학 등 주제별 교과가 전혀 없어 타 교과 교사 및 학생들에 대한 주제별 정보 봉사에 취약하다.

(2) 평생교육의 문제

가. 사서 단기양성기관의 교육

대학부설 사서교육원은 1년 과정의 사서 단기양성과정으로서 2010년 현재 성균관대학교, 계명대학교, 부산여자대학교에 개설되어 있다. 사서교육원의 교육은 사서자격 급별에 따라 전문대학과정 또는 4년제 대학이나 대학원을 졸업한 문헌정보학 이외의 전공자들이 주된 교육대상이라는 점에서 주제전문사서 양성에는 유리한 조건을 가지고 있다.

그러나 사서교육원의 교육과정은 대학의 문헌정보학과 교과목과 유사하며 자격취득을 위한 도서관법 시행규칙의 별표에서 제시한 문헌정보학 중심의 최소한의 교과를 운영함으로써 주제전문분야와 문헌정보학을 체계적으로 연계하는 데는 이르지 못하고 있다.[16)]

나. 사서연수기관의 계속교육

국립중앙도서관 사서연수과정은 도서관법 제19조에 근거하여 현직 도서관 및 문고종사자들을 재교육하는 프로그램이다. 사서직 공무원을 대상으로 하는 교육은 직무교육이 주가 되며 공무원의 인사행정에 반영되는 교육이다. 공무원이 아닌 도서관 종사자에 대한 교육은 도서관의 환경변화와 발전에 따른 새로운 지식과 기술을 교육함으로써 국가차원의 일관된 도서관 발전을 도모할 목적으로 시행되고 있다.

그러나 사서연수원의 교육은 도서관의 종류별 및 주제별로 교육과정의 전문화가 미흡하고, 교육기간이 짧으며, 새로운 교육과정의 개발이 부족하다는 지적을 받아왔다.[17)] 또한 교육대상에서 민간부분에 대한 교육과 사서직 이외의 도서관 종사자에 대한 교육이 소극적이며, 교육과정에서도 관종별 맞춤형 교육프로그램이 부족하다고 지적되고 있다.

또 하나의 문제는 교육과정의 운영에 있어 교육 수료결과를 생애교육으로 축적하고 인정할 수 있는 학점관리 시스템이 없다는 점을 지적할 수 있다. 전문성 있는 교육과정의 개발과 함께 교육 대상자들에 대한 동기부여를 할 수 있는 평생교육연계 시스템이 없다는 점이 가장 근본적인 문제점이라고 생각된다.

---

16) 김세훈·정진수·이종권, 2004, 『도서관전문성 강화 방안』, 서울: 한국문화관광정책연구원, 39~42쪽.
17) 김세훈·정진수·이종권, 2004, 『도서관전문성 강화 방안』, 서울: 한국문화관광정책연구원, 44~45쪽.

다. 학회, 협회, 국제회의

문헌정보학에 대한 평생교육의 일환으로 볼 수 있는 것으로 문헌정보관련 각종 학회와 협회, 협의회 등에서 정기적 또는 부정기적으로 개최하는 학술발표회, 강연회, 세미나 등이 있다. 국제적으로는 IFLA 총회에 각 부문별 세미나, 발표회, 현장견학 등이 모두 포함된다. 이러한 학회나 협회 및 국제회의는 매우 광범위하고 산발적이어서 언제 어디서 누가 무엇을 발표하고 협의하고 교육하는지에 대한 정보를 제때에 파악하기가 쉽지 않다. 또한 개별 도서관에서 이러한 학계와 협회 및 세계 도서관계에 대한 동향의 파악과 교육대상자의 선발 및 파견교육이 인력 및 재정적 사정 등으로 활성화되지 못하고 있다.

라. 사서직 평생교육 시스템 및 정책 부재

앞서 살펴본 학교교육에서의 문헌정보 교육의 문제점들 및 평생교육에서의 문헌정보 교육의 문제점들은 사서직에 대한 국가적인 평생교육 시스템의 부재와 평생교육정책 부재에서 기인되는 것이라고 할 수 있다. 따라서 앞으로도 문헌정보 교육을 통괄하는 국가적인 평생교육체계와 정책이 마련되지 않는다면 지금까지와 마찬가지로 산발적이고 간헐적인 교육들이 체계성을 찾지 못하고 1회성으로 종료되어 전 생애교육 및 전사회 교육이라는 큰 흐름에 제도적으로 연결되지 못할 것이다. 이는 교육에 투자되는 시간과 비용의 낭비일 뿐 아니라 전 생애를 통한 전문직의 능력 발전과 사서직의 전문성 강화라는 면에서도 별로 도움이 되지 않는다. 따라서 현재로서는 전체적인 사서직 양성을 위한 평생교육체계의 확립이 가장 시급한 과제라 하겠다.

4. 문헌정보 전문교육의 로드맵과 평생교육 체계

1) 문헌정보학 전문인 양성의 로드맵

사서직 평생교육체계 수립을 위해서는 첫째, 사서직의 성장 단계에 따른 평생교육 로드맵을 설정할 필요가 있다. 둘째, 이러한 성장 단계별 교육에서부터 어느 단계에서는 각 사서직의 전문성을 강화하기 위한 부문별 평생교육 체계가 세분되어야 한다. 셋째, 이러한 세분된 전문 교육체계에서는 개별 교육기관의 역할 분담에 따른 교육과정이 체계적으로 개발되어야 한다.

이러한 바탕위에서 사서직의 분야를 크게 사서직 공통, 주제전문트랙, 사이버트랙으로 나누었다(<표 6>). 첫째, 사서직 공통트랙은 사서직이면 누구나가 거쳐야 하는, 모든 종류의 도서관에 공통되는 과정이다. 이는 현행 대학의 문헌정보학 각 영역의 기반 및 심화과정과 동일한 맥락이다. 둘째, 주제전문트랙은 각 주제 분야의 전문사서 양성을 위한 과정으로서 인문과학사서, 역사학사서, 예술사서, 사회과학사서, 법률사서, 과학기술사서, 아동청소년사서, 평생교육사서 등으로 세분하여 로드맵을 설계하였다. 주제전문사서의 과정은 사서직 공통 트랙을 기본으로 하면서 주제별 전문영역을 강화한 교육과정이다. 이러한 교육은 대학에서 기초 및 심화 교과가 포함되어야 하고 대학원 및 계속되는 연수원교육이나 세계화교육에서도 전공주제의 지식을 심화시켜나가야 한다. 셋째, 사이버트랙은 컴퓨터 기술과 정보통신기술을 도서관에서 활용할 수 있는 사이버사서의 양성을 위한 것이다. 이 로드맵은 컴퓨터과학을 주제 영역으로 하면서도 주제전문사서와는 또 다른 차원에서 모든 주제에 걸쳐 디지털도서관을 설계 운영하는데 필요한 지식과 기술을 연마하는 평생교육 과정이다. <표 7>은 주제전문 사서와 디지털사서의 평생교육 로드맵을 세분화하여 나타낸 것이다.

〈표 6〉 전문직 평생교육 대분류 로드맵

구분	취학 전 및 유아교육	초중고 교육	대학교육 전문 / 학부	대학원 교육	계속 교육	세계화 교육
사서직 공통	정보 리터러시	정보 리터러시	문헌정보기반	문헌정보 심화	문헌정보 심화	문헌정보 심화
주제전문트랙	정보 리터러시	정보 리터러시	주제별 특화	주제별 심화	주제별 심화	주제별 심화
사이버트랙	정보 리터러시	정보 리터러시	컴퓨터과학	디지털 도서관	디지털 도서관	디지털 세계

〈표 7〉 주제영역 전문직 평생교육 로드맵

트랙	대학	대학원	계속교육	세계화 교육
인문과학사서	철학, 동양철학, 서양철학, 어학, 문학, 외국문학	인문과학 각 영역의 심화	인문분야 새로운 지식의 발굴 및 기존 영역의 심화	인문분야 세계학문의 조류와 동향
역사학사서	역사학, 서지학, 기록관리학, 고문서학, 고고학, 미술사	서지학과 역사학 각 영역의 심화	역사분야 새로운 지식의 발굴과 기존 영역의 심화	역사분야 세계학문의 조류와 동향
예술사서	미학, 미술학, 음악학, 미술사, 음악사	예술분야 각 영역의 심화	예술분야 새로운 지식의 발굴과 심화	예술분야 세계적 조류와 동향
사회과학사서	정치학, 행정학, 경제학, 재정학, 신방학, 사회복지학	사회과학분야 각 영역의 심화	사회과학분야 새로운 지식의 발굴과 심화	사회과학분야 세계적 조류와 동향
법률사서	법학원론, 민법, 행정법, 형법, 소송법 상법, 국제법 등	법률분야 각 영역의 심화	법률분야 새로운 지식의 발굴과 심화	법률분야 세계적 조류와 동향
과학기술사서	자연과학개론, 물리, 화학, 지구과학 생명과학, 공학 등	과학기술분야 각 영역의 심화	과학기술분야 새로운 지식의 발굴과 심화	과학기술분야 세계적 조류와 동향

아동청소년사서	유아교육, 아동발달, 아동심리, 아동문학, 인간발달	아동 청소년 분야 각 영역의 심화	아동청소년분야 새로운 지식의 발굴과 심화	아동청소년분야 세계적 조류와 동향
교육사서, 사서교사	교육학, 교육심리, 교육철학, 교육과정, 평생교육학	교육분야 각 영역의 심화	교육분야 새로운 지식의 발굴과 심화	교육분야 세계적 조류와 동향
사이버사서	컴퓨터과학	컴퓨터과학분야 각영역의 심화	컴퓨터과학분야 새로운 지식의 발굴과 심화	컴퓨터분야 세계적 조류와 동향

2) 문헌정보 교육의 단계별 교육체계 정비

(1) 유아에 대한 정보리터러시 교육

유아에 대한 정보리터러시 교육은 일상생활 속에서 이루어져야 한다. 가정에서 부모나 가족들이 소규모라도 서재를 마련하고 정보를 활용하는 모습을 보여주는 것이 바람직하다. 또한 가까운 어린이도서관을 활용함으로써 도서관을 재미있고, 가고 싶은 곳으로 느낄 수 있도록 생활습관을 조성해 주어야 한다. 또 유치원과 어린이도서관의 협력체계를 마련하여 상호 적정한 프로그램을 유치원과 도서관을 오가며 체험으로 교육하는 것이 바람직하다. 이를 위해 작은 어린이도서관들을 활성화하고 민간 어린이도서관들을 지원하며 인근 유치원들과 협력적 관계를 공식적으로 체결하도록 제도적으로 지원하는 것이 바람직하다. 현재 유아를 위한 많은 프로그램들이 민간 어린이도서관에서 이루어고 있음을 감안하면 유치원과 어린이도서관 협력체제의 구축은 당국의 정책지원이 있다면 어렵지 않을 것이다. 유치원과 도서관 간 협력체제는 유아교육의 교육시너지를 제고할 수 있다.

(2) 초·중·고등학교 정보리터러시교육

초·중·고등학교는 학교도서관의 활성화를 통해서 정보리터러시를 자연스럽게 익힐 수 있도록 해야 한다. 따라서 학교도서관의 정상화가 가장 시급한 과제이다. 학교도서관의 정상화는 시설의 리모델링만이 아니라 교육 자료와 컴퓨터 및 사서교사가 적절히 배치되어 학교도서관이 교육의 중심으로 확립된 상태를 말한다. 학교도서관은 구성주의 교육의 적용을 위해서도 필수적이다. 스스로 문제를 인식하고 자료를 찾아 구성하고 깨우쳐나가는 교육은 학교도서관이 없이는 실현하기 어렵다. 학교도서관을 자료의 창고가 아니라 교육의 현장으로 인식하고 교육당국과 학교 경영자가 이를 적극 지원해야 한다. 제7차 교육과정의 기본방향과 구성주의 교육방법 적용을 위해서는 교육계의 학교도서관 체계의 정립 및 정상화가 필수적이다. 구성주의 교육을 위한 도서관 활용수업은 창의적이고 능동적인 학습 및 연구 능력을 길러줌으로써 전체적인 교육정상화에도 기여할 수 있다.

(3) 전문대학, 대학 및 대학원교육

대학수준의 문헌정보교육은 문헌정보학과 이외의 학생들을 위한 정보리터러시 교육이 필요하다. 전체 학생들이 도서관에 대한 올바른 인식을 가지고 활용할 수 있을 때 도서관의 가치는 높아질 것이다. 전문대학 문헌정보과에서는 유아교육이나 아동중심 교과목을 대폭 확충할 필요가 있다. 문헌정보학 실무교육과 함께 아동지도에 대한 기초지식과 능력의 배양은 전문대학 출신의 능력 발전에 토대가 될 것이다. 4년제 대학에서는 기존의 문헌정보 교과목들과 함께 인문, 사회, 과학기술 분야의 주제 과목들을 선택필수과목으로 과감하게 개설할 필요가 있다. 전공교수들의 협력을 얻어 사서를 위한 전공교과를 개발(예를 들면 사서를 위한 행정학)하여 각 주제 분야의 포괄적 지식구조와 갈래를 파악할 수 있게 하는 주제전문교육을 도입해야 한다.

같은 맥락으로 대학원에서도 문헌정보학 심화교과를 운영함과 아울러 각 주제 분야의 심화를 위한 교과가 선택 필수과목으로 개설되어야 한다. 예를 들어 '문헌정보학 석사'에 '법률사서'라는 타이틀이 추가될 수 있을 때 주제 전문성이 제고될 수 있다. 박사 역시 문학박사라는 타이틀을 문헌정보학박사로 개정하고 '문헌정보학박사'에 '역사학 전문사서'로 주제 전문성을 부여하면 그만큼 사서직의 전문성과 위상이 제고될 수 있다고 본다.

이는 물론 전공 교수들의 확보나 교과목의 개발, 문헌정보 교과목의 축소, 문헌정보 전공교수들의 위축 등 현실적인 어려움이 있을 수 있으나, 현대 학문이 학제간의 통합성을 요구하는 '통섭의 학'으로 가고 있는 상황에서 문헌정보학은 도서관의 본질적 중심을 잡고 모든 학문주제를 아우를 수 있는 방향으로 문헌정보 전문 교육체계를 형성하는 것이 사서직의 전문성 인정과 위상제고에 도움이 될 것이다.

(4) 평생교육기관의 주제전문교육 강화

사서 단기양성과정인 사서교육원 과정은 기존의 타 주제전공자를 선발하기 때문에 선발 시에 전공을 구분하여, 인문과학분야, 사회과학분야, 자연과학분야로 학급을 편성함으로서 사서직의 공통부문인 문헌정보학 교육과 함께 자신들의 주제 분야를 문헌정보학과 접목시켜 심화시킬 수 있는 교과를 운영해야 한다. 이를 위해 1년으로 부족할 경우에는 수업 연한을 조정해서라도 주제 전문성을 높이는 교육을 실시하는 것이 바람직하다.

(5) 지역적·전국적 세계화 교육체계 확립

학회나 협회, 국제컨퍼런스 등 산발적인 교육 역시 관련 종사자들에게 좋은 배움의 기회가 된다. 특히 전문가 학회, 협회, IFLA 등은 학교교육이나 평생교육기관에서는 접하기 어려운 새로운 발전적 테마를 다루기 때문에 도서관의 환경변화와 세계적인 동향을 파악할 수 있는 절호의 기회가 된다. 도서관들은 각 주제 분야 사서들이 이러한 기회를 놓치지 않도록 교육정보를 파악하고 자기 도서관 직원의 전문성 향상을 위하여 적절한 인원의 참여를 권장해야 한다. '도메리(도서관 메일링 리스트)'와 같은 정보의 공유시스템을 활용하고 전문 학·협회에 가입함은 물론 해외교육도 권장하여 세계사서로서의 눈을 뜨게 해야 한다.

5. 결론 및 제언

우리나라 사서직의 평생교육 체계를 평생교육학의 이론적 바탕위에서 분석하고 대안을 제시하였다. 즉, 평생교육이라는 맥락체계에서 문헌정보학 교육의 문제점을 파악하고 전문성을 높이기 위한 현실적 개선방안을 제시함으로써 앞으로 각 단계별 교육기관들의 교육설계에 활용할 수 있을 것으로 기대된다. 개별 교육기관들은 그들의 역할분담이 무엇인지를 파악하고 그들의 역할을 잘 해냄으로서 전체적인 평생교육의 맥락을 이어주게 되며, 도서관인들에게 전생애교육을 통해 전문 능력을 달성할 수 있도록 해줄 것이다.

그러나 위와 같은 교육체계는 정책적인 뒷받침이 없으면 실현될 수 없다. 비영리 교육 사업은 당국이 지원하지 않으면 아무리 좋은 방안이라도 실현되기 어렵다. 따라서 우선 어린이도서관 정책, 학교도서관 정책, 대학도서관 정책, 사서직 평생교육정책 등이 계획성 있게 수립, 추진되어야 하며 교육정책 당국은 이러한 각급 도서관 및 문헌정보 교육정책을 체계적으로 수립 시행할 것을 제언한다.

또한 사서자격제도에 주제전문성을 반영할 것을 제언한다. 현행 준사서, 2급 정사서, 1급 정사서로 되어 있는 사서자격제도를 발전적으로 개편하여 1, 2, 3급으로 나누고 각 급별로 주제 분야에 따라 아동사서, 법률사서, 역사학사서, 과학기술사서 등으로 세분하는 것이 바람직하다. 자격제도에 주제전문성을 반영하지 않으면 각급 교육기관의 주제 전문 교육의 의미는 사라지기 때문이다.

끝으로 계속교육기관이나 학회, 협회 등 세미나에 참석한 모든 교육시간도 개인별로 누적하여 평생교육 학점으로 인정하고 상위자격의 부여, 채용, 배치, 승진, 교육훈련 등 인사관리에 활용할 것을 제언한다. 교육의 결과를 활용할 수 있어야만 평생교육의 동기가 부여되고 교육의 실제적 효과도 제고될 수 있을 것이다.

공공도서관의 평생교육 프로그램 체계화 방안

1. 연구의 필요성과 목적

19세기 영국과 미국에서 싹튼 근대 공공도서관 사상은 20세기에 와서 유네스코에 의해 전 세계에 전파되었다. 국제연합 교육과학문화기구인 유네스코(UNESCO)는 1949년 '공공도서관 선언'을 발표하여 국제사회에 공공도서관의 발전을 촉진하였다. 이는 공공도서관의 정신, 사명, 역할을 천명한 것으로 공공도서관은 지역사회의 지식의 관문(gate way)으로서 평생학습(lifelong learning)에 기여해야 함을 최우선의 목적으로 내세우고 있다. 유네스코 공공도서관 선언의 정신에 비추어 볼 때 공공도서관은 시민들에게 다양한 지식정보 서비스를 제공해야 하며, 이를 위해 공공도서관은 모든 계층의 시민들에게 지역사회 정보제공센터, 지역사회 교육지원센터, 지역사회 연구 지원센터, 지역사회 역사의 계승 보존, 지역사회 문화센터로서의 기본적 역할을 담당하는 곳으로 자리매김 되어왔다. 일반인들은 도서관이라면 흔히 책의 대출과 반납, 보존과 열람을 하는 곳으로 생각하기 쉬우나 공공도서관은 그와 같은 기능 이외에도 다양한 평생 교육적 역할을 수행해야 하며, 특히 각계각층의 모든 시민들이 자율적으로 자기성장과 발전을 꾀하는 '시민의 대학'으로서의 역할을 담당해야 한다. 따라서 공공도서관 은 당초부터 시민들에게 체계적인 평생교육 프로그램을 개발, 제공해야 할 의무와 책임을 지니고 있다.

유네스코는 또 1970년 평생교육을 정책목표로 삼고 이를 세계적으로 확 산하는 노력을 전개해왔다. 유네스코에서 평생교육의 이념이 대두된 것은 1960년 캐나다 몬트리올에서 열린 유네스코 국제성인교육회의에서 정책목 표로 채택되었고, 1965년 파리에서 개최된 유네스코 성인교육추진위원회 의에서 평생교육의 개념을 유네스코의 주요 정책에 반영할 것을 건의하였 다. 이에 따라 유네스코는 1970년 '세계 교육의 해'에 평생교육을 교육의 기본정책으로 채택하였다.[1] 우리나라도 이러한 세계적인 추세에 발맞추어 1999년에 <평생교육법>을 제정하고 평생교육 제도를 수립하여 많은 기 관 단체들을 평생교육기관으로 삼아 다양한 제도와 프로그램을 실행해 나 가고 있다.

그러나 우리나라 공공도서관 프로그램들은 프로그램의 목적별, 주제별, 계층별 체계화를 고려하지 않고 보다 새롭고 인기 있는 다양한 프로그램을 제공하여 시민들의 관심을 유도함으로써 도서관 이용을 활성화 시키는데 주력하였으며, 평생교육으로 이름붙인 프로그램 역시 그러한 성격에서 벗 어나지 못하였다. 우리 공공도서관 및 평생교육 기관에서 시행되는 평생교 육 프로그램들은 아직 체계적이고 합리적인 틀을 정립하지 못한 상태에서 기관에 따라 자의적으로 운영되고 있으며, 평생교육기관 상호간의 적절한

---

1) 김종서·김신일·한숭희·강대중, 2009, 『평생교육개론』, 서울: 교육과학사, 39~40쪽.

역할분담이나 상호 협력이 이루어지지 못한 상태에서 인기위주의 프로그램을 산발적으로 시행함으로써 시민들에게 내실 있는 프로그램을 제공하지 못하고 있다. 그간 공공도서관에서의 프로그램의 종류와 시행빈도는 지속적으로 확대되어 왔지만 이들 프로그램들이 공공도서관의 정체성과 평생교육의 효과성이라는 관점에서 체계적으로 운영되어 왔다고 보기는 어렵다.

따라서 평생교육 프로그램의 효과적 운영을 위해서는 평생교육 기관들 사이에 협력 체제를 구축하고 각계각층의 시민들이 필요로 하는 적절한 교육프로그램을 체계적으로 제공할 필요가 있다. 공공도서관이 그 지역사회의 지식정보의 관문이라는 본질적 정체성을 유지하면서 그에 합당하는 평생 교육적 역할을 수행하려면 지금까지의 비체계적인 프로그램을 지양하고 모든 프로그램들을 체계적으로 개발 운영하지 않으면 안 된다. 전체적인 평생교육의 체계 속에서 공공도서관이 담당해야 할 역할을 분명히 하고, 여타 평생교육기관과는 차별화 된 실질적인 평생교육프로그램을 개발, 제공함으로서 시민의 삶의 질 향상에 기여하는 공공도서관의 교육적 기능과 역할을 재정립할 필요가 있다.

본 연구는 이러한 필요성에 착안하여 기존의 공공도서관 프로그램들을 주제별, 대상별, 목적별 체계화의 관점에서 그 실태와 문제점을 분석하고 공공도서관 평생교육 프로그램의 합리적 체계화 방안을 마련하는데 그 목적을 둔다.

2. 선행 연구 검토

공공도서관에서의 평생교육 프로그램 활성화에 대한 연구는 평생교육법이 시행된 2000년 이후 지속적으로 진행되어 왔다. 공공도서관 프로그램에 관련된 2000년 이후의 연구 경향은 다음과 같이 세 그룹으로 묶어볼 수 있다.

첫째는 공공도서관에서의 문화프로그램 및 교육 프로그램의 활성화에 관한 연구들이다. 이소연(2004)은 "지역사회 주민을 위한 공공도서관의 활성화 방안 연구"에서 지역사회의 특성을 살릴 수 있는 공공도서관의 문화서비스를 활성화하기 위해 차별화와 특성화, 지역사회연구와 문화수요조사, 국가 및 지역단위의 지원체계확립, 실무자역량강화를 위한 재교육프로그램, 마케팅기법을 적용한 서비스 기획 측면에서 활성화 방안을 제시하였다.[2]

김홍렬(2004)은 "지역 주민을 위한 공공도서관의 문화 및 기능 확대에 관한 연구"에서 공공도서관이 지역주민을 위한 평생교육기관 및 지역문화콘텐츠 중심 기관으로서 그 역할과 기능을 확대하기 위하여 공공도서관의 프로그램을 조사하고 문제점을 분석하여 공공도서관의 문화 및 교육적 기능 활성화 방안을 제안하였다.[3]

황금숙, 김수경, 박미영(2008)은 "공공도서관 문화프로그램 현황분석과 활성화 방안"에서 도서관 문화프로그램 활성화 방안으로서 도서관 문화프

---

2) 이소연, 2004, 「지역사회 주민을 위한 공공도서관의 문화서비스 활성화 방안」, 『한국문헌정보학회지』, 38(3): 23~43쪽.
3) 김홍렬, 2004, 「지역주민을 위한 공공도서관의 문화 및 교육적 기능 확대에 관한 연구」, 『한국도서관·정보학회지』, 35(4): 23~42쪽.

로그램의 정체성 확립과 국가수준의 독서문화프로그램 개발 및 보급, 특수 공공도서관 및 타 문화 및 교육시설과의 연계 협력프로그램 개발, 지역별 특화프로그램의 개발, 소외계층 대상별 전문화된 프로그램 개발, 사서의 역량강화 등을 제시하였다.[4]

안인자, 황금숙(2008)은 "공공도서관 문화프로그램 지원방안 연구"에서 공공도서관의 문화프로그램 업무가 전체업무의 30% 이상을 차지하는 핵심 업무로 부각됨에 따라 이에 대한 정부차원의 지원 필요성을 제기하고, 자문위원회 운영, 프로그램 모형개발과 보급, 프로그램 패키지 개발, 실무자 교육 프로그램 개발, 자원(프로그램 및 강사) 보급을 위한 데이터베이스 및 연결망 구축 등을 제안하였다.[5]

둘째는 평생교육프로그램과 관련하여 공공도서관 프로그램의 정체성과 방향성을 탐구하고 제시한 연구들이다. 공공도서관은 도서관의 본질적 정체성을 기본으로 하여 평생교육프로그램을 실행할 것을 제안한 연구들이다.

곽동철(2005)은 "공공도서관의 평생 교육적 역할에 관한 고찰"에서 평생교육의 활성화를 위한 공공도서관의 역할을 정립하기 위하여 평생교육의 개념과 방향성, 공공도서관의 평생 교육적 역할을 조명하고 공공도서관 프로그램의 범주 등을 검토하였다.[6]

윤희윤(2006)은 "도서관 평생학습 활동의 성찰과 방향"에서 공공도서관

---

4) 황금숙·김수경·박미영, 2008, 「공공도서관 문화프로그램 현황 분석과 활성화 방안」, 『한국도서관·정보학회지』, 39(1): 219~244쪽.
5) 안인자·황금숙, 2008, 「공공도서관 프로그램 지원방안 연구」, 『한국문헌정보학회지』, 42(3): 325~344쪽.
6) 곽동철, 2005, 「공공도서관의 평생교육적 역할에 대한 고찰」, 『한국도서관·정보학회지』, 36(2): 69~91쪽.

은 지역사회의 지식정보센터 및 게이트웨이라는 정체성을 기반으로 평생
학습, 문화 활동, 정보해득력을 제공해야 한다는 당위적 전제위에서 핵심
역량과 평생학습의 연계, 디지털 정보해득력 제고, 소외계층의 정보격차 해
소를 위한 평생학습프로그램 제공을 교육의 방향으로 제안하였다.[7]

김영준(2006)은 "지역사회 주민의 평생학습을 위한 도서관의 역할에 관
한 연구"에서 지식 정보화, 주 5일제, 고령화 사회, 인적자원 개발 등 평생
학습사회의 패러다임과 불가분의 관계에 있는 도서관의 역할과 방향성을
제시하였다. 이 연구에서는 특히 공공도서관의 평생학습기관 지정에 따른
현실적 모순과 저항의 문제를 지적하고 일본처럼 도서관과 평생학습관의
복합화를 추진하되 각 기관의 독립성과 전문성을 인정하는 방안을 제안하
였다.[8]

셋째는 공공도서관에서 실제로 시행되고 있는 평생교육프로그램의 현황
을 분석하고 그 문제점과 대안을 모색한 연구들이다.

이애란(2006)은 "공공도서관의 평생교육 추세와 경향에 관한 연구"에서
공공도서관의 평생교육 기능 확장 및 당위성과 관련하여 국내외에서 이루
어지고 있는 평생교육의 추세와 경향을 교육 내용, 대상, 연계, 기반시설
등을 중심으로 고찰하고 공공도서관의 평생교육 체제 확립에 필요한 기초
지식을 제공하였다.[9] 이애란(2010)은 또 "공공도서관 평생교육 강좌에 대한
분석"에서 전국 16개 지역대표도서관의 평생교육 강좌의 유형, 내용, 수준

---

7) 윤희윤, 2006, 「도서관 평생학습활동의 성찰과 방향」, 『한국도서관·정보학회지』, 37(4): 45
   ~66쪽.
8) 김영준, 2006, 「지역사회 평생하급을 위한 도서관의 역할에 관한 연구」, 『한국문헌정보학
   회지』, 40(1): 217~239쪽.
9) 이애란, 2006, 「공공도서관의 평생교육 추세와 경향에 관한 연구」, 『한국도서관·정보학
   회지』, 37(4): 271~287쪽.

및 울산시 소재 4개 공공도서관 평생교육의 학습목적, 강좌내용, 수업방법의 실태와 성과를 분석하고 공공도서관 평생교육강좌의 개선방안으로서 차별성과 체계성 확립, 강좌평가모형 등을 제시하였다.

조미아(2007)는 "평생교육과 연계한 공공도서관의 정보 활용 교육 적용 방안에 관한 연구"에서 평생교육기관으로 지정된 지역 공공도서관에서의 정보 활용 교육의 실제 프로그램을 조사 분석하여 공공도서관에서의 정보 활용 교육 방안을 제시하였다.[10]

최흥식, 서진순(2009)은 "전북지역 공공도서관 교육문화프로그램 분석 연구"에서 도서관의 고유의 정체성에 부합하는 프로그램을 활성화하는 방안을 모색하기 위하여 전북지역 공공도서관과 평생학습기관의 프로그램을 비교 분석하여 공공도서관 본래의 특성을 살린 교육문화프로그램을 운영할 것을 제안하였다.[11]

지금까지의 연구 경향을 종합해 보면 공공도서관 문화프로그램의 활성화 측면에 중점을 둔 연구와 공공도서관의 사회적 기능의 본질 규명과 평생교육 프로그램의 방향성을 제시한 연구, 그리고 마지막으로 실제 공공도서관 평생교육 프로그램의 실태를 여러 각도에서 분석하고 문제점과 개선방안을 제시한 연구들이 주류를 이루고 있다. 그러나 공공도서관에서의 평생교육 프로그램의 목적, 주제, 대상별 분류의 체계 확립을 통한 균형 있는 평생교육 프로그램의 정립 방안에 관한 연구는 아직 이루어지지 않았다. 따라서 본 연구는 공공도서관 평생교육 체계를 공공도서관의 본질적 정체

---

10) 조미아, 2007, 「평생교육과 연계한 공공도서관의 정보활용 교육 적용 방안에 관한 연구」, 『한국도서관·정보학회지』, 38(4): 187~213쪽.
11) 최흥식·서진순, 2009, 「전북지역 공공도서관 교육문화프로그램 분석 연구」, 『한국도서관·정보학회지』, 40(4): 1~18쪽.

성이라는 바탕위에서 평생교육 프로그램의 목적별, 주제별, 대상별 체계화를 정립하기 위한 구체적 방안을 제시하고자 한다.

3. 평생교육과 공공도서관의 관계

1) 평생교육의 개념과 특징

평생교육의 개념은 교육의 패러다임 변화의 획기적 전환점이 되었다. 평생교육론 대두 이전의 교육의 대상은 아동·청소년으로 한정되었지만, 평생교육의 대상은 전 연령, 전 직업부문으로 확대되었다. 평생교육은 모든 교육을 총괄하는 개념으로서 현대사회에서는 자의든 타의든 누구든지 '요람에서 무덤까지' 평생교육의 객체와 주체로서의 삶을 영위해야 한다는 것이다. 이러한 평생교육의 이념 및 제도화는 유네스코(UNESCO)에 의해서 태동되고 전파되었다. 유네스코의 평생교육은 프랑스의 교육학자 렝그랑(Lengrand)이 기초한 것으로 그는 평생교육을 교육의 수평적 차원과 수직적 차원을 모두 포괄하는 개념으로 정의하였다. 즉 시간적으로는 학습자가 살아가는 전 생애(life long)에 걸쳐서, 공간적으로는 학습자가 살고 있는 모든 공간(life wide)이 평생교육의 장이라는 의미가 된다. 평생교육의 개념도를 나타내면 <그림 1>과 같다.

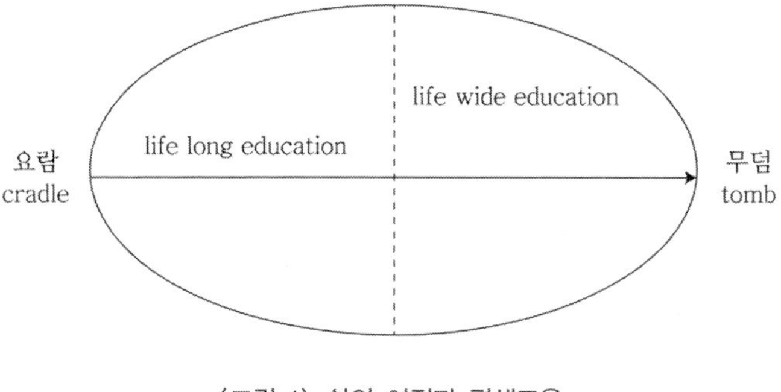

〈그림 1〉 삶의 여정과 평생교육

이와 같이 평생교육은 종전의 학교중심 교육, 아동·청소년 중심 교육, 교수자 중심의 교육 개념을 넘어서 전 사회 중심, 전 생애중심, 학습자 중심으로 전환한 것이다.[12] 평생교육의 개념요소는 삶(life), 평생(life-long, life-wide), 교육(education)으로서 인간의 생애를 통해 다양한 장소에서 다양한 교육내용으로 이루어지는 형식교육(formal), 비형식교육(nonformal), 무형식교육(informal)을 모두 포함하고 있다.[13]

2) 공공도서관의 평생교육 프로그램 실시의 배경

우리나라 도서관법은 제1조에서 "도서관의 육성과 서비스 활성화 및 평

---

12) 한숭희, 2006, 『평생교육론』, 서울: 학지사, 52쪽.
13) 형식교육(formal)은 학교교육이 대표적인 것으로 졸업장, 학위 등 공식적 인증을 받는 교육이며, 비형식교육(nonformal)은 사설학원 교육처럼 공식적 인증을 받지 못하는 교육을 의미한다. 무형식교육(informal)은 가정교육처럼 일상적, 자발적, 우연적으로 이루어지는 모든 교육을 의미한다.

생교육의 증진” 등을 모든 도서관의 공통된 목적으로 설정하고 있다. 또한 도서관법 제28조 공공도서관의 업무 제4항에서 “강연회, 전시회, 독서회, 문화행사 및 평생교육 관련 행사의 주최 또는 장려”를 주요 업무에 포함하고 있다. 따라서 도서관법은 우리나라의 모든 종류의 도서관이 평생교육의 증진에 이바지해야 하며, 특히 공공도서관은 다른 문화행사와 함께 평생교육에 관련되는 행사를 주최하거나 장려하도록 규정하고 있다. 그러나 법 제28조에서 강연회, 전시회, 독서회, 문화행사와 평생교육을 구분함으로써 강연회, 전시회, 독서회, 문화행사는 평생교육 프로그램과는 관련되지 않는 것으로 해석할 수 있다.

실제로 전국 공공도서관의 프로그램이나 평생교육 교육프로그램 사례들을 보면 도서관마다 차이는 있으나 평생교육프로그램이라는 용어 대신 ‘문화프로그램’ 또는 ‘문화강좌’라는 이름으로 시행되고 있다는 사실에서도 공공도서관의 문화행사는 평생교육프로그램과는 별개의 개념으로 운영되어 왔음을 알 수 있다. 이는 우리나라 공공도서관들은 도서관의 문화프로그램을 평생교육의 차원에서라기보다는 도서관 이용을 활성화시키는 측면에서 활용해 왔다는 사실을 반영하는 것이다.

한편 2000년 3월 1일부터 평생교육법이 발효된 이후 평생교육이 전국적으로 확산되면서 담당 부서가 별도로 조직되었고, 공공도서관에서는 주로 교육청 산하의 도서관들이 평생교육기관으로 지정·운영되어 왔다.[14] 이에 따라 공공도서관에서의 평생교육은 도서관법 체계와는 또 다른 모습으로 나타나게 되었다.

---

14) 1999년 7월 서울의 영등포, 마포, 노원, 고덕 등 일부 공공도서관들은 도서관이라는 명칭을 버리고 평생학습관으로 개칭하였다.

평생교육법 제2조에는 평생교육기관에 대해서 규정하고 있는데, "평생교육기관"이란 이 법에 따라 인가·등록·신고된 시설·법인 또는 단체, '학원의 설립·운영 및 과외교습에 관한 법률'에 따른 학원 중 학교교과교습학원을 제외한 평생 직업교육을 실시하는 학원, 그 밖에 다른 법령에 따라 평생교육을 주된 목적으로 하는 시설·법인 또는 단체"라고 정의하고 있다. 이 정의에 따르면 공공도서관은 "그 밖의 다른 법령에 따라 평생교육을 주된 목적으로 하는 시설·법인 또는 단체에 해당된다. 따라서 공공도서관은 그 밖의 다른 법률"에 따른 평생교육 기관으로서의 한계를 지니게 되었으며 이와 같은 한계는 공공도서관과 평생교육 당국 간의 역할 및 지원 협력 추진에 있어 장애요인으로 작용하고 있다. 실제로 현재 평생교육법에 의한 공공도서관의 평생교육 프로그램 시행은 교육부 산하의 도서관들을 중심으로 운영되고 있다.

3) 공공도서관의 본질과 정체성

공공도서관은 발생당시부터 교육기관임을 표방하였다. 영국과 미국에서 공공도서관이 발생한 19세기에는 비록 평생교육이라는 개념이 등장하지 않았지만 당시 공공도서관의 주목적이 시민의 문맹퇴치와 교육의 증진에 있었다는 사실은 근대 공공도서관의 역사를 통하여 파악할 수 있다.[15] 또 1949년에 발표된 IFLA / UNESCO의 공공도서관 선언(IFLA/UNESCO Public

---

15) 이만수, 2003, 『공공도서관 길라잡이 상』, 파주 : 한국학술정보, 59~60쪽.

Library Manifesto)은 공공도서관의 사명과 역할이 무엇인지를 국제사회에 천명한 것으로 공공도서관이 평생학습의 기초적 기관임을 제시함으로써 모든 국가와 지방정부에 대하여 공공도서관의 개발 및 육성을 장려하고 있다.[16)]

> "공공도서관은 지식에 접근하는 지역사회의 관문으로서 평생학습, 자율적 의사결정, 그리고 개인과 사회집단의 문화개발을 위한 기본조건을 제공한다. 본 선언은 공공도서관이 교육, 문화 및 정보를 활성화하는 동력이며 인류의 마음에 평화와 복지를 고양하는 필수기관이라는 유네스코의 신념을 천명한다. 따라서 유네스코는 모든 국가 및 지방정부가 공공도서관의 개발을 지원하고 능동적으로 참여할 것을 독려한다."[17)]

이는 공공도서관의 제1의 목적은 평생학습에 있다는 점을 강조한 것으로 각 국가와 지방정부는 전 국민의 평등한 자기개발과 교육을 위해 도서관을 육성할 것을 권고한 공공도서관의 기본 정신을 밝힌 것이다. 이와 같은 유네스코의 세계적 공공도서관 정신에 따를 때 공공도서관은 시민의 문맹퇴치와 평생교육(평생학습)을 지원하는 사회적 기관으로서 이를 보장하기

---

16) 1949년에 채택된 유네스코 공공도서관선언은 1972년과 1994년 두 차례 개정을 거쳐 오늘에 이르고 있다.

17) IFLA / UNESCO Public Library Manifesto 1994 유네스코 공공도서관 선언 전문(前文) "The public library, the local gateway to knowledge, provides a basic condition for lifelong learning, independent decision- making and cultural development of the individual and social groups. This Manifesto proclaims UNESCO's belief in the public library as a living force for education, culture and information, and as an essential agent for the fostering of peace and spiritual welfare through the minds of men and women. UNESCO therefore encourages national and local governments to support and actively engage in the development of public libraries."

위하여 지식정보자료를 체계적으로 수집, 정리, 보존하면서 모든 시민들이 자유롭게 이용할 수 있도록 제공하는 사회적 기반시설이라고 정의할 수 있다. 다시 말해서 공공도서관은 그 정체가 '사회적 교육기관'이라는 것이며 그 근저에는 언제나 지식 정보자원이 준비, 제공되어야 한다는 의미를 내포하고 있다.

유네스코의 공공도서관 정신에 입각하여 공공도서관의 본질과 정체성을 적극적으로 해석하면 공공도서관은 한마디로 모든 시민을 위한 '평생교육기관'이라는 것이며, 교육기관으로서의 가장 기본적인 전제는 정보와 자료의 효율적 활용이 뒷받침되어야 한다는 점을 간파할 수 있다. 따라서 공공도서관은 자료의 수집, 정리, 보존 및 이용에의 제공을 기반으로 하면서 시민들의 요구에 맞는 다양한 교육프로그램들을 제공하는 '역동적 기관'이라는 점을 확인할 수 있다.

공공도서관이 다른 평생교육기관과 차별성을 갖는 것은 도서관의 특징인 정보와 자료의 활용이며, 이를 바탕으로 평생교육을 개발 시행하는 기관이라는 점이다. 다른 기관들은 도서관 정보자료에 기반을 두지 않고 그 기관이나 강사들이 자의적으로 프로그램을 개발하고 시행하는데 비하여 공공도서관의 평생교육프로그램은 언제나 책과 정보에 기반을 두고 도서관의 사서들이 주체가 되어 주제 전문가들과 협력하여 프로그램을 개발 시행함으로써 프로그램에 참여한 시민들이 향후 자율적으로 도서관 정보를 활용하여 그들의 평생학습을 실행해 나갈 수 있도록 도와주는 데 그 특징이 있다고 할 수 있다. 따라서 도서관 평생교육프로그램의 정체성은 프로그램의 목적과 주제에 상관없이 어떤 교육프로그램이든 도서관정보자료의 활용을 근간으로 삼는다는 데 그 본질과 정체성이 있다.

4. 공공도서관 평생교육 프로그램 체계 분석

1) 분석 기준의 설정

본 연구에서는 공공도서관 평생교육프로그램의 체계 분석의 기준을 평생교육법에 정한 프로그램의 목적별 분류기준과 한국십진분류법(KDC)의 대분류에 따른 주제 분류기준 및 교육 대상별 기준 등 3가지 기준으로 2010년도 평생교육기관으로 지정된 서울특별시 및 충청북도 소재 도서관에서 시행한 평생교육 프로그램들을 대상으로 그 체계를 분석하였다.

(1) 목적별 분석 기준

목적별 분석기준은 평생교육법 제2조의 정의에 따른 분류기준이다.[18] 평생교육법에 따른 평생교육 프로그램 분류에 대해서는 평생교육진흥원에서 2009년에 연구, 발표한 평생교육 프로그램 세부 분류체계가 있으나[19] 본 연구에서는 구분의 편의상 평생교육법에서 규정한 6대 영역만을 분류기준으로 삼았다.

---

18) 평생교육법 제2조는 평생교육을 "학교의 정규교육과정을 제외한 학력보완교육, 성인 기초·문자해득교육, 직업능력향상교육, 인문교양교육, 문화예술교육, 시민참여교육 등을 포함하는 모든 형태의 조직적인 교육활동"이라고 정의하고 있다. 따라서 평생교육법에 반영된 평생교육은 학교교육 이외의 교육만을 규정하고 있으며 유네스코가 천명한 평생교육의 개념을 100% 반영하지 못하고 학교교육 이외의 교육에 한정하고 있다.
19) 김진화 외, 2009, 「평생교육 프로그램 분류체계 연구」. 평생교육진흥원 : 이 자료는 평생교육법의 평생교육 정의에 따른 프로그램의 세부 분류를 전개한 연구이다.

기초문해교육	학력보완교육	직업능력교육	문화예술교육	인문교양교육	시민참여교육

(2) 주제별 분석기준

프로그램에 대한 주제별 분석기준은 한국십진분류법(KDC)의 대 분류표를 사용하되 분석의 편의상 10진 분류를 그대로 사용하지 않고 유사성이 있는 인접분야를 묶어서 다음과 같이 7가지 주제로 설정하였다.

총류	철학·종교	사회과학	순수과학·기술과학	예술	언어·문학	역사

(3) 대상별 분석기준

프로그램의 대상별 분석기준은 인간 발달단계를 고려하여 다음과 같이 도서관에서 프로그램 대상을 정할 때 일반적으로 사용하고 있는 대상별 구분 기준을 사용하였다.

어린이	청소년	성인	노인	다문화

2) 분석 대상 도서관 선정

분석 대상 도서관은 서울특별시 및 충청북도 소재의 공공도서관 중 평생교육 프로그램을 시행하는 도서관으로 한정하였다. 서울소재 공공도서관의 평생교육은 전국적인 대표성을 갖는다고 볼 수 있고, 충청북도는 필자가 거주하는 지역인 점도 있지만 서울과 지방의 평생교육 프로그램의 경향을 비교하여 검토할 수 있다고 판단되기 때문이다.

서울 소재 평생교육프로그램 시행 도서관은 강남, 강동, 강서, 개포, 고척, 구로, 남산, 도봉, 동대문, 동작, 서대문, 송파, 양천, 용산, 정독, 종로도서관과 고덕, 노원, 마포, 영등포 평생학습관 등 20개 도서관이며, 충청북도 소재 평생교육 시행 도서관은 충청북도중앙도서관, 충북학생교육문화원, 충주학생회관, 제천학생회관, 중원, 청원, 보은, 옥천, 영동, 진천, 괴산, 증평, 금왕, 음성, 단양, 청주시립정보, 청주시립북부, 청주시립서부, 율봉어린이, 충주시립도서관 등 20개 공공도서관을 대상으로 하였다.

분석의 기초자료는 서울지역은 정독도서관에서 2011년 1월에 발간한 『도서관보』 제25집에 실린 서울지역 공공도서관 평생교육 프로그램 실적자료이며,[20] 충청북도 지역의 분석 기초자료는 충청북도중앙도서관에서 2010년 12월에 발간한 『2010 평생교육 운영 자료집』에 게재된 각 도서관의 평생교육프로그램 실적자료들이다.[21]

분석방법은 위의 자료에 나타난 각 도서관의 프로그램에 대하여 목적별, 대상별, 주제별로 분류표를 작성하고 이를 이용하여 평생교육 프로그램의 목적별, 대상별, 주제별 분포 정도를 분석하는 방법으로 진행하였다.

---

20) 정독도서관, 2011, 『도서관보』, 제25집.
21) 충청북도중앙도서관, 2010, 『2010 평생교육 운영 자료집』.

3) 공공도서관의 프로그램 운영실태 분석

(1) 서울지역 공공도서관 평생교육프로그램 운영실태

서울지역 공공도서관중 평생교육기관으로서 프로그램을 진행한 공공도서관은 20개관으로 2010년 1년간 운영한 664종의 프로그램을 운영한 것으로 나타났다. 이들 프로그램을 목적, 주제, 대상별로 분석한 결과는 다음과 같다.

첫째, 프로그램을 목적별로 분석한 결과 <표 1>과 같이 기초문해프로그램 2종, 학력보완프로그램 156종, 직업능력프로그램 33종, 문화예술프로그램 186종, 인문교양프로그램 271종, 시민참여프로그램 16종으로 나타났다. 목적별 프로그램의 편중 정도는 인문교양부문 40.8%, 문화예술부문의 프로그램 28%, 그리고 학력보완프로그램 23.5% 순으로 프로그램이 운영되었으며, 직업능력프로그램은 5%, 시민참여프로그램은 2.4%로 매우 적었고, 기초문해 프로그램은 0.3%에 그쳤다.

〈표 1〉 서울지역 공공도서관 평생교육 프로그램 목적별 분포

구분	기초문해	학력보완	직업능력	문화예술	인문교양	시민참여	계
종수	2	156	33	186	271	16	664
%	0.3	23.5	5	28	40.8	2.4	100

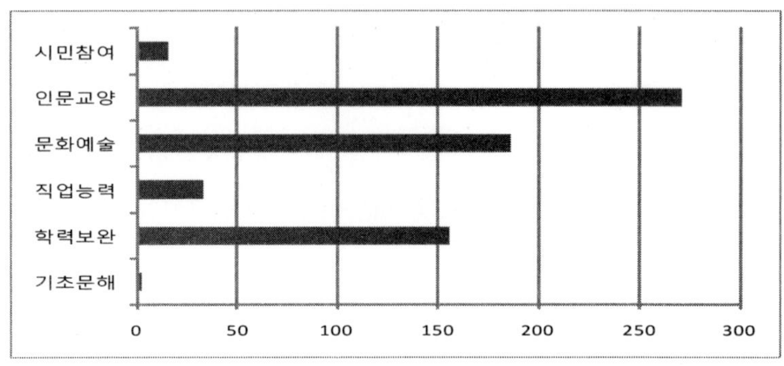

〈그림 2〉 서울지역 공공도서관 평생교육 프로그램 목적별 편중도

이와 같은 현상은 프로그램의 목적에 따른 평생교육 수요를 파악하지 않고 프로그램을 시행한 결과로 해석된다. 특히 직업능력 분야에 대해서는 오늘날 실업난 및 취업난 등으로 미루어볼 때 교육수요가 많을 것으로 예상되지만 서울지역 공공도서관들은 여기에는 별로 관심을 두지 않고 있다는 것을 알 수 있고, 기초문해부문은 공공도서관의 기본적 기능인 문맹퇴치라는 목적에 비추어 우선적으로 고려해야하는 분야인데도 이를 고려하지 않은 것으로 분석된다.

둘째, 프로그램을 주제별로 분석한 결과 <표 2>와 같이 총류 29종, 철학종교 2종, 사회과학 87종, 과학기술 37종, 예술 177종, 언어문학 279종, 역사 53종 등으로 나타났다. 주제별 편중 정도는 언어 문학 42.0%, 예술 26.6%로서 언어문학과 예술에 편중되어 있고, 사회과학 13.1%, 역사 8%, 과학기술 5.6%, 총류 4.4% 순이며, 철학 종교분야는 0.3%에 불과해 프로그램을 거의 운영하지 않은 것으로 나타났다.

〈표 2〉 서울지역 공공도서관 평생교육 프로그램 주제별 분포

구분	총류	철학종교	사회과학	과학기술	예술	언어문학	역사	합계
종수	29	2	87	37	177	279	53	664
%	4.4	0.3	13.1	5.6	26.6	42.0	8.0	100

〈그림 3〉 서울지역 공공도서관 평생교육 프로그램 주제별 편중도

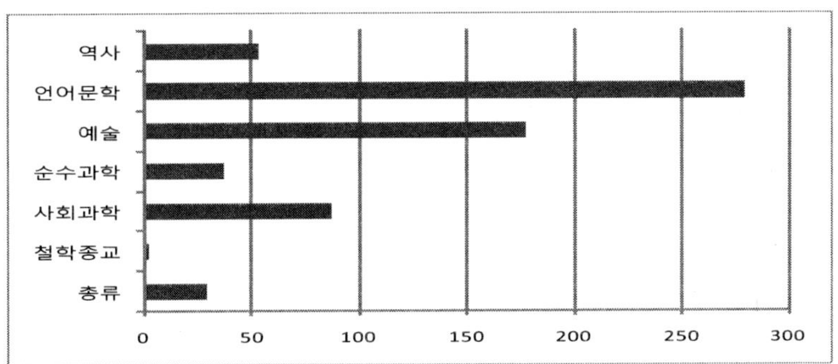

이처럼 공공도서관들은 주제별 균형을 고려하지 않고 프로그램을 운영함으로써 극심한 주제별 불균형을 보이고 있다. 특히 사회적으로 인문학이 강조되고 있고 학문의 '통섭'이 강조되고 있는 시기인데도 공공도서관들은 철학과 역사 및 과학기술 분야의 프로그램 운영에는 소극적인 자세를 보이고 있는 것으로 나타났다.

셋째, 프로그램을 대상별로 분석한 결과 <표 3>과 같이 어린이 프로그램 295종, 청소년프로그램 21종, 성인프로그램 348종이며 실버와 다문화프로그램은 운영하지 않은 것으로 나타났다. 즉, 대상별 편중 정도는 성인 52.4%, 어린이 44.4%로 성인과 어린이프로그램에 집중되어 있고, 청소년프로그램은 3.2%에 불과하며 실버와 다문화프로그램은 전혀 운영하지 않고 있는 것으로 나타났다.

<표 3> 서울지역 공공도서관 평생교육 프로그램 대상별 분포

구분	어린이	청소년	성인	실버	다문화	합계
종수	295	21	348	0	0	664
%	44.4	3.2	52.4	0	0	100

<그림 4> 서울지역 공공도서관 평생교육 프로그램 대상별 편중도

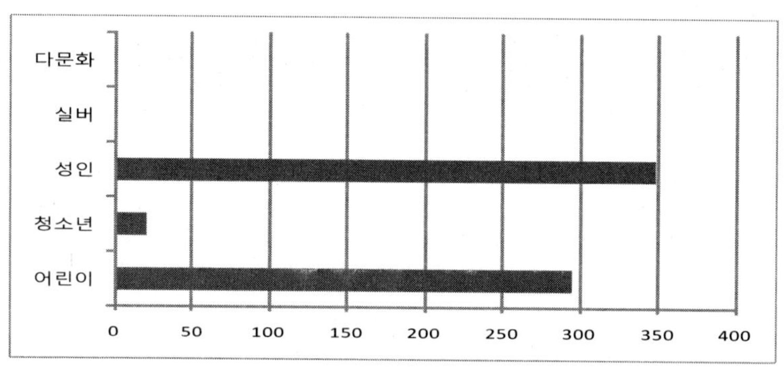

이는 고령화 사회의 노인 대상 평생교육의 필요성과 다문화가족을 위한 평생교육의 필요성이 증대되고 있음에도 전혀 반영하지 않고 있다는 것을 보여준다. 이는 또한 모든 계층의 시민에게 봉사한다는 공공도서관의 기본 정신에도 맞지 않는 것으로 향후 대상별 프로그램 시행에서는 계층별 균형의 문제를 고려해야 할 것이다.

(2) 충북지역 공공도서관 평생교육프로그램 운영실태

충북지역 공공도서관중 평생교육기관으로서 프로그램을 진행한 공공도서관은 20개관으로서 2010년 1년간 총 381종의 프로그램을 운영한 것으로 나타났다. 이를 목적별, 주제별, 대상별로 분석하면 다음과 같다.

　첫째, 프로그램의 목적별로 분석한 결과 <표 4>와 같이 기초문해 프로그램 3종, 학력보완프로그램 61종, 직업능력프로그램 45종, 문화예술프로그램 173종, 인문교양프로그램 91종, 시민참여프로그램 8종으로 나타났다. 그 편중 정도를 보면 문화예술이 45.4%로 가장 많고, 인문교양 23.9%, 학력보완 16%, 직업능력 11.8%순이며, 시민참여는 2.1%, 기초문해는 0.8%에 불과하여 문화예술과 인문교양프로그램에 집중되어 있어 서울지역과 매우 유사한 편중경향을 보였다.

〈표 4〉 충북지역 공공도서관 평생교육 프로그램 목적별 분포

구분	기초문해	학력보완	직업능력	문화예술	인문교양	시민참여	계
종수	3	61	45	173	91	8	381
%	0.8	16.0	11.8	45.4	23.9	2.1	100

〈그림 5〉 충북지역 공공도서관 평생교육 프로그램 목적별 편중도

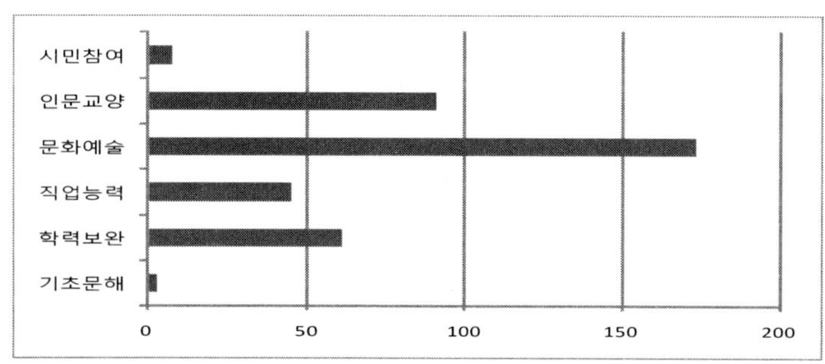

이러한 현상은 충북지역 공공도서관 평생교육프로그램 역시 프로그램의 목적에 따른 교육수요를 조사하지 않고 인기위주의 프로그램을 운영한 결과로 해석된다. 또 직업능력 분야는 서울지역보다 12종이 많아 취업난을 고려한 것으로 분석되나 기초문해 부문과 시민참여부문은 서울지역과 별 차이가 없어 서울이나 지방이나 문맹퇴치와 시민참여라는 공공도서관의 기본기능 인식에 소홀한 것으로 나타났다.

둘째, 주제별로는 <표 5>와 같이 총류 18종, 철학종교 0종, 사회과학 54종, 과학기술 13종, 예술 187종, 언어문학 104종, 역사 5종 등으로 나타났다. 주제별 편중 정도는 예술 49.1%, 언어 문학 27.3%로서 예술과 언어 문학에 치중되어 있고, 사회과학 14.2 %, 역사 1.3%, 과학기술 3.4%, 총류 4.7% 순이며, 철학 종교분야는 0.0%였다.

〈표 5〉 충북지역 공공도서관 평생교육 프로그램 주제별 분포

구분	총류	철학종교	사회과학	과학기술	예술	언어문학	역사	합계
종수	18		54	13	187	104	5	381
%	4.7	0	14.2	3.4	49.1	27.3	1.3	100

〈그림 6〉 충북지역 공공도서관 평생교육 프로그램 주제별 편중도

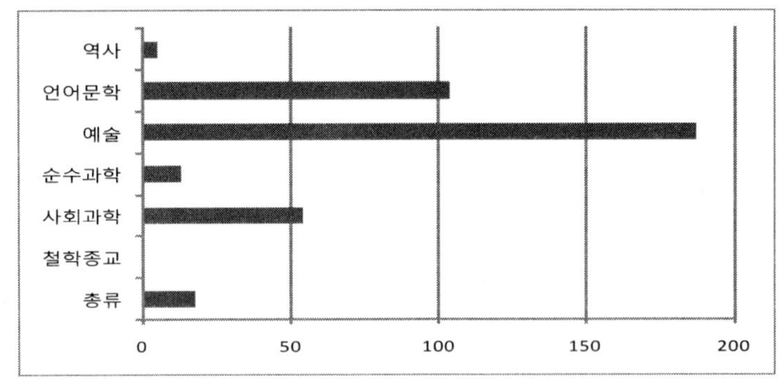

이를 서울지역과 비교하면 언어문학과 예술 간의 1, 2위 순위가 바뀌었을 뿐 나머지 주제 분야들은 편중도가 대동소이하여 주제별 분석에서도 서울과 지방의 경향은 유사한 것으로 나타났다. 이는 충북지역 공공도서관들 역시 주제별 균형을 고려하지 않고 철학과 역사 및 과학기술 분야의 프로그램을 소극적으로 운영함으로써 인문학 및 학문의 통섭이라는 시대적 이슈를 반영하지 못하고 있음을 알 수 있다.

셋째, 프로그램을 대상별로 분석한 결과 <표 6>과 같이 어린이 프로그램 61종, 청소년프로그램 4종, 성인프로그램 264종, 실버 27종, 다문화프로그램 5종으로 나타났다. 대상별 편중정도는 성인 69.3%, 어린이 21.3로 성인과 어린이프로그램에 집중되어 있고, 청소년프로그램은 1%에 불과하였다. 또한 실버프로그램은 7.1%, 다문화프로그램 1.3%로 나타났다.

대상별 프로그램 경향을 서울지역과 비교해보면 서울은 어린이프로그램이 가장 많고, 그 다음이 성인프로그램이며 노인이나 다문화프로그램이 전혀 없는 반면 충북은 성인프로그램이 으뜸이며 노인과 다문화프로그램도 포함되어 있어 충북지방에서는 노인과 다문화에 대한 프로그램에도 관심을 갖는 것으로 보인다.

〈표 6〉 충북지역 공공도서관 평생교육 프로그램 대상별 분포

구분	어린이	청소년	성인	실버	다문화	합계
종수	81	4	264	27	5	381
%	21.3	1.0	69.3	7.1	1.3	100

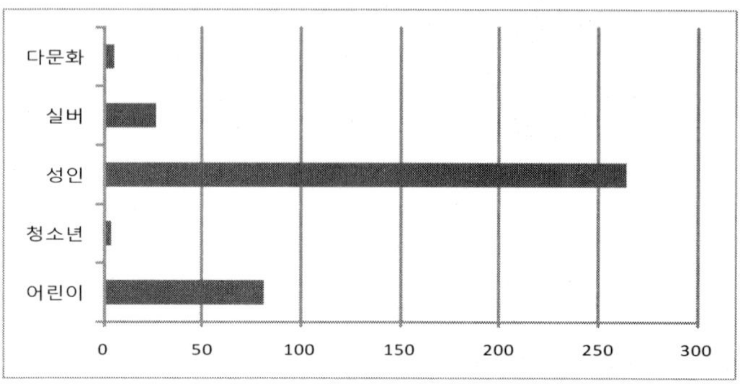

〈그림 7〉 서울지역 공공도서관 평생교육 프로그램 대상별 편중도

(3) 분석결과 문제점

이상 공공도서관 평생교육프로그램을 목적별, 주제별, 대상별로 나누어 서울지역과 충북지역의 2010년 프로그램 실태를 분석한 결과 프로그램의 전체 종수는 서울이 664종, 충북이 381종으로 서울이 충북지역보다 283종이 많았으나 목적별, 주제별 편중의 정도는 매우 유사한 것으로 나타났다.

서울지역과 충북지역 공공도서관의 평생교육프로그램 실태 분석결과 드러난 문제점은 서울과 충북지역 공히 목적별 프로그램은 기초문해 및 직업교육프로그램이 미미한 반면, 문화예술과 교양프로그램에 편중되어 있다는 점, 주제별로는 언어문학과 예술에 프로그램이 집중되어 있고, 과학, 철학, 역사부문이 소홀하며, 대상별로는 성인과 어린이프로그램에 편중되고 청소년, 노인, 다문화 등의 계층에는 프로그램이 미미하여 인간발달 단계별로 프로그램을 균형 있게 제공하지 못했다는 점이다. 또한 국가전체적인 평생교육의 체계나 가이드라인이 없어 프로그램을 산발적, 자의적으로 운영함으로서 공공도서관의 정체성에 부합되지 않는 프로그램까지도 마구잡이로 운영하는 문제도 지적할 수 있다.

5. 공공도서관 평생교육 프로그램의 체계화 방안

1) 국가 전체적 평생교육과정 체계의 정립

교육을 체계적으로 수행하기 위해서는 교육과정의 개발이 필수적이다. 정부는 1948년 정부수립이후 교육과정을 편성하여 운영해 왔으며 시대와 환경의 변화에 따라 교육과정을 개정, 전체적 교육의 체계를 유지하여 현재 제7차 교육과정을 시행중에 있다. 대학은 각 대학에서 개설 운영하는 학과의 커리큘럼을 편성, 개정하면서 교육을 경영하고 있다. 그러나 평생교육에 대해서는 국가적으로 아직 이렇다 할 교육과정체계를 마련하지 못하고 매우 산발적인 교육프로그램들을 자의적으로 운영하고 있는 실정이다.

따라서 평생교육의 체계를 확립하기 위해서는 국가 전체적으로 교육의 목적, 주제, 대상에 따른 체계적인 교육과정을 설계하여 평생교육커리큘럼의 골격을 제시할 필요가 있다. 국민의 평생교육 수요를 다각적인 관점에서 과학적으로 조사하여 평생교육과정의 전체적인 체계를 설계하고 교육프로그램의 대상별 교육의 목적, 내용, 수준 등 가이드라인을 수립하여 제시할 필요가 있다. 현재 <평생교육법>에서 정한 평생교육의 6대 부문 분류만으로 교육과정을 편성하기는 어려우므로 보다 구체적인 평생교육과정 체계를 수립해야 한다. 이러한 체계 속에서 각 기관들은 그들의 정체성에 합당한 프로그램들을 개발 시행함으로써 전체적인 평생교육의 시너지를 높일 수 있을 것으로 판단된다.

국가적 평생교육 체계에 반드시 포함되어야 할 사항은 <평생교육법>에 따른 6대 부문인 기초문해교육, 학력보완교육, 직업능력교육, 문화예술교육, 인문교양교육, 시민참여 교육 이외에도 주제별로 총류(정보 활용, 컴퓨터 활용), 철학·종교, 사회과학, 과학기술, 예술, 언어·문학, 역사지리 등 주제 분야가 고려되어야 하며, 요람에서 무덤까지 인간발달 단계별로 영·유아, 어린이, 청소년, 성인, 노인, 다문화가족 등이 아울러 고려되어야 한다. 또 평생교육 기관별로는 해당기관의 설립목적과 정체성에 충실할 수 있도록 가이드라인을 제시해야 한다.

2) 공공도서관을 중심으로 한 평생교육 체계화

한국도서관기준은 공공도서관의 문화 활동을 위한 프로그램봉사를 규정한 항목에서 "공공도서관은 지역별 특성을 감안한 연령별, 주제별 교육문화 프로그램을 개발하여 주민의 적극적 참여를 유도하여야 하며, 도서관직원은 가능한 한 지역사회의 구성원이나 지역단체와 공동으로 프로그램을 계획 조직하여야 하며, 프로그램의 내용은 평생교육 배경이나 프로그램 운영에 관한 지식을 갖춘 사서 또는 평생교육사와 협의하여 선정하여야 한다."고 하고 "공공도서관의 교육 문화 프로그램을 담당하는 직원은 정사서 자격증을 소지하고 평생교육사 자격을 취득하였거나 평생교육분야의 지식을 갖추어야 하며 개설하는 프로그램의 종수가 많을 경우에는 1~2인의 전담직원을 고정 배치하는 것이 바람직하다."라고 제시함으로써 공공도서관 프로그램을 평생교육적인 기능과 적극적으로 연계하고 있다.[22]

그러나 평생교육법 시행이후 교육청 산하의 공공도서관들이 평생교육기관으로 지정되면서 문화체육관광부 및 지방자치단체 산하의 공공도서관들은 평생교육과 제도적으로 연계되지 못하였다. 그 결과 전국 공공도서관의 프로그램들이 평생교육차원에서 체계화되지 못했을 뿐 아니라 평생교육기관으로 지정된 공공도서관 프로그램들이 과연 공공도서관의 정체성에 맞는 것인지에 대해 의문이 제기되어왔다.

공공도서관 설립의 기본정신이 정보자료의 수집과 제공을 통한 각계각층 다양한 시민들의 평생교육과 삶의 질 향상에 주안점이 있음에도 불구하고 공공도서관들이 평생교육에서 제도적으로 양분되어 있다는 사실은 공공도서관의 설립취지로 보나 평생교육의 도입 취지로 보나 심각한 모순이라고 판단된다.

이를 해소하기 위해서는 평생교육을 위한 조직, 인력, 시설 등 예산을 별도로 투입하기보다는 공공도서관을 중심으로 인적, 물적 정보자원을 확충하고 공공도서관을 평생교육의 허브로 삼아 여러 교육기관 간 역할분담과 협력을 통해 평생교육을 체계적으로 수행하는 것이 바람직할 것으로 판단된다. 이렇게 함으로써 전국 평생교육 프로그램의 목적별, 주제별, 대상별 균형과 질적 수준 향상 등 평생교육의 시너지 효과를 창출할 수 있다고 본다. 공공도서관은 지식과 정보의 '저수지'로서 평생교육은 언제 어디서나 이러한 지식과 정보의 기반위에서 기관별 특성에 맞게 시행하는 것이 정도(正道)라고 생각되기 때문이다.

---

22) 한국도서관협회, 2003, 『한국도서관기준』, 28~29쪽.

6. 결론 및 제언

본 연구는 공공도서관의 설립정신과 평생교육의 기본이념 및 취지를 검토한 다음 평생교육기관으로 지정된 서울특별시 및 충청북도 소재 공공도서관에서 2010년에 시행한 프로그램 실태를 분석하고 문제점과 해결방안을 제시하였다.

첫째, 공공도서관들은 평생교육프로그램 운영에 있어서 교육의 목적, 주제, 대상별로 교육과정을 체계 있게 편성하지 않고 인기 위주의 프로그램들을 운영함으로써 평생교육의 취지와 목적에 부합하지 못하고 있다. 이는 근본적으로 교육의 근간이 되는 국가적인 평생교육 커리큘럼의 부재에서 비롯되는 것이라 할 수 있다.

따라서 이를 해소하기 위해서는 국가 전체적으로 평생교육의 목적, 주제, 대상에 따른 교육과정을 체계적으로 설계할 것을 제안한다. 평생교육과정 체계를 합리적으로 수립하기 위해서는 국민의 교육 수요를 과학적으로 조사 분석하고 대상별 교육의 목적, 내용, 수준 등 구체적인 가이드라인을 구축함으로써 전국 평생교육기관이 이를 기반으로 해당기관의 성격에 부합되는 프로그램을 개발, 시행할 수 있는 준거를 제공해야 한다.

둘째, 평생교육의 이념과 공공도서관의 설립정신에 비추어 볼 때 평생교육과 공공도서관은 동전의 앞뒤처럼 밀착관계에 있다고 볼 수 있으나 우리나라는 주로 교육청 산하의 공공도서관들이 평생교육과 연계되고, 지방자치단체 산하 공공도서관들은 평생교육과 제도적으로 연계되지 않아 이념과 제도가 겉돌고 있다.

이러한 문제를 해소하기 위해서는 국가 전체적으로 평생교육의 체계를 다시 정립해야 한다. 평생교육을 위한 조직, 인력, 시설, 교육과정 개발 등에 소요되는 예산을 정부부처 간 대승적 협력을 통하여 대표적인 평생교육 기관인 공공도서관에 투입할 것을 제안한다. 평생교육 정책은 교육과학기 술부가 담당하지만 평생교육은 소속에 관계없이 전국의 평생교육기관에서 수행되어야 하며, 가장 효과적인 평생교육기관은 지식과 정보의 관문인 공 공도서관들이기 때문에 공공도서관을 중심으로 평생교육 경영시스템을 구 성, 교육기관 상호간의 역할분담과 협력을 이루어 내는 것이 평생교육 효 과를 제고하는 길이라고 생각된다.

끝으로 공공도서관은 지식과 정보를 수집, 정리, 보존, 제공하는 지식정 보의 관문으로서 평생교육의 적극적 실천을 통하여 국민의 삶의 질 향상에 역동적으로 기여해야 할 것이다. 이를 위해 사서들은 평생교육에 대한 지 식과 경험을 갖추고, 평생교육전문가 및 주제전문가들과 협력하여 지역사 회 평생교육 핵심기관으로서의 공공도서관의 정체성과 위상을 확립해 나 가야 할 책임이 있다.

방송통신대학교와 공공도서관의 협력을 제안함

졸업생(2010년 말 현재까지) 48만 5천 명, 재학생 16만 명, 우리나라 고등교육의 혁신을 일으킨 열린 대학, 부자간 가족 간 동문을 만들어 준 대학. 이미 학사학위를 가진 인재들이 다시 편입학하는 평생대학, 필자는 한국방송통신대학 출신이다. 필자는 한국방송통신대학 출신이라는 것을 감추지 않는다. 오히려 이를 자랑삼아 내세운다. 그 이유는 한국방송통신대학이 배움을 갈구하던 필자를 구원해 주었기 때문이다. 자기를 구원해 준 은인에게 한없는 고마움을 느끼는 것은 당연한 일이다.

1970년대 초창기 한국방송통신대학은 서울대학교 부설로 있었다. 그래서 서울대학교 학생들이 좀 불평이 있었다고 한다. 서울대 다니던 내 친구 하나도 그랬다. 이유인즉 한국방송통신대학이 서울대학교 부설로 있고, 출석수업도 서울대에 와서 받으니 마치 서울대 학생처럼 비쳐진다는 것이었다. 참 아량도 없지. 서울대학교 직속도 아니고 그 부설로서 시설 좀 이용하는 것 가지고 그런 우려를 하다니…. 그래서 그런지 방송통신대학은 어엿하게 독립선언을 했다. 독립 후 방송대는 일취월장하며 그 전통과 명성을 지켜 방송통신교육의 범위를 새롭게 넓히며 삼천리 방방곡곡 온 누리에 학문과 교육의 자유를 전파하여 왔다.

필자는 1970년대 중반 경제적 사정으로 인해 고등학교부터 독학을 해야 했다. 4년여의 독학 끝에 검정고시와 예비고사를 거쳐 모 사립대학에 합격하였다. 그러나 역시 경제력 때문에 등록을 포기했다. 공무원의 쥐꼬리 봉급으로는 야간대학도 다니기 어려웠던 것이다. 그런데 방송통신대학이 기회를 만들어주었다. 그래서 필자는 1975년에 입학하여 1978년 2월 전문대 학과정을 졸업하였다. 그 후 4년제 대학 편입학 자격시험을 통과한 후 모 대학에 편입하려 했지만 직장인이라 시간이 맞지 않아 또 뜻을 접어야 했다. 그런데 한국방송통신대학이 1982년에 5년제 학사과정 대학으로 승격하면서 또 기회를 주는 것이었다. 곧 바로 학사과정 3학년으로 편입하여

한국방송통신대학교 지역학습관(제천)

정상적으로 졸업을 하니 학사학위과정 제1회 졸업의 영광을 안게 되었다. 이러한 은혜로 필자는 모 대학의 일반대학원에서 석·박사과정을 마치고 대학 강단에 서게 되었다. 방송대는 이처럼 배움을 갈구하는 전국의 수많은 가난한 학우들에게 학문의 길을 열어준 것이다.

그런데 필자가 대학 교육에 종사하면서 느끼는 평생교육에 대한 아이디어가 하나 있어 제안할까 한다. 한국방송통신대학은 평생교육기관이다. 그런데 기초적 평생교육기관이 또 하나 있으니 각 지역의 공공도서관이다. 그렇다면 방송대학과 공공도서관을 연계하는 교육이 지역별 평생교육시너지를 창출할 수 있다는 것이다. 구체적으로는 방송통신대학의 지역학습관들을 도서관 전문시스템으로 전환하고, 지역학습관과 공공도서관 협력 체제를 구축하여 유기적으로 운영한다면 평생교육 시너지가 획기적으로 높아질 것이다. 또 이를 위해서는 평생교육기관인 지역학습관과 공공도서관에 대학에서 문헌정보학 및 평생교육학을 두루 섭렵한 전문 도서관인력이 필요한데 이렇게 꼭 맞는 전문인을 양성하는 교육기관이 없으므로 방송통신대학이 도서관과 평생교육을 접목시킬 수 있는 '평생교육정보학과'를 설치하여 이 분야 전문 인력을 양성한다면 우리나라 평생교육 기반이 충실하게 마련될 수 있을 것이다. 한국방송통신대학이 우리나라의 평생교육의 중추로서 공공도서관과 손잡고 21세기 열린 고등교육을 다시 한 번 빛내는 날이 오기를 염원한다.

초창기 한국방송통신대학교 교가[1]

<이응백 작사, 김성태 작곡>

비단에 수를 놓은 삼천리강토 그 정기 함초롬히 머금은 우리

일하면서 배우고자 여기 모였다 나라의 주추로서 굳게 다지는

우리들의 통신대학 길이 빛나리.

배움 길 까마득 아득할 때도 청운의 거룩한 뜻 늘 품던 우리

일촌들 허송하랴 갈고닦아서 나라의 기둥으로 꾸준히 크는

우리들의 통신대학 길이 빛나리.

온 국민 배움의 터 이룩하면서 방방곡곡에서 배우는 우리

지덕을 고루 갖춰 굳건히 자라 나라의 보람이요 등불이 될

우리들의 통신대학 길이 빛나리.

---

1) 한국방송통신대학, 1983, 「1983학년도 제1학기 학생편람 강의요목」, 제4학년, 서울 : 동 대학, 4~5쪽.

사서 역량강화를 위한 교육훈련 모형개발 패널토의 의견

1. 도서관 종류별 의견

1) 공공도서관 부문

동대문구정보화도서관 이우정관장의 발표에서는 공공도서관 사서의 역할 정립 및 그 역할에 따른 교육의 필요성과 방향을 제시하였다고 생각된다. 즉, 고객중심 서비스를 위한 철학과 고객서비스의 자세 및 태도의 교육이 강조되었다.

공공도서관의 사서의 역할이 매우 포괄적인 것은 공공도서관 이용자의 다양성에서 기인된다고 본다. 따라서 한사람의 사서가 모든 계층의 고객을 만족시킬 수 없으므로 이용 대상별 요구와 눈높이를 맞추기 위한 업무의 전문화가 이루어져야 하며, 교육에 있어서도 이러한 점이 고려되어야 할 것이다. 구체적으로 예를 들면 다음 표에서와 같이

전문분야	교육내용
아동사서	아동발달, 아동교육, 아동자료의 이해, 독서지도 및 치료
청소년사서	인간발달, 독서지도, 독서치료, 청소년 상담, 직업진로선택
실버사서	노인복지, 건강관리, 노후재산관리, 가족문제
주제별사서	인문, 사회, 자연과학, 예술분야 등 기초 및 전문지식
사이버사서	시청각자료, 디지털자료, 웹 관리
프로그램사서	평생교육, 지역사회 교육, 시민강좌, 문화행사

등의 분야를 제시할 수 있다.

또 공통기초에서 전문 심화까지 단계별 교육과정의 편성이 바람직하다. 전 부문에 공통되는 소양으로서는 정보사회의 정보정책, 정보리터러시, 서비스 친절 등이 있고, 부문별 전문교육에서는 초급, 중급, 고급 등으로 구분하여 심화의 정도를 높여나가야 한다.

경영자교육은 위의 모두를 포괄할 수 있는 전체적인 안목과 리더십, 인적, 물적, 재정적 자원의 효율적, 효과적 관리, 고객서비스 및 도서관 마케팅 등 경영의 철학과 경영기법 교육을 초급, 중급, 고급과정으로 구분, 운영할 수 있을 것이다. 한편, 공공도서관 교육과정은 현장의 교육 필요성과 수요를 감안하여 합리적으로 편성되어야 한다.

또한 교육은 연수기관만의 일이 아니라 도서관 자체의 일상적 교육 기능도 아울러 활성화되어야 한다. 특히 현장교육(OJT), 멘토링(mentoring)시스템 등을 구축하여 일상 업무에서 교육과 실습의 효과를 제고할 필요가 있다. 연수원 등 집합교육은 현장교육에서의 문제를 해결, 보완하는 기능을 수행하면서 사서들에게 능력 발전과 교육에 대한 동기를 제공함으로써 자기 주도적 교육을 활성화시키는 것이 바람직하다고 생각된다.

2) 대학도서관 부문

　서울여대 황옥경 교수의 대학도서관 사서들을 대상으로 한 설문분석 결과에서 구체적인 데이터가 제시되었다. 이는 수요자 중심의 교육에 있어서 반드시 필요한 과정일 것이다. 대학도서관 사서들의 계속교육에 대한 선호의 경향과 만족도는 교육과정의 개발과 운영에서 반드시 반영되어야 할 것이다. 이에 덧붙여 언급하고 싶은 것은 대학도서관은 고급인력에 대한 자료서비스이므로 특히 주제 전문성이 요구된다. 다른 종류의 도서관과 공통되는 교육도 필요하지만 자료의 소재나 위치의 안내라는 단순서비스의 한계를 극복하기 위한 주제별 교육이 필요하다고 본다. 따라서 대학도서관은 주제전문사서를 위한 심화교육과 정보기술교육이 요구된다.

　현대 학문의 경향이 분리에서 통합으로 가고 있는 시대적 흐름을 파악하고, 전체 학문의 구조와 갈래 및 그에 필요한 문헌의 검색 및 맞춤서비스는 통합학문으로서의 문헌정보학 전공자가 갖추어야할 지식일 것이다. 이를 위해 각 분야 전공 학생 및 연구자와 말이 통할 수 있는 지식습득이 필요하다.

　교수와 학생들이 사서들에게 잘 물어보지 않는 이유는 사서들은 모른다고 생각하기 때문이라고 본다. 서비스 친절교육과 함께 인문, 사회, 과학기술, 예술 등 주제별 기초와 심화과정을 대학 자체적으로 또는 연수기관에서 내실 있게 운영할 필요가 있다. 또한 대학도서관은 문헌정보학과 학생과 사서들의 실습장이 되는 것이 바람직하다고 본다. 대학의 모든 학과에 사서조교를 두어 운영한다면 학과별 정보서비스는 물론, 주제전문사서의 교육 훈련에도 큰 도움이 될 것이다.

3) 전문도서관 부문

전문도서관은 정부기관, 기업체, 연구소 등 다양하여 성격을 규정하기 어려우나 주로 과학기술부문의 연구소들이 주류를 이룬다고 할 수 있다. 앞서 한성대학교 정진식 교수의 발표에서 KIST를 비롯한 5개 연구소에 종사하는 사서들을 대상으로 설문 조사한 결과도 대학도서관 사서들의 계속교육 실태분석과 유사한 면이 있다. 이는 대학도서관과 전문도서관은 연구자를 대상으로 한다는 점에서 공통점이 반영된 것으로 생각된다.

그러나 대학도서관과의 차이점은 대학은 종합적 주제를 다룬다는 점이고 연구소는 어떤 특화된 주제에 집중하고 있다는 점일 것이다. 따라서 전문도서관의 직원에 대한 교육은 공통교육은 국립의 연수기관에서 담당할 수 있으나 특화부문의 전문성은 전문도서관 소속기관이나 전문 협회 등에서 담당해야 할 것으로 생각된다. 예를 들면 항공우주연구소 도서관 사서는 항공우주연구소에서, 원자력연구소 도서관 직원은 원자력연구소에서 보다 잘 수행할 수 있을 것이다.

따라서 도서관계 공통의 문제는 국립중앙도서관 사서연수원이나 과학기술정보관리협의회 등에서 담당할 수 있고, 주제전문분야는 자체에서 수행하는 것이 바람직할 것 같다.

4) 사이버교육의 확대

사회가 디지털사회로 변화되고 있는 상황에서 도서관계에도 사이버교육과정 개발이 확대되어야 한다. 이는 현장사서와 전문가를 실시간으로 연결시킬 수 있어 교육의 시간적 경제적 효과를 높일 수 있다. 부족한 부분은 단기 집합교육으로 보완할 수 있다.

2. 전반적인 교육과정 개발 방향

1) 교육체계의 정립

- 문헌정보 전문직 교육의 평생교육 로드맵 설정 필요
- 교육과정, 교육방법, 교육공학, 교수설계, 평생교육론 등 교육학의 이론과 실제를 문헌정보 전문교육에 적용하면 우리나라 전체교육과 문헌정보교육의 맥락 체계가 형성될 수 있다고 본다.
- 문헌정보교육의 체계에서는 사서직 공통부문, 관종별 특화부문(과정의 전문성), 과정별 심화정도(초급, 중급, 고급) 등으로 나누어 부문별 단계별 교육과정 운영 필요
- 모든 교육과정은 평생교육(생애교육)과 연계

2) 교육과정의 개발과 교육방법

- 교육과정은 명칭과 내용이 부합되고, 이론과 실무가 연계되어야 함.
- 교육과정마다 검토할 사항은 과정목표, 내용수준, 교육대상, 인원, 선독자료, 수업방법, 교재, 교수, 평가방법, 교육 사후관리 등 모든 요소가 포함되어야 한다.

과정목표 : 구체적이고 실현가능한 목표

내용수준 : 과정의 목표에 알맞은 내용과 수준

교육대상 : 균질한 인원의 선발(교육, 경험 등의 균질성)

교육인원 : 과정성격에 따라 다르나 소수정예주의 원칙

　　　　　(20명 내외 면대면 교육)

선독자료 : 과정에 앞서 공부해야하는 자료들을 미리 제시.

수업방법 : 참여식(세미나식, 토의식) 수업

교육교재 : 사전 제시형, 자율 구성형 병행, 스스로 교재를 구성하여본다.

교수역할 : 조언자, 안내자, 동료학습자(우월적 지위에서 탈피)

평가방법 : 자율평가

　　　　　"나는 이번 교육으로 무엇을 향상시켰나?"

사후관리 : 교수, 교육동료들의 멤버십, 상호교류 증진방안

- 과정의 개발은 교육과정위원회 등 집단의사 수렴

3) 전문교육의 기반구축

- **사회적 기반** : 도서관계 내외 및 상하 관련기관에 사서의 평생교육에 대한 인식 기반이 확대되어야 한다.

  "사서직은 평생교육의 대상임과 동시에 평생교육자이다."

- **물리적 기반** : 교육시설의 확충과 교육공학적 구성

  예 : 국립사서연수원 설립, 국립도서관을 사서교육 실습장으로 제공

  　　문헌정보학 전문 도서관 운영(사서연수원 도서관)

- **재정적 기반** : 교육 재원의 확충, 교육복지 향상

공무원 및 공기업 연수와 대등한 교육복지 수준 유지

● 인력관리

교육 전문 인력의 확충

분야별 전임 교수 운영,

분야별 전문가 풀제 운영

도서관별 자체 교육시스템의 확립(OJT, Mentor)

인사관리와 교육과의 연계 확립

3. 결론

문헌정보 교육의 품질은 도서관서비스의 품질에 직접적인 영향을 미친다. 수준 높은 교육은 도서관 서비스의 품질을 높이고, 나아가 도서관의 위상도 높일 것이다. 전문가는 전문교육과 그 실천을 통하여 육성된다. 창의적이고 자기 주도적으로 평생 교육받는 사람은 교육에서 체득한 것들을 100%로 실천하려고 노력할 것이다.

따라서 우리나라 문헌정보학 교육의 전 과정이 체계성, 단계성, 전문성을 갖추고 실질적인 내용을 효율적이고도 창의적 방법으로 유지해야 할 것이다. 평생교육, 생애교육이라는 큰 틀을 설정하고 전 교육기관과 도서관을 연계한 체계적 교육시스템을 구성해야 할 것이다.

5

대화와 인간관계

1. 들어가며

우리에게 바람직한 대화란 무엇이고, 또 어떻게 해야만 하는가? 이것은 아주 쉬우면서 또 너무 어려운 질문이다. 대화는 모든 인간관계에 포괄적으로 들어가는 요소이기 때문이다. 우리는 날마다 말을 하고 산다. 말은 독백이 아닌 한 항상 상대방이 있다. 상대방이 있다는 것은 인간관계가 형성된다는 뜻이다. 혼자 말로 하는 것은 자기 스스로가 상대가 되며 이 경우는 자기 자신과의 관계, 즉 생각이 이루어진다. 자신에 대한 자신의 말은 매우 바보 같기도 하고 매우 철학적이기도 하다. 바보 같은 언설은 혼자 구시렁거리거나 혼자 웃는 등 정신적인 문제가 있는 경우도 있다. 그러나 철학적인 물음은 참 자신을 발견하기 위한 끊임없는 자기반성과 성찰로 이어진다. 그러므로 바보와 천재는 백지 한 장 차이라는 말이 나왔는지 모른다.

말. 말은 곧 인간관계이다. 말을 잘하면 좋은 인간관계가 형성되고, 말을 잘 못하면 인간관계가 피상적이거나 진실하지 못하여 별로 달갑지 않은 관계가 된다. 비록, 좋은 사이였다 하더라도 말을 잘 못하면 좋지 못한 관계로 변화되기 쉽다. 또한 비록 소원하고 미덥지 않은 관계였더라도 진실한 말로 신뢰를 형성하면 좋은 사이로 발전할 수 있다. 그러나 말 잘못으로 좋은 사이가 나쁜 사이로 전락되기는 쉬워도 좋지 않았던 관계가 좋은 사이로 변하려면 그 시간과 노력이 훨씬 많이 든다.

말은 의사소통의 도구이다. 그러나 의사소통은 말만으로 이루어지는 것은 아니다. 언어 이외의 소통 방법 즉, 신체언어도 있다. 신체언어는 얼굴표정, 손짓, 발짓, 몸동작 등을 말하는 것으로 서양에서는 이를 연구하는 분야를 '동작학(kinesics)'이라고 부르고 있다. 동작학의 연구에 의하면 면대면의 대화에서는 말보다 오히려 얼굴의 표정이나 동작이 말하는 사람의 진의를 더 드러낸다고 한다. 말은 긍정을 표현하더라도 얼굴표정이나 동작이 부정적이면 결과는 부정으로 나타난다는 것이다. 이는 대화에 있어 말도 중요하지만 표정이나 동작이 더욱 중요하다는 것을 뜻한다.

이렇게 대화는 언어와 비언어가 다 사용되며 이 두 가지를 적절하고도 조화롭게 활용해야만 좋은 인간관계가 성립될 수 있다. 따라서 본 강의에서는 언어적 대화를 먼저 세부적으로 살펴보고, 비언어적 대화에 있어서도 신체 부위별 유의점에 관해 비교적 상세하게 다루고자 한다. 인간관계에서의 대화에서 말과 글을 제대로 활용하는 방법들, 그리고 보디랭귀지(body language)의 문제를 함께 다룸으로써 대화를 원활하게 성공적으로 할 수 있는 방법들을 살펴볼 것이다. 그리고 이러한 언어적, 비언어적 대화를 인간관계와 연계하여 통합적으로 이해함으로써 직장 및 사회생활에서의 의사소통을 위한 실천적 지식을 습득하도록 돕는 것이 본 강좌의 목적이다.

2. 언어적 대화

1) 대화의 시대 구분

인류는 대화를 통하여 문명과 문화를 발전시켜왔다. 원시사회에서도 의사소통을 했으므로 말은 존재했을 것이다. 그러나 말이 기록됨으로서 언어적 대화가 구체적으로 성립되었다고 할 수 있다. 언어는 학문의 도구이기 때문에 말이 글로 기록되어 역사가 성립되게 되었다. 오늘날 남아 있는 가장 오랜 대화라는 명칭을 사용한 기록은 풀라톤의 '대화록'으로 알려져 있다. 풀라톤은 학문의 방법으로 대화법을 사용했으며 이러한 대화들이 책으로 묶여져 '대화록'으로 정리된 것이다. 사실 역사적으로 남아 있는 모든 책들은 인간과 인간의 대화의 산물이라고 해도 과언이 아닐 것이다.

통시적 대화 동시적 대화

이렇게 언어가 발생된 후 대화가 지속되어왔고, 언어 기록의 유무에 따라 대화의 양상은 동시적 대화와 통시적 대화로 구분될 수 있다. 즉 통시적 대화는 선인들이 남겨놓은 역사기록 및 그 기록과의 대화이며, 동시적 대화는 오늘을 사는 사람들끼리 나누고 살아가는 현재적 대화라 하겠다. 그러나 통시적인 대화, 즉 책과 대화를 많이 한 사람은 동시적인 대화를 잘 할 수 있는 기반을 갖추었다고 할 수 있다. 책을 많이 읽은 사람은 지식과 지혜가 풍부해져서 대화에 있어서도 상황에 알맞은 창의성을 발휘할 수 있기 때문이다.

2) 대화의 언어 구분

대화는 언어의 종류별로도 구분할 수 있다. 언어가 같은 사람들끼리는 대화가 잘 통하지만 언어가 다른 사람들 간에는 의사소통이 어렵거나 불가능하다. 언어가 다른 사람들 간에 어설픈 외국어를 사용하면 심각한 오해를 불러일으키는 경우가 많다. 이는 외국어 능력 자체의 문제도 있고, 문화 차이에서 오는 문제도 있다. 같은 언어를 사용하는 나라에서도 방언에 의해 의사소통이 제약되고 오해를 불러일으키는 경우를 흔히 목격할 수 있다.

한국어 대화

우리는 언어를 안다고 하지만 대부분은 국어에 국한되고 국어는 누구나 잘 사용하고 있는 것 같지만 실제로 국어를 제대로 사용할 줄 아는 사람은 남녀노소를 막론하고 의외로 적다. 그렇지만 자국어로 대화를 하는 것은 성장 배경의 환경과 문화의 경험이 언어와 자연스럽게 접목되어 있어 의사소통이 잘 이루어진다. 사람들과 대화를 나누다보면 세대차나 성별에 따라 다소 차이는 있으나 공통의 문화를 통해 소통이 쉽게 이루어짐을 알 수 있다. 다만 상황이나 목적, 분위기에 따라 대화의 수위조절은 언제나 필요하다.

외국어 대화

영어나 중국어, 일본어 등 다른 나라의 언어를 배우고 소통하는 것은 매우 어려운 일이다. '영어몰입교육'이라는 말이 등장한 것은 영어를 언어로만 배우는 것이 아니라 그 문화에 몰입하여 배움으로써 영어권 나라의 사람들과 정치, 경제, 사회, 문화적 의사소통을 원활하게 하기 위한 목적에서

연유한 것이다. 텔레비전 방송 '미녀들의 수다' 프로그램에는 한국어를 할 줄 아는 외국의 미인 아가씨들이 출연하여 한국말로 '수다'를 떤다. 그들의 한국어 구사능력과 문화배경은 다르지만 한국에 와서 '한국어몰입교육'을 좀 받았기에 재미있는 의사소통이 가능한 것이다.

3) 대화의 종류

(1) 가족 대화

한 인간의 대화는 가정에서부터 시작된다. 생애 최초의 대화는 '탄생신호'인 울음이다. 아기가 성장 발달함에 따라 옹알이로, 옹알이에서 말로, 말에서 글로 발전하면서 문명에 적응한다. 가족 간의 인간관계로 부터 자연스럽게 언어와 문화를 습득하는 것이다. 아이가 직립보행하게 되는 3세 무렵부터는 제법 유창하게 말을 할 수 있고 가족과의 관계 속에서 엄마, 아빠, 언니, 형, 동생 등 가족의 인간관계와 역할을 알아간다. 가족은 탄생과 성장의 최초 환경이기에 결손 가정 아이나 수용시설 아이들의 언어와 인간관계는 비정상적으로 형성되기 쉽다. 언어는 '환경의 산물'이며 '관계의 산물'이므로 환경과 인간관계는 바람직한 인간형성에 지대한 영향을 미치는 것이다.

우리나라는 1948년 정부수립 이후 근대화 60여 년 동안 산업화와 서구화가 급격히 촉진되어 가족 형태도 예전과는 현격하게 달라졌다. 직장, 유학 등으로 인해 주거 이전이 빈번해짐에 따라 가족단위의 분화가 더욱 촉진되었다. 그 결과 3대, 4대가 같이 살던 전통가정이 사라지고, 거의 모든 가정이 핵가족으로 변모되었다.

이에 따라 가족대화의 상대와 시간도 급격히 줄어들었다. 따로 사는 조부모와 손자, 따로 사는 부모와 자식 간에는 명절 때가 아니면 대화의 기회가 거의 없다. 같이 사는 부부와 어린아이들도 직장이나 학교 등의 사정으로 대화의 기회가 급격히 줄었다. 어른이건 아이건 가족은 있어도 대화할 상대와 시간이 별로 없어 가족 간의 인간관계가 겉돌고 있다. 가풍과 윤리가 없을 뿐 아니라 부모의 자연스러운 교육적 역할이 그 정체성과 위상을 잃어가고 있다. 따라서 핵가족 시대의 가족대화에 대한 새로운 각성과 반성 그리고 대화노력이 절실히 필요하다고 하겠다. 여기서는 핵가족 상황의 가족대화에서 유념하고 힘써야 할 사항들을 생각해 본다.

가. 부부간의 대화

전통사회에서 부부는 '일심동체(一心同體)'라고 말해왔다. '여필종부(女必從夫)'라는 말도 있어왔다. 부부는 한마음 한 몸이되 부인은 반드시 남편의 뜻을 좇아야 한다는 것이다. 그러나 핵가족 상황에서는 이 말들이 통하지 않게 되었다. 실제로는 오히려 '부부이심각체(夫婦異心各體)' 내지 '부부독립'의 상황으로 변화되고 있다. 그 이유는 부부간 교육수준의 평준화와 맞벌이로 인한 경제력의 향상, 양성평등의 강조 등에서 기인되는 것으로 생각된다. 그만큼 대등하고 격이 없어진 것이다. 부부관계가 '맞먹는' 관계로 되어 젊은이들은 이제 부부간이라도 "야, 너, 나" 하는 반말의 관계로 되는가 하면, 남편이나 남자 친구를 '오빠'라고 부르는 등 본래의 용도에 맞지 않은 호칭이 일반적으로 통용되고 있다. 격이 없는 것 같으면서도 실제로는 거리가 있는 기형적 관계로 변질되어가는 것이다. '오빠'라는 명칭이 친근감은 있으나 오빠가 분명 남편은 아니다. 오빠라고 부르면서도 '너, 나'

하고 반말을 한다. 이는 국어사용의 혼돈이고 우리말 예절에도 어긋난다.

언어 예절이든 인간관계 예절이든 부부간에도 적정한 거리를 유지하는 것이 바람직해 보인다. 전통사회에서의 거리는 여필종부(女必從夫)의 종속적 거리였지만 민주사회에서의 거리는 남녀평등 및 상호존중의 거리를 유지하는 것이 좋을 것 같다. 그러자면 부부 대화의 언어적 표현에서도 평등과 존중의 의미가 들어있어야 마땅하다. 예를 들어 '여보'나 '자기' 등의 표현은 상대방을 사랑하고 존중하는 친근감을 함축하고 있다. 또한 부부간에도 약간의 존칭을 사용할 필요가 있다. 예를 들어 아내가 남편에게 "여보, 저 이것 좀 들어주세요."라든지, 남편이 아내에게, "여보, 나 이것 좀 도와줘요." 등의 적절한 존칭은 사랑과 존경의 감정이 함께 묻어난다.

아무리 가까운 사이라 하더라도 적정한 거리감과 존중의 태도를 유지하는 것은 인간관계를 좋게 유지하는 방법이다. 어떤 인간관계든지 말과 행동이 너무 만만하고 지나치면 그 관계가 오래 유지될 수 없다. 또한 너무 어색한 존칭과 무미건조한 어법은 오히려 부부간의 관계를 재미없게 만들 수 있다. 따라서 대화에는 상황에 따라 유머가 필요하다. 적절한 유머는 윤리와도 통하고 재미와도 통한다. 유머는 친화력을 가진다. 부부간의 대화와 인간관계에 있어서도 유머는 반드시 필요한 요소라 하겠다.

나. 부모와 자녀 대화

가족관계에서 부모와 자녀간의 대화는 매우 중요하다. 가정은 자연스러운 생활 교육의 장이기 때문이다. 우리나라에서는 예로부터 '뼈대 있는 가정'이라는 말이 있다. 뼈대 있는 가정이란 가정의 가풍과 가훈이 잘 확립되어 있어 자녀들의 마음가짐과 몸가짐이 올바르게 형성되는 집이라는 의미이다.

그러나 현대에 와서는 바쁘게 돌아가는 산업정보사회의 생활 구조로 인해 이러한 '뼈대 있는 가정'의 전통을 유지하기 힘들게 되었다. 그렇다고 하더라도 부모는 자녀에 대한 가정 교육적 역할을 포기해서는 안 된다. 가정교육의 포기는 곧 인간교육의 부실로 이어지기 때문에 학교교육을 정상적으로 받는다 해도 가정교육의 부재에서 오는 공백을 메울 수 없다. 부모와 자식 사이에 어렸을 때부터 사랑과 존경의 대화를 나누며 자란 아이는 평생을 살아가는 동안 가정의 소중함과 자신의 역할, 그리고 인간으로서의 윤리를 생활 속에서 실천할 수 있다고 본다. 여건이 어렵다고 해도 어려서부터 엄마와 아빠, 특히 아빠와의 대화는 필수적이다. 엄마와의 대화는 아기 때부터 친근하게 형성되기가 쉬우나 맞벌이 가정의 경우는 엄마와의 대화도 어렵게 되고 있다. 아빠와의 대화는 더욱 어려워서 아이가 잘 때 출근했다가 잘 때 퇴근하는 경우가 흔하다. 따라서 부모들은 자신들의 시간 없음을 이유로 자녀와의 대화 단절을 당연시할 게 아니라 어떤 방법으로든 대화를 할 수 있는 시간을 마련하는 것이 바람직하다. 시간외의 근무나 회식자리를 가급적 줄여서 자녀와 대화할 수 있는 시간을 만들어야 한다.

〈영·유아와의 대화〉

아기와의 대화는 도리도리, 까꿍 등 쉬운 의성어와 의태어로 시작된다. 방울이나 종 등의 장난감을 이용하여 그림을 보여주며 대화하기도 한다. 최근 우리나라에도 북스타트(book start)운동이 전개되고 있는데 이는 영아에서부터 엄마와 아기가 그림책을 가지고 대화하는 환경을 마련해 주는 좋은 프로그램이다. 책으로 인생을 출발한다는 취지의 이 운동은 영국에서 시작되어 이제 국내에서도 확산일로에 있어 좋은 아기와 엄마와의 바람직한 대화의 장을 자연스럽게 제공하고 있다. 그러나 영아원 등 부모가 없는 아기들에 대한 배려는 아직 전무한 실정이다.

〈초등학생과의 대화〉

초등학생 자녀와의 대화 역시 지속적인 관심과 사랑으로 자녀의 눈높이에 맞추어 말 상대를 해 주어야 한다. 자녀가 물어 보는 사항은 아무리 사소한 것이라도 무시하지 말고 성의 있게 대답해주고, 바로 대답을 못하는 사항은 나중에 확인하여 꼭 알려주는 것이 좋다. 또한 자연스러운 가운데 바른 생활습관과 예의를 형성할 수 있도록 유도해야 한다. 너무 공부만을 강요하거나 하기 싫어하는 일을 억지로 시키는 것은 오히려 역효과가 날 수 있다. 하루에 한번이라도 엄마와 아빠가 함께 대화하되 교훈적이거나 교육적인 소재는 가급적 피하고 그날 있었던 일, 내일 할 일, 우리 집의 자랑, 아빠의 일, 엄마의 일, 자신의 일 등을 중심으로 서로 칭찬과 격려를 할 수 있는 소재로 대화하는 것이 바람직하다.

〈중·고등학생과의 대화〉

사춘기에 접어드는 중·고등학생에 이르면 부모와 자녀간의 대화는 점점 어려워진다. 이 연령대의 학생들은 부모에 대한 반항심이 생기고, 천방지축 날뛰기도 하는 시기여서 정서적이고 이성적인 생활지도와 상담이 필요하다. 중·고등학생들은 대체로 간섭을 싫어하며 대화조차 간섭으로 받아들이기 쉽다. 따라서 감정을 자극하지 않으면서도 적절한 대화를 유지하는 기술이 필요하다. 부모, 친구, 스승, 앞으로의 희망 등에 대하여 자연스럽게 소통할 수 있도록 유도하는 것이 좋다. 가족회의를 자주 열어서 각자 할 말을 터놓고 말하게 하고, 고민을 같이 해결해주는 협력적 자세가 필요하다. 다소 잘 못한 일이 있더라도 손 지검을 하거나 야단치기보다는 합리적으로 해결하는 방법을 함께 강구하는 성의 있는 태도가 필요하다. 특히 유념할 일은 자녀에게 일류대학에 들어가기를 은근히 강요해서는 안 된다는 것이다.

〈대학생과의 대화〉

대학생은 육체적으로는 성인이다. 그러나 아직 정신적으로는 불안정한 성인이다. 특이 요즘 대학 1학년생의 연령은 만 19세로서 성인에 접어들기 직전이다. 따라서 아직 대인관계의 어법이나 태도가 세련되지 못하고 사춘기의 성정을 그대로 지니고 있는 경우가 많다. 흔히 말하는 '철'이 들지 않아서 스스로의 목표와 방향을 설정하지 못하고 이리저리 방황하기 일쑤이다.

부모들은 자녀가 대학생이 되면 모든 간섭을 풀고 "이제 다 키웠으니 알아서 하겠지." 하며 안심하기 쉽다. 그러나 대학생이라고 안심하기에는 아직 이르다. 대학생이 되면 보통 부모와 떨어져 기숙사나, 하숙방, 자취방 등에서 생활한다. 술과 오락에 노출되어 행동이 매우 자유롭다. 부모와 상의도 없이 마음대로 휴학하거나 용돈을 벌겠다고 아르바이트에 나서기도 한다. 따라서 부모들은 대학생이 된 자녀에게도 계속 관심을 가지고 적정한 대화를 유지할 필요가 있다.

대학생과의 대화에서도 역시 자녀의 인격을 존중하고 신뢰하는 어투와 태도를 가져야 한다. 때로는 진지하고, 때로는 유연하고, 때로는 재미있게 인생의 희로애락, 과거의 역사와 미래의 희망을 이야기하는 것이 좋다. 술은 대화의 촉진제라고들 말한다. 그러나 술 취한 상태에서의 대화는 술 깨고 나면 모두 헛일인 경우가 많으므로 대화에 있어 과도한 술은 삼가는 것이 상책이다. 자녀와의 맞담배질 역시 곤란한 일이다.

다. 조부모와 손자손녀와의 대화

핵가족화로 인하여 할머니 할아버지와 손자 손녀와의 대화는 소원해지고 있다. 가정에서의 조부모는 민속전통의 전수와 가족윤리의 확립 그리고 부모와 자녀와의 관계에서 조정자의 역할을 수행할 수 있다. 조부모의 사랑을 받고 성장한 아이는 그렇지 않은 경우보다 정서적으로 안정되고 민속이나 전통 윤리를 중요하게 여기는 습관이 형성된다. 조부모와 떨어져 살아가는 현실에서 명절이나 제사 때 잠시 조부모를 만나는 것만으로도 정서적 안정 효과는 적지 않다고 생각된다.

조손과의 가족관계에서 부모가 자녀를 꾸중할 때 그 자리에서 할아버지 할머니가 부모를 야단치고 손자 손녀의 편을 들어주는 것은 바람직하지 않다. 그럴 경우 가족윤리의 일관성이 무너져서 아이들은 헷갈리게 된다. 할머니 할아버지들은 부모와 자녀와의 관계에서 집안의 어른으로서 적절한 조정자의 역할을 하는 것이 바람직하다.

(2) 직장 대화

가. 상사와의 대화

직장에서 상사는 대하기 어려운 상대이다. 상사는 법적 제도적으로 인사권, 예산권 등 명령권과 결재권을 가지고 있기 때문이다. 신입사원은 상사 앞에서 긴장하여 떨기도 한다. 특히 대화의 상대가 몇 단계 위의 높은 사람일 경우는 보고하러 갔다가도 할 말을 제대로 못하고 나오는 경우가 허다하다. 직장 조직은 계급사회다. 계급은 곧 신분이다. 현대사회는 신분사회가 아니라고 하지만 조직은 엄연히 신분사회인 것이다.

상사와의 대화에서는 자신감과 용기, 그리고 겸손이 함께 필요하다. 그러자면 평소의 업무에서 충실한 지식기반을 확립하고 있어야 한다. 현황의 파악, 계획, 대안 등 담당 업무에 대하여 과거로부터 현재 미래까지 확고한 흐름과 방향을 정립하고 있어야 한다. 이는 전문성과도 같다. 자기 업무에 전문성을 확립하고 있으면 일단 대화의 준비가 잘 된 것이다. 상사가 질문할 때나, 지시할 때 그에 대한 답변과 대안이 바로 나올 수 있다.

상사와의 대화에서는 원칙과 합리가 바탕이 되어야 한다. 합당한 근거를 가지로 논리적으로 그리고 적절한 어휘를 선택하여 겸손하게 말해야 한다. 너무 아는 척 하거나 상사를 무시하는 것 같은 언행은 삼가야 한다. 특히 상사가 새로 부임하였거나 업무를 잘 모르더라도 겸손한 태도로 소상하게 설명하는 자세가 필요하다. 상사는 부하가 자기를 무시하는지, 부하가 잘난 척 하는지를 금방 안다. 이런 것이 상사의 눈에 각인되면 그 상사와는 일하기 어렵게 되고, 입소문을 타고 다른 상사에게로 전달되어 직장생활에 부정적 영향을 준다.

상사에는 강압적인 사람, 유연한 사람 등 여러 유형이 있다. 강압적인 상사에게는 원리 원칙적으로만 대하는 것이 좋다. 강압적인 사람은 공과 사를 구분하지 못하는 경우가 많다. 이 때 원리 원칙으로 대하지 않으면 강압에 눌리게 된다. 유연한 상사에게는 모든 가능성을 소상히 보고하여 최선의 선택을 할 수 있게 해야 한다.

최근 유연성(flexibility)과 안전성(security)을 결합한 신조어 'flexcurity'라는 말이 등장했다. 유연하면서도 안전한 지도력이 필요하다는 것이다. 너무 경직되거나 강압적이면 변화하는 사회에 대처하지 못해 실패할 확률이 높다. 그러나 유연한 조직, 유연한 상사는 환경변화에 적절히 대응하여 조직의 안전을 유지할 수 있다.

나. 동료와의 대화

직장의 동료는 경쟁자이다. 동료에는 잘 아는 친구는 물론 얼굴 모르는 동급의 수많은 직원들이 있다. 개인적으로 친근한 동료 간에는 대화가 잘 통하는 편이다. 사적인 대화는 물론, 업무상의 대화도 비교적 수월하다. 그러나 동료라도 개인적인 친분이 없고, 다른 부서에 근무하는 직원의 경우에는 대화를 트기가 쉽지 않다. 동료 간에는 알게 모르게 부서이기주의가 작용한다. 따라서 업무적 대화에서도 경계심이 작용한다.

동료와의 업무적 대화에서는 부서이기주의를 가급적 배제하고 조직 전체의 목적을 전면에 내세우는 것이 바람직하다. 조직 전체의 목적은 모든 하부조직의 존재이유이다. 하부조직의 목적이 조직 전체의 목적은 아니기 때문에 부서이기주의에는 합리성이 없다. 인원감축이나 구조조정 등에서의 저항은 부서이기주의에서 나오는 것이 보통이다. 그러나 부서이기주의라는 군살을 빼는 것이 조직 건강성 확립의 첩경이다.

이러한 기본 전제하에서 동료와의 대화는 상호 존중과 협조의 자세를 견지해야 한다. 학연이나 지연, 혈연, 개인적 친분 등이 지나치게 업무적 커뮤니케이션에 영향을 주는 것은 부정의 씨앗이 된다. 조직 내에서 대화나 업무 협조를 원활하게 하기 위해서는 취미 서클이나 동아리 등 비공식조직에 가입하는 것이 좋다. 그러나 비공식 조직은 일종의 사조직이므로 비공식조직에서의 인간관계는 공식조직의 발전에 긍정적으로만 활용되어야 한다. 비공식조직의 관계로 인해 그 구성원들끼리만 대화가 이루어지고, 자기들끼리만 이익을 선점하려 하면 역시 조직 전체적으로는 부정적 영향을 미친다.

다. 부하와의 대화

직장에서의 부하는 상사보다 대체로 연령이 어리지만 간혹 상사보다 나이가 많은 부하직원도 있어 관리가 쉽지 않다. 부하와의 대화라고 해서 지시 명령 일변도로 하거나 반말로 일관하는 것은 직장 예절에 어긋난다.

직장에서의 대화는 어떤 관계의 대화든 공식적 대화가 주를 이룬다. 공식적인 관계는 경직되기 쉽다. 따라서 부하들을 대할 때 가끔은 유머를 사용하는 것이 경직된 분위기를 누그러뜨릴 수 있는 방법이다. 요즘에는 '유머리더십'이라는 말까지 등장할 정도로 직장 내 대화에서 적정한 유머의 사용을 권장하고 있다.

부하를 부를 때의 호칭은 남녀공평하게 사용해야 한다. 예를 들면 상사가 남자 직원을 부를 때 "김 아무개씨"라고 한다면 여직원을 부를 때도 "이 아무개씨"로 남자 직원과 여자 직원에게 동등한 호칭을 사용하는 것이 좋다. 여직원을 "미스 김"이나 "김양" 등으로 부르는 것은 양성 평등에 맞지 않기 때문이다. 또한 남자 직원을 "미스터 리"로 부르는 것도 이미 어색한 호칭방법이 되었다.

또한 윗사람이 과장을 부를 때는 "김 과장"이라고 하면 되고 "김 과장님"이라는 존칭을 사용하면 직위관계상 어색하다. 또 상위자 앞에서 하위자가 중간 상위자를 부를 때도 존칭을 사용하면 곤란하다. 예를 들면 "사장님, 김부장님이 그렇게 말씀하셨는데요."하면 어색하고, 사장에 대한 경어법에도 어긋난다. 이때는 "사장님, 김부장이 그렇게 말씀했는데요"하는 것이 낫다.

(3) 사회적 대화

사회적 대화란 직장과 가정의 밖에서 이루어지는 대화라고 할 수 있다. 우리는 직장과 가정, 학교 등 온갖 사회관계 속에서 살아가기 때문에 사회적 대화를 일률적으로 정의하기는 어려우며 상황에 따라 달라지므로 "그때 그때 달라요."라고 할 수밖에 없다. 그러나 기본적으로 몇 가지만 든다면 진실성, 상대방의 인정, 내용의 명료성, 겸손 등을 들 수 있다.

가. 진실성

진실성이란 대화의 내용이 거짓이 아니어야 한다는 것이다. 거짓말은 어떤 경우에도 인간관계의 약화를 초래한다. 거짓말을 하는 사람을 신뢰하는 이는 없을 것이다. 그리고 대화 시에 어떠한 복선을 깐다든가 저의를 가지고 대화하는 것은 신뢰를 얻기 어렵다. 대화의 바탕은 항상 사실과 합리에 입각한 것이라야 신뢰받는 인간관계를 유지할 수 있다.

정치인들은 정략적, 정치적 대화를 자주 한다. 소속 정당에 유리하게 하기 위해 정략적으로 말싸움을 하기 일쑤이다. 그러나 장기적으로 보면 진실한 발언이 역사에 남는다. 그래서 정치인들도 사필귀정(事必歸正)이라는 말을 자주 사용한다.

나. 상대방의 인정

대화의 상대를 깔보거나 인정하지 않으면 대화는 중단되고 만다. 인관관계는 먼저 상대방을 인정하는데서 출발한다. 사회적으로는 알게 모르게 계층이 많다. 종교그룹에도 대학에도 계층이 없는 곳은 없다. 따라서 상대적으로 높은 계층에 있는 사람이 상대적으로 낮은 계층에 있는 사람을 얕보는 경향이 있다. 그래서 웬만한 사람들의 명함에는 계층의 부풀림이 많다. 예를 들면 자영업자는 하나같이 다 '사장'이고 부동산중개소에는 직원이 곧 '실장'이다. 따라서 대화가 잘 되려면 높은 사람이라도 자세를 낮추어야 한다.

다. 내용의 명료성

전달하고자 하는 내용은 항상 분명해야 한다. 내용이 분명하지 않으면 어떻게 말하더라도 소통이 어렵다. 말은 번드르르하게 포장할 수 있지만 내용이 모호하면 이도 저도 아니게 된다. 따라서 대화를 하기 전에 먼저 내용을 논리적으로 분명하게 정리하여 대화에 임하는 것이 성공적 대화의 관건이다.

라. 겸손한 태도

대화에서는 언제나 겸손한 자세가 기본이 되어야 한다. 내가 상대방보다 우월하다고 생각하면 대화가 잘 통하지 않는다. 누구나 자존심이 있기 때문이다. 따라서 대화에서는 자존심을 감추면서 대등하고 겸손한 자세로 임하는 것이 바람직하다. 또한 감정적으로 화가 난 상태에서는 대화를 피하는 것이 좋다. 화난 상태에서의 대화는 싸움으로 변하기 쉽기 때문이다.

4) 대화의 기법

경청(listening)

경청은 상대방의 말을 귀 기울여 듣는 것이다. 상대방의 말을 잘 듣지 않으면 엉뚱한 대답을 하거나 기껏 들어놓고 딴소리를 하기 십상이다. 영어를 공부할 때만 리스닝이 필요한 것이 아니라 우리말의 일상대화에서도 경청은 꼭 필요하다. 잘 들어야 상대의 의도를 파악하고 이해할 수 있어 적절한 반응을 보일 수 있다.

기억

경청을 한다고 하더라도 상대방의 말이 다 기억되는 것은 아니다. 따라서 의도적으로 기억하려는 노력을 기울여야 한다. 기억력은 사람에 따라 편차가 있어서 특히 기억을 잘하는 사람이 있는가 하면 그렇지 못한 사람도 많다. 또한 사람은 누구나 건망증이 있기 마련이므로 기억을 잘하는 사람이라도 잊어버릴 경우는 허다하다. 따라서 기억의 보조수단으로 메모를 하는 것이 바람직하다. 강의를 들을 때에도 노트에 메모를 하는 것이 그렇지 않은 경우보다 복습이나 추후 활용에 좋다는 것은 누구나 경험하는 일이다.

반응과 되물음

대화에서는 상대방의 말에 대해 즉각적인 반응을 보여야 한다. 장황하게 설명하는 것을 들을 때는 중간에 적정한 반응을 보임으로써 상대의 의도와 문맥을 파악하도록 노력해야 한다. 그리고 이해가 안 되는 부분은 바로 바로 다시 물어서 상대의 의도를 이해하도록 해야 한다. 말할 때는 예, 예, 대답해 놓고 나중에 다른 반응을 보이는 것은 상대방에 대한 예의가 아니다.

5) 대화의 상황

면대면 대화

면대면 대화는 얼굴을 마주보며 대화하는 상황으로서 일상적으로 있는 일이다. 가정에서도 직장에서도 우리는 늘 사람을 만나서 길든 짧든 대화를 나눈다. 면대 면의 대화에서는 상대방의 전신을 보며 말하기 때문에 말 이외의 요소가 커뮤니케이션에 작용한다. 얼굴의 표정과 손, 어깨 등의 몸동작이 함께 연출되므로 서로의 이해를 쉽게 한다. 전화상으로는 잘 전달이 안 되고 오해를 하는 사안도 직접 만나서 대화를 하면 이해되는 경우가 많다. 찾아가서 이야기 하면 긍정이든 부정이든 명쾌한 결론에 이르기 쉽다.

전화 대화

전화 대화는 전화로 의사를 소통하는 상황이다. 상대방이 보이지 않으므로 동작을 멋대로 하기 쉽다. 전화 대화에서는 목소리의 톤과 음색이 많이 작용한다. 일상 대화에서는 그렇지 않은데 전화에서는 목소리를 저음으로 깔고 말하는 사람이 있는가 하면, 본인은 누구인지 밝히지 않고 상대방에 대해 명령조나 반말로 말하는 경우도 있다. 예를 들어

"여보세요."

"네, ○○부 김 아무개입니다."

"김 과장 있나?"

"실례지만 어디신가요?"

"김 과장 바꾸라고"

이런 전화를 받으면 하루 종일 기분이 불쾌할 것이다.

핸드폰 문자 대화

요즘은 핸드폰으로 문자를 교환하는 사람들이 많다. 요금이 많이 나오지 않으면서도 간단한 메시지를 신속하게 전달할 수 있기 때문이다. 그러나 핸드폰 문자로는 많은 내용을 전달 할 수 없다. 또한 핸드폰 문자에 사용되는 어휘가 제멋대로여서 우리말의 사용이 왜곡되고 있다. 은어와 비속어도 많이 사용된다.

이메일 대화

이메일도 일반화되었다. 이메일로는 많은 분량의 서류까지도 신속하게 전달할 수 있어 편리하나 요즘은 메일을 잘 열어보지 않아 문제다. 메일을 열지 않는 이유는 스팸메일 때문인 것 같다. 그래서 메일을 보내고 다시 핸드폰으로 메일을 보냈다는 전화를 하거나 문자를 보낸다. 이메일에 쓰는 이휘도 핸드폰의 영향을 받아서인지 비속어가 많다.

3. 비언어적 대화

1) 비언어 대화의 특성

비언어적 대화는 보디랭귀지 또는 kinesics라는 명칭으로 1952년에 Birdwhistell에 의해 체계화되었다. Birdwhistell에 의하면 비언어 커뮤니케이션이란 "비언어적 단서들을 통하여 정보를 교환하는 것"이다. 여기에는 얼굴표정, 자세, 몸짓 등 언어외적인 모든 움직임이 커뮤니케이션의 단서로 포함된다. 비언어적 커뮤니케이션의 특성은 다음과 같이 정리되고 있다.

1. 비언어 커뮤니케이션은 의사전달 기능을 가진다.
2. 비언어 커뮤니케이션은 얼굴색이나 표정 등 표현의 강도에 따라 단호함이나 확신의 정도를 나타낸다.
3. 비언어 커뮤니케이션은 상황에 따라 그 의미해석이 달라진다.
4. 비언어 커뮤니케이션은 신뢰도가 매우 높은 의사전달 수단이다.

2) 비언어 대화의 종류

얼굴표정

얼굴 표정을 보면 그 사람의 감정과 기분을 짐작할 수 있는 경우가 많다. 대화의 과정에서 수시로 변화하는 얼굴의 표정은 만족, 긍정, 기쁨, 놀람, 불쾌감 등을 나타낸다. 따라서 상대방의 감정과 느낌을 알기 위해서 주목해야 할 부분은 눈썹과 미간, 입의 모양이라 할 수 있다. 가장 많이 변하는 부분이 눈과 입 부분이기 때문이다.

먼저 눈썹과 미간은 부정적, 긍정적 감정표현이 가장 잘 나타나는 부분이다. 눈썹을 찌푸리면 대부분은 불쾌감이나 부정을 나타낸다. 몸이 아픈 경우에도 눈썹과 미간을 찌푸릴 수 있다. 눈썹을 찌푸리면서 동시에 입가에서 미소를 짓기는 어렵다. 그것이 가능하다 해도 찡그린 '억지 미소'가 되므로 역시 부정이나 불쾌감을 나타낸다.

면대면의 대화에서 시선처리는 대단히 중요하다. 시선을 가끔 마주치면서 대화를 하면 성의 있어 보인다. 그러나 그윽하게 또는 넌지시 바라보면서 말하면 상황에 따라 의심을 받기 쉽다. 또한 계속 똑바로 바라보면서 말하면 공격적으로 느껴지거나 버릇이 없어 보이기도 한다.

입모양을 지을 때 입술을 굳게 다문다면 각오를 단단히 한다는 뜻이거나 거부의 뜻으로 비쳐진다. 입가에 미소를 띠고 대화를 한다면 상대방을 인정하고 성의 있게 들어줄 자세가 되어있다는 뜻이다. 우리는 생활습관에서 미소가 적은 편이다. 아파트나 빌딩의 엘리베이터를 타보면 같이 탄 사람들이 서로 모르는 사람인 경우 과도한 침묵이 무겁게 흐르는 경험을 할 것이다. 아니면 서로 아는 사람들끼리 탄 경우 큰 소리로 떠들거나 휴대전화 통화를 하는 경우도 많이 볼 수 있다. 잘 모르는 사람에게 얼굴에 미소를 띠며 인사를 했다가는 아마 이상한 사람으로 의심을 받을 것이다. 우리들이 고쳐야할 문화인 것 같다.

자세와 몸짓

자세와 몸짓은 다른 말로는 몸가짐, 태도, 예의라고 할 수 있다. 몸가짐은 옷차림과 두발 그리고 행동을 포함한다. 상황에 따라 적절한 옷차림과 자세가 달라지겠지만 직장생활이든 사회생활이든 품격에 맞는 차림과 행동은 필수적이다. 자신의 몸가짐은 자기가 보는 것이 아니라 남이 보는 것이다. 남이 볼 때 혐오감을 느끼는 차림과 태도는 일단 실패작이다. 신언서판(身言書判)이라는 말처럼 몸가짐과 언행, 글씨, 판단력은 사람의 품격을 판단하는 기준이었고 이 기준은 지금도 유효하다고 본다.

면대면 대화의 상황에서 상사든 친구든 의자에 비스듬히 기대어 말하는 것은 상대에 대한 무시 내지 멸시를 나타낸다. 상대를 향하여 상체를 앞으로 당겨서 말하는 것은 상대에 대한 인정과 적극성, 자신감을 나타낸다.

대화를 하면서 얼굴을 만지거나 다리를 흔들거나 하면 불안정한 상황에 있음을 나타낸다. 몸은 자신의 총체적인 포현이므로 평소의 수양을 통하여 개성 있고 성실하고 적극적인 자세가 습관화될 수 있도록 노력하는 것이 바람직하다. 상대와의 물리적 거리도 고려의 대상이다. 대화의 거리에서 친밀한 사이는 45cm, 개인적 거리는 45cm~120cm, 사회적 거리는 120cm~360cm, 공적인 거리는 360cm 라는 설을 참고해 볼만하다.

4. 나오며

인간의 사회생활은 대화를 통해 유지, 발전된다. 학문도, 경제도, 교육도, 문화도 대화 없이 되는 것은 아무것도 없다. 부모님과의 대화, 선생님과의 대화, 친구와의 대화, 선후배의 대화, 직장에서의 대화 등 대화는 사람과 사람간의 소통의 방법이기에 어떤 인간관계에서나 필수적이다.

이러한 필수불가결한 대화를 어떻게 하느냐에 따라 사회생활의 품질이 결정된다. 대화에는 성공하는 대화, 실패하는 대화로 나눌 수 있다. 일단 진실한 대화, 합리적인 대화, 겸손한 대화는 성공할 수 있는 대화다. 가식적인 대화, 거드름 떠는 대화, 비방 섞인 대화는 실패하는 대화이다.

대화는 사람의 총체적 인격을 나타낸다. 조직 구성원들의 대화는 그 조직의 역할 건전성을 나타낸다. 대화와 인간관계는 언제나 밀착되어 있다. 좋은 대화가 있는 곳에 좋은 인간관계가 성립된다. 대화와 인간관계는 생활 속의 종합예술이다. 대화를 잘하면 어디서나 성공적인 삶을 살아갈 수 있을 것이다.

제4장

어린이도서관의 경영

새싹을 가꾸는 도서관

안녕하세요? 저는 2009년 1월 5일부로 제천기적의도서관 관장의 소임을 맡게 되었습니다. 저는 문헌정보학을 전공하고 10여 년간 대학에서 학생들을 가르쳐왔습니다. 그러나 이제 제천기적의도서관에 와서 직접 '도서관경영'을 맡고 보니 어깨가 무겁습니다. 그냥 학문적으로만 도서관을 연구하는 것과 실제의 상황은 많은 차이가 있을 것이기에 말입니다. 그러나 한편으로는 상아탑에서 이상적으로 생각한 여러 가지 문헌정보학 아이디어들을 실제로 실행할 수 있는 좋은 기회가 될 것이기에 기대가 매우 큽니다.

특히 제천기적의도서관이 이룩한 지난 5년간의 성과와 명성을 기반으로 도서관경영을 새롭게 이어갈 수 있게 되어 마음이 든든합니다. 또한 제천에는 적극적이고 전문적인 자원 활동가들이 많이 계시기에 무엇이든 잘 할 수 있을 것이라는 희망에 차 있습니다.

기적의 도서관은 어린이들의 꿈 터

저는 우리 교육이 온통 대학입시에 매달리는 것을 안타까워하고 있습니다. 온 시민이 왜 그렇게 학원에서, 절에서, 교회에서 대학입시에 '과잉투자'해야 하는지 잘 이해하지 못합니다. 어릴 때부터 문화인의 기본을 잘 갖추면 자연적으로 훌륭한 사람으로 성장할 수 있다고 생각하기 때문입니다. 공교육의 교과과정을 충실히 공부하고, 도서관의 수많은 책과 프로그램을 통해서 폭 넓은 경험을 해나간다면 대학입시가 아니라 어떤 문제라도 해결할 수 있다고 생각되기 때문입니다.

'바보 같은 소리'일지도 모릅니다. 그러나 '천재와 바보는 백지 한 장 차이'라는 말도 있지요. 바보라도 매일 도서관에 와서 책과 함께 살면 천재 이상으로 발전할 수 있을 것입니다. 도서관은 바보를 천재로 만들 수 있다고 생각합니다. 어린이가 지니고 있는 잠재능력을 자연스럽게 발달시킬 수 있습니다. 기적의도서관은 어린이의 '낙원'이어야 합니다. 낙원에서 자란 어린이는 사회적, 문화적, 교육적으로 모든 면에서 훌륭하게 성장할 수 있을 것입니다. 이것이 기적의도서관이 지향하는 '기적'이라고 생각합니다.

도서관의 본질 경영에 모두 참여해 주세요

본질적인 역할 구현은 어디서나 필수입니다. 어느 기관이든 본질에서 벗어나면 그 가치와 역할을 다할 수 없기 때문입니다. 도서관은 도서관으로서의 본질이 있습니다. 그것은 곧 '책의 조직'입니다. 요즘은 책도 디지털 미디어로 확대되고 있지만 그래도 종이책은 가장 중요한 도서관의 핵심입니다. 프로그램도 책을 통해서, 책과 관련지어 실행하는 것이 좋습니다.

도서관은 일반적으로 전통적인 경향이 있지만 우리 기적의도서관은 항상 새로움을 추구할 것입니다. 시설도 새롭게, 책도 새롭게, 프로그램도 새롭게 업그레이드 하면서 어린이의 성장발달에 따라 새로운 어린 고객을 계속 맞이할 것입니다. 제천기적의도서관은 앞으로 이러한 도서관의 '본질경영'을 적극 추구해 나갈 것입니다. 자원 활동가 여러분, 시민 여러분의 적극적인 관심과 사랑을 부탁드립니다. 도서관에 자주 '놀러' 오세요.

어린이도서관(순천)

어린이도서관(제천)

2

어린이도서관과 철학

철학이란 무엇인가? 어린이의 철학은 또 무엇일까? 철학은 '철이 든' 사람들만 하는 어려운 학문일까? 철학은 우리의 삶과 어떤 관계가 있을 까? 우리의 가정에, 우리의 학교에, 우리의 경제에, 우리의 나라에, 그리 고 세계사회에 철학이 과연 얼마나 그리고 어떻게 유용한 것일까? 고대 의 선인들에게도 철학이 있었을까? 우리의 조상들은 어떤 철학을 하며 살았을까? 우리가 가질 수 있는 철학에 대한 일반적인 의문은 대개 위와 같은 것이다.

먼저 철학이란 무엇인가? 이 물음에 대해서는 아무도 간단하게 답할 수 없다. 사람마다 다른 생각을 가지고 있기 때문이다. 그러나 우선 그 낱말의 의미부터 살펴보고 그 유래를 찾아본다면 철학이 무엇인가에 대한 의문은 좀 풀릴 수 있다. 그래서 사전을 찾아보았다(뭘 모를 때는 사전을 찾아보는 것 이 의문을 해결하는 지름길이다). 먼저 국어사전을 찾아보니,

"철학(哲學) : 1.인간과 세계에 대한 근본 원리와 삶의 본질 따위를 연구하는 학문. 흔히 인식, 존재, 가치의 세 기준에 따라 하위 분야를 나눌 수 있다. 2

자신의 경험에서 얻은 인생관, 세계관, 신조 따위를 이르는 말."

이라고 나온다. 잘 이해가 가지 않는다. 그래서 백과사전을 찾아보았다.

"철학(哲學 : philosophy)은 '지혜에 대한 사랑'이라는 뜻의 그리스어 philoso
phia에서 유래, 근본적인 믿음의 근거에 관한 비판적 검토이자 그러한 믿음을
표현할 때 사용하는 기본 개념들에 대한 분석."

역시 알쏭달쏭하다. 철학이 어렵기는 어렵나보다.

그런데 한 가지 손에 잡을 수 있는 것은 '지혜에 대한 사랑'이라는 말과
'믿음의 근거에 관한 비판적 검토'라는 말이다. 사람들은 일생을 살아가면
서 말을 배우고 교육을 받으며 지식과 지혜를 습득하고 그 활용법을 터득
해 간다. 그리고 기존의 믿음에 대한 근거를 분석하고 비판하고 평가하여
자신이 바로 살고 있는지를 확인해보아야 한다. 지식과 지혜를 배우지 않
는 사람은 바보처럼 된다. 지식과 지혜가 많아도 기존의 지식과 지혜를 평
가해보지 않는 사람은 발전이 없다. 지혜를 사랑하고, 배우고, 실천하는 사
람은 지혜로운 사람 곧 현명한 사람이 된다. 지혜를 배우고 그 지혜가 올바
른 것인지를 비판적으로 평가하여 생활에 활용하는 사람은 더욱 현명한 사
람이다. 이렇게 지혜를 사랑하고 배우고 평가하여 실천하는 행위를 일단
철학이라고 말할 수 있을 것이다.

그렇다면 철학은 '철이 든' 어른들만 하는 것이 아니라 어린이도 철학을
할 수 있다. 따라서 '어린이의 철학'도 말이 된다. 어린이도 책을 읽고, 그
의미를 배우는 것을 좋아하면 지혜를 사랑하는 것이다. 어린이도 책이나

어른들의 말씀을 비판적으로 평가하여 올바른 이치를 찾아내어 실천하면 철학을 하는 것이다. 철학에는 연령의 구분이 없다. 나이가 적건 많건 지혜를 배우고 평가하고 실천하면 철학적인 삶을 사는 것이다. 연령이 적어도 철학을 잘 하면 지혜롭게 살 수 있고, 연령이 많아도 철학을 모르고 무위도식한다면 바보처럼 사는 것이다(無爲徒食 : '무위도식도 하나의 철학'이라고 주장한다면 그는 더욱 바보다).

철학이 우리의 삶에 — 가정에, 학교에, 사회에, 경제에, 나라에, 세계에 — 얼마나 어떻게 유용한가의 물음도 이제 좀 풀린다. 가정에서는 온가족이 지혜를 사랑하고 배우고 실천하면 인간적이고 풍요로운 가정이 될 수 있다. 학교에서는 선생님들, 학생님들 모두 지혜를 사랑하고 배우고 실천하면 현명한 선생님, 현명한 학생들이 배출되어 '일류학교'가 될 것이다. 기업도 지혜로운 경영자와 종업원들이 모여 다 같이 지혜를 사랑하고 배우고 실천하면 인간적인 기업, 윤리적인 기업, 국민 경제에 기여하는 좋은 기업이 될 것이다. 국가도 입법, 사법, 행정부에 지혜를 사랑하고 배우고 실천하는 정치인, 법조인, 행정가가 많아지면 나라 전체가 인간적인 복지국가가 될 것이다. 전 세계 사람들 모두, 즉 전 이류가 지혜를 사랑하고 배우고 실천하면 전쟁이 없는 평화롭고 행복한 세상이 될 것이다.

너무 거창한 생각일까? 뜬 구름 잡는 소리일까? 그러나 아무리 다시 읽어보아도 논리에 모순은 없는 것 같다. 문제는 실제로 사람들이 지혜를 사랑하고 배우고 실천하지 못하기 때문에 허무맹랑한 말처럼 들릴 뿐이다. 그렇다면 어릴 때부터의 철학형성은 인생의 삶에서 가장 중요하다고 하지 않을 수 없다. 어릴 때부터 지혜를 사랑하고 배우고 실천하는 태도를 생활화한다면 성장해서도 그러한 철학적 태도와 습관이 지속될 것이기 때문이다. 지혜는 인간관계에서, 대화에서, 책에서, 이 모두의 연관 속에서 나올

수 있다. 어린이의 철학은 어린이들이 스스로 책을 읽고, 깨닫고, 실천해야
만 형성된다. 이런 점에서 어린이도서관은 책과 프로그램을 통하여 '어린
이의 철학'을 형성시켜주는 중요한 사회적 도구이다.

어린이 시화전에 부쳐

어린이 시화전에 부쳐

어린이는 시인입니다.
어린이는 티없는 마음의 창으로
어른보다 해맑은 시를 씁니다.

어린이는 철학자입니다.
맑은 눈동자로 세상을 보며
세상을 아름답게 읽을 줄 압니다.

어린이는 예술가입니다.
순진한 그림을 그릴 줄 압니다.
자연의 노래를 부를 줄 압니다.

워즈워즈는 '무지개'라는 시에서

‘어린이는 어른의 아버지’라 했습니다.

어린이는 세상에 사랑을 주는 ‘엄마의 엄마’입니다.

어린이는 세상에 희망을 주는 ‘아빠의 아빠’입니다.

여기 도서관 어린이시화전에

어린이에게서 엄마의 사랑을 배웁니다.

어린이에게서 아빠의 철학을 배웁니다.

어린이시화전에서

아이들 보이

꼬마 선수들
도서관으로 뛰어 들어

낄 낄 낄 낄
엎어치기를 시도했다.

엎어치기 성공!
둘 다 벌러덩!

한 아이
흐윽흐윽 눈물을 짰다.

다른 아이 그 아이 토닥거렸다.
미안 미안 친구 미안

……… 흐윽흐윽

괜찮지? 괜찮아?

……… 끄덕끄덕

어린이날 제정의 근본 뜻

계절의 여왕 5월이 되었습니다. 5월 1일 오늘이 무슨 날이지요? 근로자의 날? 네, 그런데 오늘은 어린이날입니다. 어린이날은 현재는 5월 5일이지만 방정환 선생님께서 1922년에 처음으로 제정하신 어린이날은 5월 1일, 바로 오늘이었습니다. 그래서 오늘은 진짜 어린이날입니다.

소파(小派 : 작은 물결) 방정환 선생님은 우리의 전통사회에서 천대받고, 학대받던 아동들의 인권을 보호하기 위해 '어린이'라는 존칭어를 만들었습니다. 어린이. 어린이는 참 좋은 이름입니다. '아동(兒童)', '아이'도 틀린 말은 아니지만 어린이는 '어린 사람'을 의미하므로 매우 자연스러운 우리말이면서도 인격을 존중하는 뜻이 담겨 있습니다. 어린이는 '어른'과 동등한 말인 것입니다.

방정환 선생님은 어린이날을 세계 최초로 만드셨습니다. 그만큼 어린이에 관해서는 세계적인 선각자이셨습니다. 어린이가 소중하고 어린이가 희망임을 가장 먼저 깨닫고 실천하신 것입니다. 옛 남존여비 사회에서는 어린이와 여성을 무시하는 고약한 습성이 있었나 봅니다.

그러나 인간은 남녀노소 누구나 인간으로서의 존엄성과 인간답게 성장하고 발전할 권리가 있습니다. 그럼에도 불구하고 문명이 고도로 발달한 현대에 와서도 어린이 학대는 여전히 일어나고 있습니다. 보통사람들도 은연중 자기 자식이 아닌 다른 어린이를 무시하는 버릇이 남아 있는 것 같습니다. 어린이는 가정의 희망입니다. 어린이는 마을의 희망입니다. 어린이는 나라의 희망입니다. 어린이가 없다면 이 세상에는 희망이 없을 것입니다.

기적의도서관은 어린이를 위한 도서관으로서 모든 어린이에게 꿈과 희망을 심어주기 위해 마련되었습니다. 기적의도서관에서는 1년 365일 모두 어린이날입니다. 오늘 특히 여러 잔치를 하지만 언제든지 어린이, 엄마, 아빠 할머니 할아버지 모두 함께 오셔서 희망을 가꾸어 주시기 바랍니다. 어린이를 진심으로 사랑합니다. 오늘을 진심으로 축하합니다.

5

대통령이 되려면

이 세상에 대통령은 많아요. 나라 수만큼. 우리는 체육대회 때 운동장에 만국기를 걸어 놓는데 실제로 만개의 나라가 있는 건 아니에요. 만국기에서 '만국'은 '모든 나라'라는 뜻이랍니다. 통계에 의하면 2009년 2월 현재 지구상에는 231개의 나라가 있습니다. 따라서 대통령도 총 231명이 있는 셈이지요.

대통령은 대부분 훌륭한 분들이지만 231명 모두가 다 훌륭한 대통령이라고 할 수는 없답니다. 나쁜 대통령도 더러 있으니까요. 옛날에는 특히 더 그랬지요. 예전에는 대통령을 왕 또는 임금이라고 했는데 훌륭한 왕이나 임금을 성군(聖君)이라 했고, 나쁜 왕이나 임금을 폭군(暴君)이라고 했답니다. 우리나라에서는 단군왕검 이래 역사적으로 가장 훌륭한 임금으로 세종대왕을 꼽습니다. 미국에서는 링컨, 케네디 대통령이 유명하지요. 우리나라에서 가장 나쁜 대통령은 정확하게 누구라고 말할 수가 없어요. 역사가에 따라 평가가 다르니까요. 다른 나라의 나쁜 임금으로는 분서갱유(焚書坑儒: 책을 불태우고 학자들을 산채로 땅에 묻어버린 사건)로 유명한 중국의 진시황, 유태인 학살로 유명한 독일의 히틀러 등 백성들을 괴롭히고 강제로 죽게

한 폭군들입니다.

그래서 대통령이 되려는 꿈을 가진 우리 어린이들은 정말 좋은 대통령이 되겠다는 결심을 가슴 깊이 새겨야 합니다. 그런 다음 훌륭한 대통령은 어떠해야 되는지를 계속 연구하고 철저히 준비해야 합니다. 관장님이 대통령이 아닌데 어떻게 아느냐고요? 그래요, 나는 대통령이 될 만한 인물은 아니에요. 그러나 대통령보다 더 높다고 생각할 때도 있답니다. 대통령선거에 투표할 때 말입니다. 때로는 국민이 대통령이기도 하지요. 왜? 국민이 대통령을 뽑으니까요. 훌륭한 국민이 훌륭한 대통령을 뽑는답니다. 자, 그럼 이제부터 훌륭한 대통령은 어떠해야하고 또 어떻게 준비해야 하는지 알아볼까요?

정직하고

"정직은 최선의 정책이다(Honesty is the best policy)." 이 말은 미국의 정치가 벤자민 플랭클린(Franklin, Benjamin, 1706~1790)이 한 말입니다. 정직은 거짓말을 안 하는 것입니다. 거짓말이 나쁜 이유는 다른 사람을 속이는 것이기 때문입니다. 정직은 약속을 잘 지키는 것입니다. 대통령이 국민을 속이고 약속을 잘 지키지 않으면 나쁜 대통령이 되겠지요. 정직은 대통령뿐만 아니라 국민 모두가 갖추어야 할 기본 덕목입니다. 정직한 국민이 정직한 대통령을 뽑을 수 있습니다.

부지런하고

  대통령은 명령만 하는 사람이 아닙니다. 국가의 일을 책임지고 처리해야 합니다. 그러자면 항상 부지런히 생각하고 행동해야 합니다. 부지런한 습관은 어릴 때부터 들여야지 어른이 다 된 다음에 갑자기 부지런해지기는 어렵습니다. 부지런함의 반대는 게으름입니다. 게으른 사람은 아무 일도 못하지요. 어릴 때부터 날마다 자기 할 일을 생각하고 부지런히 실천하면 그 습관이 몸에 배어서 어른이 되어서도 일을 잘 하는 사람이 된답니다. 국민도 부지런하고 대통령도 부지런하면 좋은 나라를 만들 수 있지요.

세계는 넓게 보고, 미래는 멀리 보고

  국가의 일을 책임지는 사람은 자기 집, 자기 마을, 자기 나라만 보는 것이 아니라 전 세계와 전 우주를 바라보고 그 속에서 내가 어떤 역할을 해야 하는가를 판단해야 합니다. 또한 현재의 문제만 보는 것이 아니라 10년 후, 100년 후, 아니 천년 후 까지도 미리 생각하여 현재의 할일을 판단해야 합니다. 사람은 작지만 생각은 크게 할 수 있습니다. 그러한 큰 생각들이 오늘의 과학을 발달시켰고, 오늘의 민주사회를 이루어낸 것입니다. 훌륭한 사람은 언제나 세계를 넓게, 미래를 멀리보고 일한답니다.

열심히 공부하며 리더십을 길러야

대통령이 국가를 잘 이끌어 가려면 국민들이 적극적으로 따르고 밀어주어야 합니다. 대통령은 국민들이 믿고 따를 수 있는 힘, 즉, 리더십(leader ship)을 갖추어야 합니다. 국민들은 대통령이라고 무조건 믿고 따르지는 않습니다. 리더십이란 정직과 성실을 바탕으로 다른 사람들을 합리적으로 설득하는 능력을 말합니다. 리더십도 하루아침에 갖추어지지 않습니다. 말과 행동으로 그리고 새로운 정책의 개발과 실천으로 국민을 위해 용기 있게 일해야 합니다. 지도력도 어릴 때부터 갈고 닦아야 발전합니다. 학교에서 반장, 회장 등 간부를 해보면 어떻게 해야 다른 친구들이 자신을 따르는지를 알 수 있을 것입니다.

2008년 2월에는 우리나라에 이명박 대통령이 취임했습니다. 2009년 1월에는 미국에 버락 오바마 대통령이 취임했습니다. 그 분들이 어떻게 대통령이 되셨는지 성공 이야기를 읽어보는 것이 좋겠습니다. 또 앞으로 어떻게 일을 처리하여 가시는지도 잘 관찰해 보시기 바랍니다. 그리고 "내가 대통령이라면" 하고 생각하고 열심히 공부하고 일해야 합니다. 이것이 곧 좋은 국민, 훌륭한 대통령이 되기 위한 준비입니다.

6

어린이도서관과 북 스타트 운동

우리나라도 이제 어린이도서관이 점점 늘어나고 있다. 사립 어린이도서관들로부터 촉발된 어린이도서관운동은 민관협력모델인 기적의도서관으로 그리고 전국 공공도서관 어린이실 확충으로 확산되기에 이르렀다. 이는 도서관을 통해 어린이를 인간적이고 창조적으로 길러야 한다는 인식이 사회적으로 공인되고 있다는 것을 의미한다. 그러나 우리나라의 어린이도서관 수는 아직 전체 봉사대상 인구에 비하면 태부족이며, 그 속의 콘텐츠 및 프로그램 역시 아직 만족스럽다고 말 할 수는 없을 것이다. 아마도 이 문제들은 민과 관이 지속적으로 그리고 협력적으로 풀어야 할 영속적 과제일 것이다.

어린이도서관은 기존의 전통적 공공도서관들과는 본질적으로 다르다. 상식적으로만 보더라도 우선 어린이도서관은 '소란스러운' 도서관이다. 기존의 도서관들은 '정숙'을 금과옥조로 삼아왔으나 어린이도서관에서 '정숙'은 어린이를 도서관에 오지 말라고 하는 것이나 다름이 없기 때문이다. 둘째로 어린이도서관은 서비스 대상이 어른이 아닌 어린이다. 어린이도서관서비스에서 학부모나 어린이교육 전문가를 위한 어른서비스는 필요하긴

하지만 어디까지나 부차적이다. 셋째로 어린이도서관에는 어린이를 좋아하고 어린이를 이해하는 어린이전문사서가 반드시 있어야 한다. 어린이전문사서 없이 어린이도서관을 경영하는 것은 어린이도서관의 본질을 왜곡하는 주요인이다.

이러한 어린이도서관의 본질을 갖춘 다음 어린이도서관이 해야 할 일은 어린이를 위한 전 방위적 콘텐츠를 확충하면서 단위 도서관에서 부족한 부분은 지역 네트워크를 통해서 협력적으로 활용해야 한다. 어린이도서관 프로그램 역시 풍부한 도서관 콘텐츠의 바탕위에서 어린이에게 실질적으로 도움을 주는 인문학적, 통합적 프로그램들을 개발하여 실행해야 한다. 어린이도서관은 사교육에서 의도하는 '시험문제 잘 맞추기'에 중점이 있는 것이 아니라 풍부한 인간성 형성과 통합적인 사고방식, 창의적인 아이디어 산출능력을 길러주는 프로그램을 운영해야 한다. 어린이도서관은 콘텐츠와 프로그램이 균형있게 조화를 이루면서 지역사회 어린이를 위한 자연스러운 '생활교육의 장'으로 활성화하는 것이 바람직하다.

어린이도서관에서의 새롭고도 기초적인 프로그램 중 하나는 '북스타트'이다. 1992년 영국에서 시작된 이 운동은 0세 영아에서부터 책과 친하게 하여 인생을 책과 함께 출발시킨다는 취지의 '사회적공동육아프로그램'이며, 아기들을 '책과 친하게 만들어주기 운동'이다. 우리나라에는 2003년에 '책읽는사회만들기국민운동'에서 북스타트를 도입하여 단체 내에 '북스타트코리아'를 설치하고 관심 있는 지방자치단체들과 협력하여 이 운동을 전개하기 시작하였다.

그런데 우리나라 공공도서관들은 아직 북스타트 운동을 도서관에서 주관하는 데 좀 소극적인 것 같다. 책을 활용한 사회적 공동육아프로그램인데도 도서관과는 별로 관련이 없는 것으로 인식하는 경향, 이는 아마 우리나라 사서들이 전통적인 공공도서관의 관습을 너무 뚜렷하게 각인하고 있기 때문은 아닌지 모르겠다. 그러나 우리가 '책'이라는 사회적 도구를 놓고 '도서관'이라는 더 큰 사회적 도구와 연결한 다음 북스타트 프로그램을 과연 어느 곳에서 해야 마땅한지를 따져본다면 그 답은 곧 사서들의 손 안으로 들어올 것이다. 인생을 책으로 시작하게 하는 이 어린이 생활문화 프로그램은 당연히 어린이도서관의 핵심적 사업이 되어야 마땅하다.

흔히 인생을 마라톤에 비유한다. 그러나 인생의 마라톤은 42.195Km의 한정된 마라톤이 아니라 삶의 보람과 가치를 추구하는 '무한대의 마라톤'이라 할 수 있다. 그래서 책으로 삶을 시작하는 '인생마라톤'은 한 생명이 살아가는 평생 동안 끊임없이 지속되어야 하며, 역사가 있는 한 영원히 지속되어야 할 '역사의 마라톤'이라 할 수 있을 것이다. 북스타트에서 시작된 인생여정은 아장아장 걸음마 단계를 지나 '북워킹(Book walking)'의 단계로 발전할 것이며, '북워킹(Book walking)'의 단계를 지나면 '북러닝(Book running)'의 단계로 이어질 것이다. 이렇게 잘 출발하고 준비된 '북러닝(Book learning)'은 평생 동안 건강하게 이어져 개인의 삶의 가치뿐만 아니라 저마다 문명과 역사의 발전에 기여하는 지혜롭고 훌륭한 사람들이 될 것이다. 이렇게 생각해 볼 때 공공도서관에서의 북스타트 도입은 어린이도서관의 본질을 구현하는 새로운 도서관문화의 기반이 될 것이다.

7

공공도서관에서의 어린이문학 이용 활성화 방안

1. 서론

2000년대 이후 우리나라도 어린이도서관과 어린이문학에 대한 사회적 관심이 높아지고 있다. 전국에 걸쳐 사립 및 공립어린이도서관이 급속히 늘어났고, 어린이도서의 출판 량도 급증하고 있다. 이러한 시대적 현상은 우리도 도서관과 어린이문학의 사회적 역할을 뒤늦게나마 인식하게 되었다는 점에서 매우 고무적이다. 영국, 프랑스, 미국, 캐나다, 일본 등 선진국에서는 일찍이 어린이도서관과 어린이문학이 일상적인 아동교육의 도구로 정착되어왔지만 우리는 경제개발이라는 대 전제에 밀려 어린이도서관과 어린이문학을 뒷전으로 미루어 놓았던 것이다. 이제 우리의 도서관인들과 어린이문학인들은 상호 협력을 통하여 그 사회적 기능과 역할을 제대로 수행해야할 시점에 와 있다. 본고는 우리나라 어린이도서관의 역사와 현황 그리고 어린이문학과의 관련성을 살피고, 이를 바탕으로 도서관인과 문학인의 효과적 협력 방안을 모색함으로서 향후 좋은 어린이도서관과 어린이문학의 창달에 하나의 길잡이를 제시하고자 한다.

1) 우리나라 어린이도서관의 역사와 현황

우리나라 최초의 어린이도서관은 1979년 5월 12일 서울 사직동에 설립
된 서울시립어린이도서관이다.[1] 따라서 최초 설립연도로 따지면 공공도서
관으로서의 우리나라 어린이도서관의 역사는 이미 30년이 지난 셈이다. 그
러나 1979년 이후 2002년에 이르기까지 거의 24년 동안 공립 어린이도서
관은 더 이상 늘어나지 않았으며, 2003년 3월 20일에야 서울 노원구의 노
원어린이도서관이 개관하여 우리나라 두 번째 공립어린이도서관이 되었
다.[2]

민간에서 운영하는 사립 공공도서관 성격의 어린이도서관은 에스콰이어
문화재단에서 지원하는 '인표어린이도서관'이 1990년 5월 4일 서울 상계
동을 시작으로 1994년 8월 30일 전주 인표어린이도서관까지 국내에 14개
의 도서관이 설립되었다.[3] 개인차원의 어린이도서관으로는 1997년 서울
'파랑새문고'를 시작으로 관심 있는 인사들에 의해 전국에 걸쳐 간헐적으
로 설립 운영되어왔다. 특히 2003년에 시민단체인 '책읽는사회만들기국민
운동'이 문화방송 오락프로그램 'MBC 느낌표'을 통하여 '기적의도서관'
설립운동을 추진함으로써 민과 관의 협력에 의해서 운영되는 새로운 형태
의 어린이도서관이 등장하게 되었다. '기적의도서관'이라는 새로운 도서관
운영모델은 방송프로그램이 종료된 이후에도 지방자치단체들의 관심으로

---

1) 서울시 어린이도서관 홈페이지 http://www.childrenlib.or.kr/ 연혁 참조
2) 노원어린이도서관 홈페이지 http://www.nowonilib.kr/의 History
3) 인표어린이도서관 홈페이지 http://www.inpyolib.or.kr/ 인표어린이도서관은 국내에 14곳, 중국
   조선족 밀집지역에 6곳, 사할린 1곳, 카자흐스탄에 1곳 등 총 22개의 어린이도서관을 운영
   하고 있다.

계속 설립되어 2009년 3월 현재 전국에 10개관으로 늘어났다.[4]

이러한 사회적 관심의 확대에 따라 2003년 이후 전국의 공공도서관들도 속속 어린이자료실을 신설, 확충하여 운영하게 되었다.[5] 또 국립중앙도서관은 우리나라 도서관정책을 담당하는 대표도서관으로서 사회적으로 확산되는 어린이도서관에 관하여 국가적 표준과 운영모델 및 올바른 발전방향의 제시를 위하여 2006년 6월 28일 서울 강남구에 '국립어린이청소년도서관'을 개관하였다.[6]

2) 어린이도서관과 어린이 문학의 관련성

어린이도서관은 어린이를 위한 도서관이다. 어린이의 정의는 정확하지 않지만 도서관에서는 통상 0세부터 초등학교 학령 학생까지를 어린이서비스의 대상으로 하고 있다. 어린이도서관은 명칭 그대로 어린이에게 알맞은 다양한 자료를 구비하여 제공하고, 어린이에게 알맞은 다양한 프로그램을 개발하여 제공하는 도서관이다. 그러나 어린이를 위해서는 학부모와 교사, 학자, 연구자의 도움이 필수적이므로 이들을 위한 자료와 프로그램도 함께 개발, 제공, 운영하고 있다. 따라서 어린이도서관의 자료와 프로그램은 그 직접적인 목표 대상이 누구이든 간에 종국적으로 어린이를 위한 것이다.

어린이문학 자료와 프로그램은 어린이도서관에서 다루어지는 자료와 프

---

4) 책읽는사회만들기국민운동 홈페이지 http://www.bookreader.or.kr/
5) 한국도서관연감(2007)에 의하면 우리나라 공공도서관의 어린이실 수는 343곳에 이른다.
6) 국립어린이청소년도서관 홈페이지 http://www.nlcy.go.kr/

로그램의 주제가운데 하나이다. 그러나 어린이도서관에서의 어린이문학이 차지하는 비중은 다른 주제에 비하여 월등히 높다. 어린이문학의 정의와 범주는 문학인들이 규정해야 할 몫이지만 어린이도서관에 소장 활용되는 어린이 문학 자료를 살펴보면 어린이문학은 매우 포괄적인 주제범위를 다루고 있음을 알 수 있다. 어린이문학은 그 자체가 인간학이고 인문학이라고 할 수 있을 정도로 통합적이라는 것이다.

　어린이도서관과 어린이문학 자료의 위와 같은 관계는 어린이도서관과 어린이문학의 관계가 어떠하고, 또 어떠해야 하는지를 잘 보여주는 것이다. 초창기의 도서관들은 자료의 수집 정리, 보존, 열람, 대출 등의 전통적인 업무 중심으로 운영하여왔으나 2000년대 이후 어린이책의 출판 급증과 어린이도서관의 역할인식 변화 및 확산에 따라 이제 어린이도서관은 다양한 어린이서비스 프로그램 활동을 전개하고 있다. 이러한 어린이서비스 프로그램 수행은 도서관의 사서들만으로는 한계가 있으므로 각 분야의 전문가들, 특히 어린이문학 전문가들의 참여가 필수적으로 요청되고 있다.

　본 연구는 지금까지 축적된 선행연구를 검토하고 이를 바탕으로 공공도서관을 통해 어린이문학의 이용을 활성화할 수 있는 현실적 방안을 모색하고자 한다. 이를 위해 첫째, 어린이서비스의 기반인 공공도서관과 어린이도서관의 사회제도적 문제와 그 해법을 찾아보려한다. 둘째, 어린이도서관의 주된 자료를 이루고 있는 어린이 문학의 이용을 활성화 할 수 있는 프로그램 및 기법들에 대하여 문학인과 도서관인의 협력 방안을 제시하려 한다.

　본 연구는 문헌 및 사례 조사 방법으로 진행하였다. 그러나 연구자의 능력의 한계와 시간의 제약으로 우리나라 어린이도서관 전반에 걸친 조사연구에는 이르지 못하였다. 이는 곧 본 논문의 한계로서 향후 전국 공공어린

이도서관 프로그램의 망라적 조사 및 사서와 문학인들의 프로그램 인식에
대한 설문조사 등 포괄적인 연구가 필요하다고 생각한다.

2. 선행연구

해외에서의 어린이지료와 공공도서관 서비스에 관한 연구는 캐나다 토
론토대학 Adele M. Fasick의 '공공도서관에서의 어린이 서비스 경영(Manag
ing Children's Services in the Public Libraries)'를 주요 논저로 들 수 있다. 1991
년에 초판이 나온 이후 1998년과 2008년 두 차례에 걸쳐 개정된 이 저술
은 공공도서관 어린이 서비스를 위해 필요한 경영 문제를 세부적이고도 종
합적으로 다루고 있다. 특히 프로그램 부분에서 어린이 서비스 프로그램의
기획과 실행에 대해 구체적인 가이드라인을 제공하고 있어 캐나다와 미국
의 어린이도서관 서비스 경영의 실무 교과서가 되고 있다.

국내에서의 어린이자료 활용에 관한 지금까지의 연구는 주로 국어교육
학과 문헌정보학분야에서 각각 독립적으로 이루어져왔다. 먼저 국어교육학
분야의 연구에서 대표적인 것은 박수자의 '읽기지도의 이해'(2001), 김혜영
의 '독서지도방법론'(2006)을 들 수 있다. 박수자의 연구는 독서교육에 있어
서 어문학적 의미해석을 중심으로 다룬 저작물이며, 이혜영의 '독서지도
방법론'은 그의 '논술지도방법론'과 함께 일반적인 독서지도의 방법과 글
쓰기 지도의 방법을 연결하여 논의한 안내서이다. 이들의 공통점은 어문학
적 관점에서 어문교육의 측면을 다루고 있다는 점이며, 따라서 도서관에서
의 독서지도와 어린이문학의 활용에 대해서는 다루지 않았다.

문헌정보학분야에서는 먼저 유소영의 '아동문학 어떻게 이용할까'(2002)

와 '책 읽어주고 이야기 해주는 부모들'(2008)이 있다. '아동문학 어떻게 이용할까'는 도서관에서 아동문학이 어떻게 활용될 수 있는지 아동문학자료의 기초적 이해와 활용기법들을 장르별로 나누어 구체적으로 제시하고 있다. '책 읽어주고 이야기 해주는 부모들'은 독서교육에 관한 부모의 역할을 중심으로 책을 읽어주고 이야기해주는 부모 활동의 중요성과 효과 그리고 구체적인 방법들을 제시한 저작이다. 한윤옥의 '독서교육과 자료의 활용'(2008)은 도서관에서의 독서지도와 자료 활용에 관한 일반 이론과 실제를 상세히 다루고 있다. 한복희의 '독서클리닉의 이론과 실제'는 독서치료의 관점에서 도서관의 독서지도의 이론과 실제를 다른 저작이다. 조미아의 '창의력과 자기 주도적 학습능력에 미치는 독서교육의 영향에 관한 연구'(2005)는 독서교육과 독서프로그램, 독서방식이 창의력 신장과 어떠한 영향관계를 가지는지를 밝힌 연구논문이다.

이 밖에도 시중에 나와 있는 독서교육에 관한 일반적 저술들은 20여 종이 넘는다. 일반적 저작물로서는 남미영의 '엄마가 어떻게 독서지도를 할까'(2004), 이현의 '기적의 도서관학습법'(2005), 버니스 E. 컬리넌, 최진 번역의 '책 읽어주는 엄마가 아이를 성공시킨다'(2004) 등이 있다. 남미영의 '엄마가 어떻게 독서지도를 할까'는 좋은 책 고르기와 독서의 기술, 어린이의 발달단계별 독서 등에 대하여 이론과 기법을 다루고 있다. 또 이현의 '기적의 도서관학습법'은 도서관에서에서 즐기며 책을 읽는 학습기법과 효과를 다루었으며, 버니스 E. 컬리넌, 최진 번역의 '책 읽어주는 엄마가 아이를 성공시킨다' 역시 어린이의 발달 단계별 독서지도의 기법들을 다룬 저술이다.

이러한 저술과 논문들은 어린이도서관에 대한 사회적 관심이 일천한 우리나라의 현실에서도 그동안 독서지도, 어린이자료 활용, 어린이도서관 서비스 프로그램의 기획과 실행에 있어서 가이드라인의 역할을 수행해왔다고 하겠다.

3. 어린이도서관 법제화의 중요성

1) 세계 공공도서관 어린이 서비스의 정신

공공도서관은 서구 계몽주의 이후 민주주의 발전과 함께 1852년에 영국(맨체스터공공도서관),[7] 1854년에 미국(보스턴공공도서관)에서[8] 정착된 제도로서 '공공도서관법'이라는 법적인 근거에 의해 확립된 것이다. 초기 영미 공공도서관의 목적은 시민의 문맹퇴치와 공교육의 지원에 그 주된 목적이 있었다. 그 후 산업사회와 정보사회의 발전에 따라 공공도서관의 목적은 다양하게 변화되었다. 우리나라의 공공도서관도 영미의 공공도서관 제도를 도입한 것이라고 볼 수 있다.

민주사회의 공공도서관은 시민의 세금에 의해서 운영되는 시민의 도서관이다. 따라서 공공도서관은 법적인 근거에 의해서 정부가 설립 운영하며 지역주민을 위한 교육과 문화적 정책 목적을 추구한다. 국제연합교육과학문화기구인 유네스코에서 정의한 세계적 기준의 공공도서관의 목적과 역할은 다음과 같은 다양한 시민문화 및 평생교육 발전을 지향하고 있다.[9]

---

7) 맨체스터공공도서관 홈페이지(http://www.manchester.gov.kr)
8) 보스턴공공도서관 홈페이지(http://www.bpl.org)
9) 유네스코 공공도서관 선언, 장혜란 역, 2002, 『공공도서관서비스개발을 위한 IFLA / UNESCO가이드라인』, 한국도서관협회, 92쪽.

- 어린 시절부터 아동의 독서습관 육성 및 강화
- 모든 수준의 공식교육과 독자적 학습을 지원
- 개인의 창조적 발전을 위한 기회 제공
- 어린이와 청소년의 상상력과 창조력 자극
- 문화유산, 미술 감상, 학문적 업적과 혁신에 대한 인지 증진
- 모든 공연예술의 문화적 표현에 대한 접근 제공
- 문화간 교류 조장 및 문화적 다양성 수락
- 구술 전승 지원
- 모든 종류의 지역정보에 대한 시민의 접근 제공
- 지역의 기업, 단체, 이익집단에 적절한 정보서비스 제공
- 정보 및 컴퓨터 사용능력 개발 촉진
- 모든 연령층을 위한 문맹퇴치활동과 프로그램 지원 및 참여, 그리고 필요시 이러한 활동 착수

위와 같이 공공도서관은 모든 계층의 평생교육을 지원하는 민주사회의 기본 SOC(social overhead capital)로서 특히 어린이서비스의 중요성을 부각하고 있다.

우리나라에서는 일찍이 도서관법이 제정되기 이전인 1957년에 어린이헌장이 제정되었다.[10] "대한민국 어린이 헌장은 어린이날의 참뜻을 바탕으로 하여, 모든 어린이가 차별 없이 인간으로서의 존엄성을 지니고, 나라의 앞

---

10) 색동어머니 홈페이지 http://mammy.or.kr

날을 이어 나갈 새 사람으로 존중되며, 바르고 아름답고 씩씩하게 자라도록 함을 길잡이로 삼는다."라고 전제하고 11개 항목에 걸쳐 어린이의 교육과 환경의 조성 의무를 선언하였다. 그 중 제3항 "어린이는 좋은 교육시설에서 개인의 능력과 소질에 따라 교육을 받아야 한다."와 제5항 "어린이는 즐겁고 유익한 놀이와 오락을 위한 시설과 공간을 제공받아야 한다.", 제7항 "어린이는 자연과 예술을 사랑하고 과학을 탐구하는 마음과 태도를 길러야 한다.", 제8항 "어린이는 해로운 사회 환경과 위험으로부터 먼저 보호되어야 한다."등이 어린이의 교육과 환경에 관련되는 조항으로 볼 수 있다.

2) 우리나라 어린이도서관의 법제화

우리나라의 공공도서관에 관련되는 법규로는 국민의 기본권을 규정한 헌법을 바탕으로 도서관법, 도서관법시행령, 각 지방자치단체의 조례 등을 들 수 있다. 대한민국헌법 제31조는 모든 국민은 능력에 따라 균등하게 교육을 받을 권리, 그 보호하는 자녀에게 적어도 초등교육과 법률이 정하는 교육을 받게 할 의무, 국가가 평생교육을 진흥할 의무 등을 규정하고 학교교육 및 평생교육을 포함한 교육제도와 그 운영, 교육재정 및 교원의 지위에 관한 기본적인 사항은 법률로 정하도록 하고 있다.[11]

도서관법은 제2조 4항에서 공공도서관을 정의하여 "공공도서관이라 함은 공중의 정보이용·문화 활동·독서활동 및 평생교육을 위하여 국가 또

---

11) 대한민국 헌법 제31조

는 지방자치단체가 설립한 도서관이나 공중에게 개방할 목적으로 민간기관 및 단체가 설립한 도서관"이라 규정하고 공공도서관의 범주 안에 어린이도서관을 포함하고 있다.[12] 그러나 도서관법, 도서관법시행령, 도서관법시행규칙 등 어디에도 공공도서관의 어린이서비스가 왜 중요하고 또 어떠해야 하는지에 대해서는 전혀 언급하지 않고 있어 앞서 '대한민국어린이헌장'에서 천명한 어린이 양육에 대한 기본정신을 법제화하지 못하고 있다. 따라서 우리나라 공공도서관 법제는 공공도서관의 세계적 기준인 IFLA / UNESCO공공도서관선언과 IFLA / UNESCO 공공도서관 가이드라인 및 대한민국어린이헌장의 정신을 담아내지 못하고 있다. 이 점은 어린이도서관 서비스의 활성화를 제도적으로 크게 제약하는 요인으로 작용하고 있다. 비근한 예를 들면 전국의 공공도서관 수는 564곳[13]이나 어린이 자료실을 설치한 공공도서관은 343곳[14]으로서 공공도서관 중 약 38%에 달하는 221곳의 공공도서관이 아직 어린이서비스를 하지 않고 있는 것이다.

---

12) 도서관법 제2조, 도서관법시행령 및 도서관법 시행규칙.
13) 『2007한국도서관연감』, 10쪽.
14) 『2007한국도서관연감』, 682~689쪽.

4. 공공도서관 서비스와 어린이 문학

1) 어린이문학이 도서관서비스에서 갖는 가치와 비중

(1) 어린이문학의 가치

어린이문학은 문학의 이용 대상을 기준으로 설정한 문학의 한 갈래이다. 따라서 어린이문학의 가치는 넓은 의미에서의 문학의 가치에 내포되어 있다고 말할 수 있다. 그러므로 문학의 가치를 먼저 알아보고 어린이문학의 가치를 살펴보는 것이 순서일 것이다. 그러나 필자로서는 아직 문학의 가치를 다룬 문학이론서를 발견하지 못하였다. 어떤 학문 분야이든 가치를 논하는 부문은 그 분야의 철학, 예를 들면 교육학은 교육철학, 사회학은 사회철학, 과학은 과학철학이 있는데, 문학에서는 '문학철학'이라는 분야가 없어 문학 일반의 가치가 무엇인지 잘 파악할 수 없다. 이는 어떤 의미에서 '문학이 곧 철학'일 수 있다는 유추를 가능하게 한다. 그러나 문학을 전공하지 않은 사람으로서는 문학의 가치가 무엇인지를 알려고 할 때 그 답을 찾을 수 없어 답답하기만 하다. 다만 문학이 어떠한 기능을 하는지에 대해서는 문학개론서에 간략히 언급되어 있다. 구인환, 구창환 공저의 '문학개론'에는 문학의 기능을 세 가지로 설명하고 있다.

이에 따르면 첫째, 문학은 교시적 기능을 한다. 교시적 기능이란 교훈을 주는 교육적 기능으로서 문학작품을 통해서 인간의 윤리와 도덕, 권선징악을 가르쳐 준다는 것이다. 둘째로 문학은 쾌락적 기능을 한다. 쾌락은 다른 말로 하면 즐거움 또는 재미를 의미하며 문학작품을 통해서 즐거움, 재미, 쾌감 같은 것을 느끼게 한다는 것이다. 세 번째는 문학의 교시적 기능과 쾌락적 기능이라는 단편적이고 지엽적인 기쑥의 비판 위에서 보다 '참다운 문학의 기능'이 있음을 언급하고 있다. 문학의 '참다운 기능'은 '문학의 종합적 기능'으로도 표현되며 교시적 기능과 쾌락적 기능을 종합하여 각각의 기능을 어느 정도 인정하면서도 "예술은 본질적으로는 아름답고, 속성적으로는 진실한 것이다."라는 워런(Warren)의 문학이론을 원용하여 문학의 교시와 쾌락 기능을 참된 인간의 삶과 연결 짓고 있다. 즉 "문학의 기능은 독자에게 보다 고차적이요, 정신적인 즐거움을 주는 동시에 인생이 무엇이며 어떻게 살아야 하는가를 가르쳐 주고 교시하는 것"이라고 결론을 내리고 있다.[15] 이렇게 본다면 '문학은 인간을 인간답게, 즐겁게, 진실하게, 행복하게 살아가게 하는데 정신적으로 도움을 주는 광범위한 인문학적 가치를 지니는 것'이라고 유추할 수 있을 것이다.

어린이문학의 가치 역시 아동문학 이론서에 확실하게 소개되어 있지는 않다. 그러나 앞서 살펴본 문학 일반의 '가능'을 문학의 '가치'로 대입시켜 본다면 어린이문학에서도 동일한 관점에서 그 가치를 설정할 수 있을 것이다. 즉 어린이문학의 가치와 기능도 일반 문학과 동일하게 어린이문학 작품을 통해서 어린이들에게 교훈을 주고, 재미를 주고, 더 나아가서는 아름답고 참된 인간으로 성장하도록 돕는 것이라고 요약할 수 있을 것이다.

한편 또 다른 시각에서 어린이문학은 어린이에게 즐거움과 감명을 주고, 자신과 타인을 이해할 수 있게 하여 올바른 인격형성을 하게 하는 점, 문학 작품에서 얻는 대리경험을 통해서 역사와 현실에 대한 지식과 지혜를 터득하고 문제를 해결할 수 있는 '인간수업'의 효과를 내는 점, 그리고 문학작

---

15) 구인환·구창환, 2003, 『문학개론』, 삼영사, 57~64쪽.

품을 통해서 풍부한 상상력을 길러 창의적인 인간으로 성장하게 하는 점을 어린이문학의 가치로 들고 있다.[16] 이렇게 어린이 문학이 갖는 가치는 문학 일반이 갖는 가치와 동일한 맥락에서 어린이를 인간답고 참되고 행복하게 살아갈 수 있도록 도와주는 '어린이의 철학', '어린이의 인간학'으로서의 폭넓은 가치를 지닌다고 할 수 있을 것이다.

(2) 월등히 비중이 큰 장서량

앞서 서론에서 살펴본 바와 같이 어린이문학 자료는 어린이도서관에서 수집하고 활용하는 주된 장서이다. 어린이도서관에서 어린이문학 장서는 대부분 전체 장서의 절반 이상을 차지한다. 2003년 이후 설립된 새로운 모델의 공공어린이도서관인 기적의도서관의 경우 2007년 말 현재 아래 표와 같이 어린이문학 자료의 비중이 다른 주제의 자료에 비하여 월등히 높음을 알 수 있다. 비교적 모든 주제를 고루 수서해온 제천기적의도서관의 경우에도 전체 장서 46,422권 중 어린이문학 관련 자료가 26,703권으로서 전체 장서의 57.5%에 달한다. 이러한 사정은 모든 어린이도서관의 공통된 특징이라 할 수 있다. 한국십진분류(KDC)표에 따르면 문학은 분류번호 800대에 속하는데 어린이도서관에서는 이 800대 서가가 과반수이상을 차지하여 도서관 주제 분류의 의미를 무색하게 할 정도이다.

---

16) 유소영, 2003, 『아동문학 어떻게 이용할까』, 건국대학교출판부, 24~26쪽.

<표 1> 전국 기적의도서관 주제별 보유 장서(2007년 말 기준)

구분	총류	철학	종교	사회	과학	예술	문학	역사	기타	계
순천	352			1,617	6,584	1,184	35,453	2,473	3,319	50,982
제천	1,318	555	733	3,424	7,720	1,691	26,703	4,010	268	46,422
진해	611			2,277	5,012	1,164	23,265	2,876	6,297	41,502
서귀포	669			713	3,920	545	14,145	1,993	1,551	23,536
제주	1,214	644	239	3,849	4,663	1,044	17,924	2,786	0	32,363
청주	1,100	842	420	3,075	7,926	1,378	16,910	2,813	1,529	35,993
울산북	1,270	2,067	2,067	1,115	3,539	980	13,430	4,130	0	28,569
금산	2,197	379	94	3,133	4,026	742	14,949	1,729	0	27,249
계	8,731	4,487	3,553	19,203	43,390	8,728	162,779	22,810	12,964	286,616
%							56.8			

출처 : '전국 기적의도서관 현황 및 2008 사업계획'자료집의 통계를 모아 재구성함.

이와 같이 어린이도서관의 장서에서 어린이문학 자료의 편중 현상은 사회문화적으로 당연한 결과이기도 하다. 인간은 속성상 말을 하고, 글을 쓰고 사는 것이 문명생활의 시작이며, 말과 글은 당초부터 문학으로 형성 발전되어왔기 때문이다. 고대 메소포타미아의 서사시 '길가메시', 그리스의 신화, 우리나라의 건국신화와 전설 등은 모두가 문학이다. 오늘날의 자료도 그 대상이 어른이든 어린이든 문학 자료가 월등히 많이 생산되고 보급되는 것은 어쩌면 당연한 일일 것이다. 어린이도서관은 어린이를 인간답게 키우기 위해 '어린이의 인간학'인 어린이문학 자료를 많이 수집할 수밖에 없으며, 여타 주제의 자료도 문학 자료의 수업을 기반으로 파생되어 나오는 것이라고 할 수 있을 것이다.

(3) 도서관 프로그램 중 어린이문학 프로그램의 높은 비중

오늘의 어린이도서관은 전통적인 도서관의 틀을 깬 새로운 개념의 도서관이다. 전통적인 도서관은 '정숙'을 최고의 운영수칙으로 삼았다. 도서관은 조용하게 책을 읽고 공부하는 곳으로 엄숙한 분위기를 유지하였다. 그러나 2000년대 이후에 신설된 어린이도서관들은 거의 모든 도서관이 이러한 기존의 '정숙'수칙을 폐기하였다. 어린이의 행동을 극도로 제약하는 '정숙'은 어린이를 도서관에서 버틸 수 없게 만드는 가장 큰 요인이다. 이는 어린이의 특성을 무시한 것이었다. 어린이는 잠 잘 때를 제외하고는 항상 움직인다. 어린이에게 정숙은 '지옥'과 같은 것이다. 따라서 어린이도서관이 '정숙'을 고수한다면 어린이는 도서관에 오지 않으며, 온다고 해도 곧 되돌아 갈 것이다.

그래서 어린이도서관은 어린이에게 자유로운 '놀이터'로서의 공간을 제공한다. 그러나 단순한 놀이터가 아니라 책이 있는 '문명의 놀이터'로서 책과 함께, 엄마 아빠와 함께, 언니 동생과 함께, 할머니 할아버지와 함께 재미있게 사는 놀이터이다. 따라서 어린이에게 책과 가족과 더불어 자유롭게 놀 수 있게 하는 것도 전통적인 도서관에 비해서는 하나의 좋은 프로그램일 수 있다. 그러나 어린이와 부모를 위한 자유로운 책의 공간을 제공하는 것만이 어린이도서관 프로그램의 전부가 될 수는 없다. 그래서 어린이도서관은 책의 열람, 대출과 같은 전통적인 업무는 물론 다양한 프로그램을 개발하여 운영하고 있다. 이제 어린이도서관은 다양한 프로그램을 실행하는 공간으로서 그 역할이 바뀌어가고 있다. 물론 프로그램의 다양성 및 활성화여부는 도서관에 따라 아직 천차만별이다. 어떤 도서관은 제한된 인력으로 지나치게 많은 프로그램을 운영함으로써 도서관 자료의 조직이 심하게 흐트러지는 우를 범하고 있다. 또 어떤 도서관은 프로그램을 너무 형식적으로 운영함으로써 어린이가 잘 찾아오지 않는 전통적인 도서관을 유지하고 있는 경우도 허다하다. 제천기적의도서관은 어느 어린이도서관 못지않게 다양한 프로그램을 운영하는 도서관이라 할 수 있다. 그 실증으로서는 제천기적의도서관이 2008년 한해동한 운영한 프로그램의 종류는 총 95종이며 참여한 연 인원수도 13,891명에 달한다.[17)

제천기적의도서관이 2008년 1년 동안 실행한 95종의 프로그램가운데 어린이문학과 관련된 프로그램은 53종으로서 전체 종수의 55.7%를 차지한다. 이는 어린이문학과 관련된 장서 수와도 밀접한 관련이 있다. 도서관의 프로그램은 반드시 도서관의 책에서 프로그램의 소재를 찾아 진행하는데 그러한 프로그램의 소재로서 어린이문학 자료가 가장 으뜸에 있기 때문이다. 이처럼 어린이문학과 관련한 프로그램은 어린이도서관 프로그램의 절대 다수를 차지한다.

2) 공공도서관 어린이 프로그램 사례

우리나라 공공도서관에는 교육청 산하의 도서관, 지방자치단체가 직영하는 도서관, 지방자치단체가 민간 위탁 운영하는 도서관, 개인이 경영하는 사립 공공도서관 등이 있다. 교육청산하의 도서관은 가장 전통적인 도서관으로서 공무원이 운영하며 어린이도서관을 두고 있지 않은 경우가 많다.

---

17) 제천기적의도서관 2008년 현황자료.

따라서 어린이문학프로그램은 거의 개설하지 않고 있다. 지방자치단체가 직영하는 도서관은 문화프로그램 가운데 일부분 어린이프로그램을 개설하는 정도로서 어린이프로그램을 본격적으로 운영하고 있는 도서관은 드물다. 지방자치단체가 민간위탁 운영하는 도서관 특히 어린이 전용도서관들은 전통적인 도서관의 틀을 넘어서 많은 어린이프로그램을 운영하고 있다.

여기서는 어린이프로그램의 운영사례로서 우리나라 어린이도서관의 프로그램 모델을 제시하기 위해 설립된 국립어린이청소년도서관과 우리나라 어린이도서관중 가장 오랜 역사를 지니고 있는 서울시립어린이도서관, 그리고 지방자치단체가 민간위탁으로 운영하고 있는 제천기적의도서관의 어린이 문학 프로그램 사례를 들어본다.

(1) 국립어린이청소년도서관 문학관련 프로그램

가. 동화 구연

어린이들이 꿈과 상상의 나래를 펼 수 있도록 우리나라와 외국의 옛이야기를 들려주고 동화를 읽어주는 등, 책과 관련된 다양한 활동을 통해 아이들을 신나고 재미있는 책 세상으로 안내하는 프로그램으로 매주 1회 취학전 어린이(5~7세)를 대상으로 실시한다.

나. 부모강좌

어린이의 첫 선생님인 부모를 대상으로 책 읽기의 효과와 어린이 책에 대한 이해를 높이고,

어린이 청소년의 건전한 독서문화 정착과 도서관 문화 확산에 기여하고

자 기획한 강좌임

다. 영화 음악

매월 주제별 영화(영상)·음악 등 정기프로그램을 편성하여 운영하며, 정규프로그램 시간 외에는 영화에 관심이 있는 어린이·청소년·가족을 대상으로 또래들의 정서와 가족 간의 공감대 형성을 위한 가족, 친구와 함께 하는 프로그램임.

라. 외국문화여행

주한외국대사관과 협력하여 외국 여러 나라의 문화와 풍습을 소개하고 전래동화와 창작동화를 읽어주는 등 어린이들이 세계의 다양한 문화를 접하고 지식과 경험을 쌓을 수 있는 기회를 제공

마. 인형극 아동극

어린이들의 정서함양 및 도서관 이용을 활성화하고자 인형극·아동극을 공연한다. 어린이들이 자연스럽게 공연에 대한 이해를 높이고 독서에 대한 흥미를 갖도록 관련도서를 함께 전시

바. 테마도서전

어린이의 호기심을 유발하고 책 읽는 즐거움을 줄 수 있는 주제와 교훈적인 주제를 정하여 이와 관련된 도서를 전시하고 도서의 주요 내용을 소개

(2) 서울시립어린이도서관 문학관련 프로그램

가. 달팽이 체험교실
초등학교 2~3학년 어린이를 대상으로 4월부터 6월, 9월부터 11월 사이
에 주 1회 숲과 작은 하천을 탐방하고 전래놀이, 생태놀이를 체험

나. 유아동화구연교실
미취학어린이(6~7세)를 대상으로 4월부터 6월, 9월부터 11월까지 주1회
구연화술, 구연태도 등을 지도

다. 생각이 자라는 NIE(newspaper in education)
고학년, 저학년, 유치부로 신문을 활용하여 다양한 영역별로 독서 논술
지도

라. 사직어린이독서연구회
어린이도서에 관심 있는 시민들을 대상으로 매주 월요일 아동문학토론,
어린이 독서지도 토론, 도서관 자원봉사 활동

마. 어린이독서회
초등학교 4학년생을 대상으로 매월 2회 독서토론, 글짓기, 독서발표, 주
제토론, 견학실시

바. 독서상담실
새 학년이 되고 몸은 자라는데, 마음의 상처로 힘들어하는 어린이를 대
상으로 문제를 진단하고, 상담하며, 적합한 책으로 치료되도록 도움.

(3) 제천기적의도서관 문학관련 프로그램(2008년)

번호	프로그램	내 용
1	두 귀를 쫑긋	엄마가 읽어 주는 동화 듣기
2	우리 고전 읽기	우리 고전에 대해 알아보고 읽어보기
3	우리 신화 여행	우리나라의 신화를 소개하며 중요성을 알아보기
4	영화 읽기	영화를 보며 분석해 보기
5	겨울놀이 배우기.1	전통놀이에 대해 알아보고 체험해 보기
6	어린이 극장	어린이들이 보고 싶은 영화 상영
7	짚으로 만든 거야	선조들이 짚을 이용해 만들어 쓴 물건들에 대해 알아보고 짚공예 체험하기
8	애니메이션 교실	애니메이션에 대한 설명을 듣고 컷 만들어 보기
9	돌멩이 국 끓이자!	추운 날 돌멩이 국 끓여 먹고 선조들이 겨울을 이겨냈던 방법에 대해 알아보기
10	책으로 보는 세상	세상에서 단 하나 뿐인 나만의 책 만들기
11	어휘력을 키워주는 부모의 역할	어휘력을 키워주는 부모의 역할에 대한 강연회
12	우리 곡식 뿌리기	우리 곡식에 대해 알아보고 씨뿌리기
13	떡 해먹자 부엉!	삼진날에 대해 알아보고 진달래 따다 화전 부치기
14	단오잔치	우리 명절 '단오'에 대해 알아보고 풍습과 놀이, 음식에 대해 알아보기
16	계수나무 시낭송회	어린이 시 동아리 활동을 하면서 쓴 시들을 모아 낭송회 마련하여 발표할 수 있는 기회를 주기
17	전쟁이야기 한판!	한국 전쟁이 일어난 배경과 상황에 대해 알려줌, 피난 시절의 음식 체험
18	그림책 강연회	작가와 함께하는 그림책에 대한 학부모 강연회
19	얘들아, 천렵가자	우리 조상들이 더위를 잊기 위해 즐기던 여름놀이 체험 우리 주변 냇가에서 살고 있는 물고기 알기
20	툭탁툭탁 보리타작	전통방식으로 보리타작하는 모습을 보여주고 체험 우리 조상들의 농경생활에 대한 관심 유발 호밀짚으로 만들 수 있는 우리의 생활도구와 놀잇감을 알아보고 체험
21	풀꽃놀이	우리 가까이에 있는 식물을 이용해 재미있는 놀잇감을 만들어 본다.
22	찾아가는 도서관	소외지역 아이들을 위해 그림책 읽어주기 등 문화체험을 중심으로 구성하여 도서관의 혜택을 잘 못 보는 어린이들에게 책 읽는 습관을 들이도록 유도함
23	노래가 있는 도서관	어린이들이 어린이들의 노래를 마음껏 부를 수 있도록 하고자 함

24	어린이 극장–여름방학	어린이들이 보고 싶어 하는 영화상영
25	내가 만든 책	책 만들기를 통하여 책이 만들어지는 과정을 알 수 있을 뿐만 아니라 책에 대한 관심을 갖도록 한다.
26	두 귀를 쫑긋–여름방학	엄마가 읽어주는 동화 듣기
27	우리신화여행–여름방학	우리나라의 신화를 소개하며 우리 신화의 중요성을 알아보기
28	그곳에 가고 싶다	동화책의 공간적 배경이 되었던 장소를 찾아가서 책에서 읽었던 내용을 직접 체험, 책에 대한 이해를 확대시킴
29	도서관에서 하룻밤자기	도서관에서 책과 함께하며 재미있는 공간임을 알게 한다. *도서관을 이용하며 다른 학교의 친구들을 사귄다.
30	우리 아이 글쓰기 어떻게 도울까?	강연회를 통한 우리아이 글쓰기 지도에 대한 필요성과 방법을 알아보기
31	옛날옛적에 훠이~훠이!	농촌의 가을나기와 새떼로부터 곡식을 지키기 위한 여러 가지 방법을 경험해 봄으로서 우리 조상들이 지녀 온 소중한 문화 배우기
32	강연회–영어책, 더 잘 읽게 할 수 없을까?	어린이에게 영어책을 더 잘 읽게 할 수 있는 방법을 모색해 보기
33	인형극 '도깨비 방망이'	극단 초청을 하여 인형극 보여주기
34	보리, 밀 씨 뿌리기	겨울을 이겨내는 식물에 대해 알아보고 씨 뿌리기 체험하기
35	책 나라 까꿍 놀이	4개월~36개월 어린이들에게 그림책을 통한 다양한 활동을 경험하게 한다.
36	그림책하고 놀자	그림책을 통한 놀이 활동
37	영어 그림책하고 놀자	영어그림책을 통한 놀이 활동
38	살아 있는 어린이 시 교실	자연의 모습에서 얻어 영감을 얻은 아이들만의 창작 시 써보기
39	독서교실	책을 읽고 친구들과 의견을 나누며 글쓰기
40	생각과 글 힘 돋움	책을 읽고 배경 지식을 모아 토론하여 글쓰기
41	계수나무 시동아리	시 교실을 통해 시에 대해 익숙한 친구들의 동아리 모임
42	왜요? 독서 동아리	독서교실을 통해 다독을 한 친구들의 생각다지기 동아리
43	북스타트 데이	영아 독서지도 및 육아 안내 꾸러미전달
44	북스타트 플러스 워크숍	품앗이 공동육아 동아리 지원 프로그램으로 기수별 프로그램의 평준화를 위한 워크숍

45	찾아가는 북스타트 -애들아그림책하 고놀자	여성 결혼 이민자 자녀&제천시 소외지역 자녀를 위한 찾아가는 북스타트 프로그램
46	북스타트 플러스 오픈데이	품앗이 공동육아 동아리 전체가 모여 기별 프로그램 운영 발표와 체험을 함께하는 북스타트 나눔 프로그램
47	Twinkle Twinkle Reading Books!	영어동화 독후활동
48	아빠가 읽어주는 그림책	구연동화를 아빠의 느낌으로 전달하기
49	할머니가 들려주시는 옛날이야기	옛날이야기를 통한 조손 세대의 이해와 문학의 원초 형태 체험
50	책 언니가 읽어주는 그림책	구연동화를 언니의 느낌으로 전달하기
51	할아버지와 멀티동화 보기	할아버지와 함께 멀티동화 보고 이야기 나누기
52	할아버지가 들려주시는 옛날이야기	옛날이야기를 통한 조손 세대의 이해와 문학의 원초형태 체험
53	엄마가 읽어주는 그림책	구연동화를 엄마의 느낌으로 전달하기

5. 어린이문학 이용 활성화 방안

1) 제도적 뒷받침과 사회적 인식 확산

어린이도서관과 어린이서비스의 제도화는 어린이도서관의 활성화와 어린이서비스, 나아가 어린이문학의 이용 활성화를 위한 기반이다. 그러나 우리나라는 유네스코의 공공도서관 어린이서비스 정신과 우리의 어린이헌장 및 헌법정신에 비추어 어린이도서관의 중요성과 역할을 제도적으로 확립하지 못하고 있다. 우리 '도서관법'에는 공공도서관의 정의 부분에서 어린이도서관의 명칭만 포함하고 있을 뿐 어린이도서관에 관한 구체적인 목적과 프로그램 등 실천 규정이 없다. 또한 2008년 2월에 발효된 '학교도서관 진흥법'에도 각 급 학교의 도서관 시설과 자료 및 독서교육에 대해서만 개략적으로만 언급하고 있어 초등학교 도서관, 중등학교도서관에서 각각 어떤 경영요소들이 필수적으로 중요하고, 어떤 교육과정과 프로그램들을 기획해야 하는지에 대한 골격을 제시하기 못하고 있다. 그리고 2009년 3월 현재 국회에 발의 중인 '작은도서관 지원법안'에도 어린이도서관 및 어린이서비스 프로그램에 대한 기본적인 내용들이 보이지 않는다.

법률은 정책의 반영으로서 정책 변화에 따라 법률이 바뀔 수 있으며, 정책은 또 환경의 변화에 따라 변화될 수 있고, 또 마땅히 변화되어야 한다. 따라서 세계화의 추세와 오늘의 교육 현실을 정책적으로 감안한다면 모든 공공도서관은 어린이 자료실을 필수적으로 두어야 마땅하다. 다시 말하면 앞으로 어린이 자료실이 없는 전국의 공공도서관들은 어린이서비스를 수행할 수 있는, 어린이를 위한 기본 자료와 프로그램을 운영해야 한다. 이를 위해 법률 제도적으로 "모든 공공도서관은 어린이 자료실과 어린이 프로그램을 운영하여야 한다."는 취지의 의무조항을 두어 어린이도서관 서비스에 대한 세계적 추세와 대한민국 어린이헌장에서 지향하는 어린이 양육에 대한 기본적 정신을 공공도서관의 현장에서 실현할 수 있는 길을 열어야 한다고 본다. 사회적인 모든 사업은 법규로 정해 놓지 않으면 그 발상이 아무리 좋은 것이라 하더라도 흐지부지 되는 것이 우리 사회의 현실이기 때문이다.

따라서 어린이도서관의 활성화를 위해 정책 당국은 어린이도서관에 대한 법적 제도적 미비점을 시급히 검토 보완할 필요가 있다. 첫째, 우리나라 도서관의 기본을 규정하는 '도서관법'의 공공도서관 부문에서 어린이도서관의 시설, 자료, 전문 인력의 배치에 관한 분명한 의무규정을 마련하고,

어린이서비스 프로그램에 대해서도 단순한 독서교육을 넘어서는 다양한 프로그램의 실행 의무를 명시하는 것이 바람직하다. 둘째, '학교도서관진흥법'에도 초등학교 도서관과 중등학교 도서관을 구분하여 학생들의 발달 단계에 맞는 도서관서비스를 할 수 있도록 구체화하는 것이 바람직하다. 특히 어린이도서관에 해당하는 초등학교도서관부문에서 시설, 자료, 아동전문 사서교사의 채용을 의무화하고, 도서관을 통해 어린이 교육 프로그램 활성화를 뒷받침할 수 있도록 교육당국과 학교경영자의 도서관에 대한 책임과 의무를 규정해야 한다. 셋째, 현재 발의중인 '작은도서관법안'도 작은도서관의 설립과 재정지원을 용이하게 하는 기초위에서 인력의 전문성과 프로그램의 활성화 측면이 반드시 포함되어야 한다고 본다. '작은도서관'은 사실상 어린이도서관이라고 할 수 있으므로 전문적인 아동사서의 배치 및 프로그램 시행을 의무화하여야 한다. 어린이도서관의 활성화를 위해서는 국공립어린이도서관, 공공도서관 어린이실, 공사립의 작은도서관, 초등학교도서관의 제도적 정립과 이들 도서관 간의 유기적 협력이 필수적이다. 시설과 자료, 인력, 프로그램의 공유와 협조를 통해서만이 어린이도서관과 어린이서비스 프로그램의 활성화를 도모할 수 있다고 본다.

2) 도서관인과 어린이 문학인의 실제적 협력

도서관은 모든 주제의 자료를 포함하고 있는 '종합 자료관'이라 할 수 있다. 이는 도서관의 경영관리는 사서의 전문 분야이지만 각 주제 분야에서 자료의 활용 및 프로그램의 기획과 실행에는 주제 전문가의 참여가 필수적임을 의미한다. 사서가 모든 주제를 섭렵하여 자료를 활용시키고 프로그램을 개발, 실행하는 것은 역부족이다. 따라서 도서관의 활성화 내지 프로그램의 활성화를 위해서는 사서와 각 주제별 전문가와의 협력이 절대적으로 필요하다. 도서관과 도서관 프로그램에 대한 올바른 상호 인식의 바탕위에서 도서관인과 주제전문가의 교류협력의 확대는 도서관인 및 각 전문분야의 위상과 역할을 높일 수 있는 상생의 길이기도 하다. 사서가 하는 일과 다른 주제전문가가 하는 일은 각기 다르지만 도서관의 프로그램을 통해서는 '윈윈(win win)'의 창출이 가능하며 이를 위해 사서와 주제전문가들의 역할이 협력적으로 조성되어야 한다.

(1) 사서의 할 일

사서는 도서관의 경영자이다. 사서는 문헌정보학을 전공하고 국가로부터 자격증을 받아야 하는 전문직이다. 사서는 도서관의 경영 전반에 대하여 통괄적인 지식과 안목을 갖추어야 한다. 나아가서 한두 가지 주제 분야에 대해서는 준 전문가적인 지식을 갖추는 것이 바람직하다. 이는 사서가 도서관의 관리인으로서만이 아니라 도서관서비스의 기획과 제공을 촉진할 수 있는 프로그램 기획활동을 해야 하기 때문이다. 도서관계에서 줄기차게 '주제전문사서'의 양성 필요성을 강조한 이유도 바로 여기에 있다. 사서들이 저마다 한 가지 이상의 주제전문 지식을 갖추고, 각기 다른 주제배경의 사서들이 도서관에 고루 배치되어 주제와 관련되는 프로그램을 기획하고 제공하는 역할을 해야 하는 것이다. 오늘날의 사서는 책의 정리, 보존, 열람, 대출 등 전통적 관리인으로서 역할만이 아니라 소장되어 있는 자료를 이용자들에게 프로그램으로 연결시켜 자료의 활용을 극대화 할 수 있는 방법을 계속 연구하고 실현해야 한다. 이를 위해서는 부전공으로서의 자신의 주제전문지식만으로는 부족하므로 자료의 활용을 위한 프로그램의 개발에 있어서 각 주제 분야의 전문가들과 교류와 협력을 강화하지 않으면 안 될 것이다. 따라서 사서의 역할은 각 주제 분야의 전문가들과 프로그램을 공동 기획하고 협력하여 실행하는 것이라고 하겠다.

(2) 문학인의 할 일

문학인은 어문학분야의 전문가이다. 문학인은 국어국문학은 물론 영어영문학, 불어불문학, 독어독문학, 러시아어문학, 중국어문학 등 외국어문학 전문가가 모두 포함된다. 문학인은 학생부터 사회인에 이르기까지 다양하며, 각기 도서관에 대해서도 다양한 이용경험을 가지고 있을 것이다. 그러나 도서관의 사회적 역할에 대해서는 그 인식의 정도에 개인적인 편차가 클 것으로 생각된다.

문학인이 공공도서관을 통해서 어린이문학의 활성화를 도모하기 위해서는 문학 분야 자료의 활용을 위한 좋은 프로그램들을 개발하고 도서관에 제안해야 한다. 그러기 위해서는 먼저 공공도서관의 역할에 대한 본질적인 이해가 우선되어야 한다. 도서관은 공부방이 아니라는 점, 도서관은 교실수업을 하는 초등학교가 아니라는 점, 학부모는 대학생이 아니라는 점, 도서관은 문학이 전부가 아니라는 점 등 도서관과 도서관 프로그램의 성격에 대한 충분한 파악과 이해가 필요하다. 문학인은 도서관을 공부하고, 사서는 문학을 공부하여 프로그램을 공동개발하고 실행하는 상호협력활동이 필요한 것이다.

6. 결론 및 제언

어린이도서관은 가정과 학교의 중간 지점에서 양쪽의 공백을 채워주는 자연스러운 생활교육의 장이다. 도서관은 교육이라는 단어를 쓰지 않고도 자연스럽게 가르칠 수 있으며, 윤리나 도덕이라는 말을 쓰지 않고도 자연스럽게 인간교육을 할 수 있는 곳이다. 도서관은 평생교육의 출발점이 될 수 있고 또한 도착점이 될 수 있는 폭넓은 '생활 즉 교육'의 현장이라 할 수 있다. 여기에 도서관인과 문학인들이 상호 전문성을 살려 도서관 활동의 시너지를 높여나간다면 비단 어린이문학의 이용활성화 뿐 아니라 다른 분야의 활성화도 촉발할 수 있을 것이다.

먼저 도서관인은 전통적인 열람, 대출, 보존, 이용이라는 고착화된 틀을 벗어나야 한다. 도서관은 책을 최대로 활용시키기 위한 사회적 도구임을 새롭게 인식하고 자료의 이용 활성화방안을 계속 도모해야 한다. 도서관 경영자가 새로운 프로그램을 도입할 때 흔히 부딪히는 가장 큰 문제는 "인력과 예산이 부족해서 새로운 프로그램은 불가능하다"는 기존 사서들의 거부반응이다. 그러나 도서관의 인력과 예산사정을 들여다보면 많은 경우 현 상태의 인력과 예산을 가지고도 새로운 프로그램을 할 수 있는 여지가 있음을 발견하게 된다. 부족한 것은 인력과 예산이 아니라 사서들의 열정과 의지일 경우가 많다. 따라서 도서관 경영자는 책임을 맡고 있는 도서관의 SWOT분석(경영 분석의 일종으로 강점strength, 약점weakness, 기회opportunity, 위협threat 요인 분석)을 철저히 실행하고 직원들의 교육 훈련을 강화하여 경영 활성화를 통해 프로그램 활성화를 도모해야 한다고 본다.

문학인을 비롯한 각 주제 분야의 전문가들은 그들 분야의 자료들이 도서관의 서고에서 사장되기 쉽다는 현실 인식 위에서 그들의 분야가 활성화될 수 있는 방안을 적극적으로 모색해야 할 것이다. 어린이문학의 경우 무수한 외국 작품들이 쏟아져 들어오고 있는 반면 우리 고유의 전래동화나 창작물이 적은 상황을 인식하고 이에 적극 대비해야 할 것이다. 또한 외국작품의 올바른 번역 출판과 우리작품의 발굴, 창작 및 외국어로의 번역을 활성화 하여 우리 문학의 세계화도 함께 촉진해야 할 것이다. 이러한 활동의 무대는 문학인의 연구실만이 아니라 전국에 산재하는 어린이도서관이 되어야 한다. 어린이 문학의 활용을 위한 새로운 프로그램을 개발하여 체험으로서의 문학을 가꾸어 나간다면 어린이문학의 이용 활성화를 촉진할 수 있을 것이다.

제5장

독서와 인간경영

1

정보와 지식의 선순환

21세기 사회는 지식정보사회이다. 대학에도 지식정보학부가 생겨났다. 그만큼 지식과 정보가 다른 무엇보다도 중요하며 이는 지식정보사회를 다루고 있는 책들이 우후죽순처럼 나오고 있는 것을 보아도 쉽게 알 수 있다. 비단 책뿐만 아니라 실생활에서도 지식과 정보의 생산과 활용 그리고 재생산이 일상적으로 이루어지고 있음을 보면 지식정보사회가 실현되고 있음을 피부로 느낄 수 있다.

이러한 지식정보사회에서는 정부건, 기업이건, 개인이건 지식과 정보가 경쟁력의 원천이 된다. 따라서 필수적인 정보를 필요할 때 필요한 장소에서 획득하여 활용할 수 있어야 한다. 이를 위해 많은 조직에서는 지식경영 시스템을 구축하여 지식의 활용과 확대 재창출에 노력하고 있다.

그러면 지식과 정보는 기본적으로 무엇을 어떻게 하여야만 획득할 수 있을까? 이에 대한 대답은 역시 독서라고 하지 않을 수 없다. 지식은 책 속에 들어 있기 때문이다. 물론 개인이 지식을 확대하는 과정은 여러 가지가 있을 수 있다. 경험을 통해서 구전을 통해서 지식과 정보를 얻을 수 있다. 그러나 가장 주된 지식의 원천은 역시 책 속에 있으며 독서를 통해서 우리는 가장 체계적인 지식을 얻을 수 있는 것이다. 책을 읽는다는 것은 글을 읽는 것이다. 글 읽기를 통한 이해의 과정을 거쳐서 개인의 지식이 확대되고 체계화되며 개인들이 조직 속에서 지식 재창출의 역할을 할 때 지식경영의 기반이 형성된다고 볼 수 있다.

그런데 지식과 정보는 구별해서 이해할 필요가 있다. 또 이와 혼동되는 개념으로 데이터가 있다. 여기에 더하여 지혜라는 용어도 존재한다. 먼저 데이터는 조직되지 않은 단순한 통계자료 등을 의미한다. 그러나 데이터는 정보와 지식의 형성에 기반이 된다. 정보는 데이터들이 모여서 가공된 하나의 간단한 구성체이다. 지식은 정보들이 모여서 체계적이고 논리적으로 조직된 의미체라고 할 수 있다. 지혜는 좀 더 고차적인 것으로 지식을 활용하여 어떤 목적성을 추구할 때 사용하는 용어이다. 지식이 있어도 활용하지 못하면 지혜가 부족하다고 할 수 있다.

그런데 우리가 책을 통해서 지식을 얻는다고 하더라도 그러한 지식은 가만히 있는 것이 아니라 사람들의 머릿속에서 다시 여러 가지 단편적인 정보로 분해되고 이러한 정보들이 더 많은 정보와 만나서 새로운 지식체계로 확대되어 간다. 즉 지식과 정보는 사람들의 머릿속에서 순환과정을 거치면서 확대 재생산되는 것이다. 이를 지식의 정보화와 정보의 지식화라고 부르고 있다.[1]

---

1) 서이종, 2001, 『지식정보사회의 이론과 실제』, 서울대학교출판부, 9쪽. 다만, 이 자료에는 피라밋 최상단이 '지능'으로 표기되어 있으나 필자의 생각에 따라 '지혜'라고 바꾸어 본 것임.

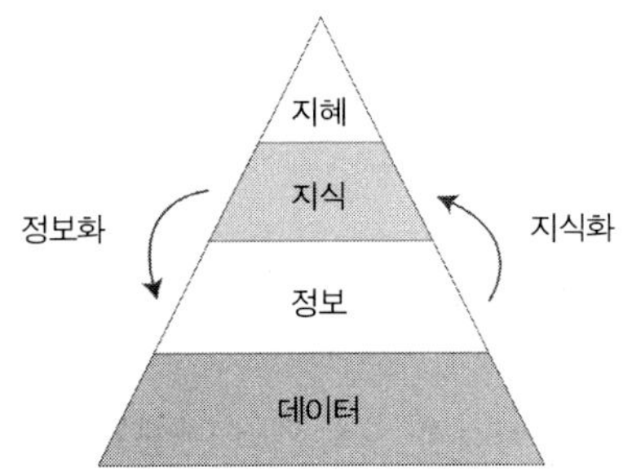

이러한 일련의 지식 정보 확대의 과정에는 독서가 가장 기초가 된다. 따라서 지식정보사회에서는 독서의 중요성이 더욱 강조되지 않을 수 없다. 여기서 독서란 물론 책에 한정되는 것은 아니다. 책 이외에도 신문이나 잡지, 인터넷 등 여러 가지 읽을거리들의 내용을 읽는 것을 말한다. 즉, 날마다 쏟아져 나오고 있는 지식과 정보들을 취사선택하여 그 의미내용을 파악하고 새로운 조합과정을 통하여 확대하고 이를 어떠한 목적에 활용하는 과정이 바로 지식의 확대와 순환인 것이다.

이처럼 지식경영은 책읽기와 컴퓨터 읽기가 일상화되는 가운데 거기서 획득된 지식들을 업무와 연구에 활용할 수 있도록 제도적으로 지원하는 경영시스템이다. 따라서 직원들이 책을 읽고 있는 것을 못마땅해 한다든지 컴퓨터에서 인터넷 서핑을 하는 것을 눈에 가시로 보는 경영자가 있다면 그는 아마도 머지않아 도태될 것이다. 다만 중요한 것은 조직체의 건전한 발전을 위한 목적에 부합되는 지식과 정보의 취사선택이다.

독서와 글쓰기 그리고 도서관 활용

1. 들어가며

초·중·고등학교 교육에서 가장 어려운 문제 중의 하나는 독서지도와 글쓰기, 그리고 학생생활지도라 할 수 있을 것이다. 특히 독서와 글쓰기는 학생 개개인의 독서 경험과 독서 습관 그리고 일기를 비롯한 글쓰기 등 주로 생활습관에 의해 좌우되기 때문에 교사의 지도가 쉽게 효과를 발휘하지 못하는 부분이라 할 수 있다. 그러나 글을 목적에 맞게 잘 쓰는 일은 대학에서의 학업 수행은 물론 졸업 후의 사회생활에서도 필수적으로 요구되기 때문에 글쓰기 능력은 평생을 통하여 가장 긴요한 삶의 기본능력이기도 하다. 말하자면 사회적으로는 매우 중요한 글쓰기가 초 중 고등학교 과정에서는 제대로 연마되지 못하고 대학에서도 숙련되지 못함으로서 대학을 나와도 논문은 고사하고 논술시험을 보아야 하는 직장에 취업이 어렵고 칼럼이나 기사 하나 쓰기도 어려운 상황에 처하는 사람이 적지 않은 것이다.

이렇게 된 근본 원인은 초 중등학교에서 독서지도를 제대로 하지 못하고, 독서지도를 한다고 하더라도 생각하는 독서, 글쓰기 독서로 이어지지 않으며, 학생들에게 단순히 책을 통독하게 하거나 부담스러운 독후감을 쓰게 함으로써 독서지도를 통해 오히려 독서흥미를 상실시키는 데서 기인되어 온 것으로 여겨진다. 나아가 중고등학교의 교육이 오로지 대학입학수능시험에 초점이 맞추어져서 다른 활동들은 제대로 된 지도를 하지 못하는 것도 또 하나의 문제점으로 지적할 수 있다. 즉, 우리의 공교육기관에서는 대학입학 시기가 다가오는 고등학교 3학년에 이르러서야 논술을 준비하는 것이다. 따라서 초등학교부터 고2까지의 독서와 논술 경험이 부족한 상태에서 대입 논술을 대비해야 하므로 시간이 촉박하여 내용 있는 논술쓰기보다는 글쓰기의 요령을 익히는 정도에 머무르는 경우가 많은 것 같다. 이러한 논술교육방식이 실전에서 별로 효과를 발휘하지 못하는 것은 당연하다. 따라서 보다 근본적으로 초등학교 1학년부터 생활습관으로 몸에 밸 수 있는 독서와 논술교육이 절실히 필요하다.

2. 독서와 논술의 의의

1) 독서의 의의

앞장에서 독서와 논술을 한꺼번에 다루면서 우리나라 공교육에서의 독서 및 논술교육의 현실과 문제점을 간단히 짚어 보았다. 위에서 독서와 논술을 함께 언급한 이유는 이 두 가지의 지식 추구행위는 동전의 앞뒤와 같이 서로 밀착관계를 가지기 때문이다. 다시 말하면 독서하지 않고는 논술도 불가능하다는 의미가 된다. 따라서 우선 독서 및 독서지도에 대하여 그 의미를 살펴보고자 한다.

독서란 두말할 것도 없이 '책을 읽는 것'이다. 좀 더 범위를 확대하면 '글을 읽는 것'이다. 따라서 책뿐만 아니라 신문과 잡지, 인터넷에 떠 있는 정보들을 읽는 것도 독서에 포함될 수 있다. 또한 자기가 써 놓은 글, 예를 들어 일기를 읽는 것도 독서라 할 수 있을 것이다. 그러나 자기의 글보다는 다른 사람이 쓴 글을 읽는 것이 진정한 의미의 독서라 하겠다. 특히 고대로 부터 선인들이 남긴 고전을 읽는 것은 매우 가치 있는 독서라 할 수 있다. 고전을 읽으면 역사적 인물들의 철학과 사상, 지혜를 배울 수 있다. 또한 오늘의 지식정보사회를 주도하고 있는 학자나 작가들의 글을 읽음으로써 그들과의 간접 대화를 통하여 지식과 생각의 깊이와 넓이를 확대할 수 있다.

독서에는 여러 가지 방법이 있다. 소리를 내느냐 내지 않느냐에 따라 낭독(朗讀)과 묵독(默讀)으로, 속도의 완급 및 내용 파악의 정밀도에 따라 정독(精讀)과 속독(速讀)으로, 전체를 다 읽느냐 부분만 읽느냐에 따라 통독(通讀)과 '선독(選讀)'으로 나눌 수 있다.[1] 이 밖에도 다른 사람이 읽거나 녹음한 것을 들으면 '청독(聽讀)'이라 할 수 있을 것이며, 점자도서를 손가락으로 접촉하여 읽는 경우는 '촉독(觸讀)'이라고 할 수 있을 것이다.[2] 이러한 구분 은 독서의 대상별 또는 수준별로 나누어 적용할 수 있으며, 독서의 목적에 따라 여러 가지를 혼용하여 적용할 수 있다. 예를 들면 묵독으로 읽다가 이해가 안 되는 부분은 낭독으로 반복해서 읽음으로서 의미를 더 잘 파악 할 수 있는 것이다. 이러한 독서의 수준과 목적별 방법의 적용에 대해서는

---

1) 선택하여 정독한다는 의미로 일반적으로 적독(摘讀)이라 쓴다.
2) '청독'이나 '촉독'은 잘 쓰이지는 않는 말로서, 필자가 의미를 조합하여 만들어본 용어임.

뒤에서 더 검토하여 보기로 하겠다.

2) 논술의 의의

논술은 1990년 이후에 대학들이 입학시험에 글쓰기 방식의 시험을 도입하면서 유행되기 시작한 용어이다. 그 이전에는 주로 '논문', '논설문' 등으로 일컬었고, '논문'은 주로 학위논문이나 학자들의 학술논문을 지칭하는데 사용되었다. 또한 '논설'은 언론사 등에서 시사성이 있는 사회적 이슈를 각 언론사의 입장에서 평가하고, 어떤 면의 정당성을 주장하여 여론을 형성할 목적으로 쓰는 사설이나 논평 등을 일컬었다. 그 후 대학들이 글쓰기 방식의 시험을 도입하면서 논문도 아니고 논설도 아닌 제3의 방식으로 '논술'이라는 용어가 유행하게 되었다. 논술문은 문자 그대로 보면 어떤 사안에 대하여 '논리적으로 기술한 글'이다. 따라서 논술을 하기 위해서는 어떤 문제가 주어져야 한다. 스스로 논술을 쓰더라도 어떤 문제를 정해 놓고 그 문제의 해법을 조목조목 제시하는 논리적 글쓰기이다. 논술의 연습을 많이 해두면 논문을 쓰는데, 혹은 논설을 쓰는데 큰 도움이 된다. 논술은 주어진 시간 내에 제시된 문제를 논리적으로 풀어야하기 때문에 단편적인 글이라고 볼 수 있지만, 논문은 선후 인과관계의 증명이 가능하도록 체계적으로 짜는 보다 긴 글쓰기로서 논술처럼 단 몇 시간의 글쓰기로는 불가능하며, 자료조사와 가설의 설정, 연구방법의 선택과 문장의 작성 등에 장기간이 소요된다. 반면에 논설은 시사성 있는 문제에 대한 주의 주장을 펴는 것이므로 어떤 사안이 거론될 때 신속히 작성하여 보도해야 하는 글이다. 논설에서 시사성, 즉 신속성이 결여되면 때 지난 다음에 뒷북치는 행위가 되기 쉽다. 그러나 기자나 논설위원이 될 사람들이 습작으로서 쓰는 경우에는 때 지난 사안을 가지고도 연습용 논설을 쓸 수 있을 것이다.

결국 논술은 대학입학을 위한 수험용 글쓰기라고 할 수 있다. 그러나 이러한 논술 훈련을 통해서 논문과 같은 학술적 글쓰기, 그리고 논평이나 사설과 같은 사회적 글쓰기로 이어진다는 점에서 논술은 매우 중요하다. 즉, 논술교육은 단순히 대학입시의 목적을 위해 있는 것처럼 인식되고 있지만, 장기적으로는 이러한 대학입시의 목적을 넘어서 사회생활 및 학술활동을 위해 반드시 준비해야 하는 보다 크고 중요한 의미를 가진 글쓰기 교육이라 하겠다.

3. 독서와 사고력(思考力)

1) 독서의 목적과 방법

독서의 방법에 대해서는 앞에서 잠간 언급하였으므로 여기서는 각각의 독서법을 독서의 목적과 관련지어 살펴보기로 한다. 독서의 목적은 발달적 독서, 기능적 독서, 흥미 독서 등 3가지로 구분된다.[3]

첫째, 발달적 독서란 문자의 해독능력을 기르기 위한 책읽기이다. 유아기의 아이들은 그림책부터 시작하여 점차로 어휘가 많은 책으로 나아가며 문자와 어휘를 배우게 된다. 또한 초등학교 1학년에서 시작하여 상급학년

---

3) 김혜영, 2006, 『독서지도방법론』, 마산 : 경남대학교출판부, 18~21쪽.

으로 올라갈수록 국어, 수학, 사회, 과학 등 여러 가지 과목을 공부하면서 지식세계에 대한 이해력을 넓혀나간다. 이렇게 발달 단계를 거치면서 상급 학교에 올라가야만 각기 그 수준에 맞는 책읽기에 적응할 수 있고, 이해력이 더욱 신장되어간다. 이러한 단계를 거치지 않을 경우에는 독서능력의 발달이 없거나 매우 더디다. 예를 들면 과거 1950년대와 1960년대 가난으로 초등학교도 다니지 못한 아이들은 어른이 되어도 문자해독능력이 빈약하고, 어휘를 이해하는 능력이 부족하여 책을 읽지 못하는 경우가 많았다. 최근에도 동네 할아버지 할머니들과 말이 잘 통하지 않고, 동문서답이 종종 일어나는 것은 그 분들이 발달적 독서의 기회를 상실하고 일만 하고 살아오셨기 때문이다.[4]

발달적 독서에서 활용할 수 있는 독서방법은 우선 낭독이다.[5] 유아기나 초등학교 저학년에서 책을 큰 소리로 읽는 것은 문자의 터득과 의미의 이해력을 높인다. 또한 선생님이나 친구 등 다른 사람이 읽는 것을 잘 듣는 '청독'도 발달과정에서는 매우 중요하다. 스토리텔링은 이러한 '청독'의 일종이다. 어린이들은 낭독과 청독이 익숙해지면 점차 정독과 묵독의 방법으로 책을 읽을 수 있게 된다. 발달적 독서는 결국 읽기, 듣기, 쓰기, 말하기의 발달을 위한 독서이므로 다양한 시청각 방법을 동원할 필요가 있다.

둘째, 기능적 독서란 독서 본래의 기능을 발휘하는 진정한 독서이다. 독서의 본래적 기능은 정보와 지식을 습득하여 이를 창의적으로 활용할 수 있게 하는 것을 말한다. 우선 학교에서는 교과서나 참고서의 독서를 통해

---

4) 학원 등에서 초·중·고 과정을 배우시는 어른들은 늦게나마 발달적 독서의 과정을 경험하는 것이다.
5) '음독'이라고 하기도 하지만 어감이 좋지 않아 '낭독'으로 쓴다.

정보와 지식을 습득함으로써 지성인으로 사회에 진출하기 위한 준비를 한다. 이러한 과정에서 지식의 습득 정도를 점검하게 되며 그 점검의 방법이 곧 시험이라는 것이다. 따라서 어떤 과목에 시험 성적이 좋으면 그 학생은 그 교과에 대한 기능적 독서를 잘 한 것이다. 나아가 대학이나 일반사회에서도 학업과 연구를 하는 모든 활동에서 기능적 독서가 필수적으로 수반되며 이러한 활동을 활발히 하는 곳에서는 창조적 보고서와 논문이 생산된다. 정부조직이나 일반 회사에서도 자기 분야에 대한 기능적 독서가 있어야만 정책의 결정이나 회사의 경영계획에 창의적으로 반영할 수 있다. 따라서 기능적 독서는 학업수준의 향상과 학문의 발전, 그리고 공사(公私)경영기획의 기초가 되는 정보와 지식의 습득과 활용을 위한 독서라 하겠다.

기능적 독서의 방법으로는 정독과 묵독이 가장 많이 쓰인다. 어떤 자료를 꼼꼼히 살피지 않고서는 정확한 연구나 업무를 할 수 없기 때문이다. 물론 사안의 중요성에 따라 속독으로 대충 읽고 넘어가는 경우도 있으나 정보와 지식의 습득을 위해서는 정독이 필수적이며 한번 읽어서 이해되지 않으면 재독, 삼독, 사독, 오독 등 회수를 반복하여 읽어야 한다. 또한 중요한 사안은 세미나 발표 및 상호교육을 통해서 정확한 의미를 파악해야 한다.

셋째, 흥미 독서란 문자 그대로 재미를 느끼기 위한 독서이다. 소설책이나 만화책을 읽는 것은 정보를 얻기 위한 것이라기보다는 읽으면서 흥미를 느끼기 때문이다. 이는 마치 텔레비전 연속극을 보며 재미있어하는 것과 같은 것이다. 어린이들이 만화책을 좋아하는 이유는 재미에 유혹되기 때문이다.

흥미 독서의 방법은 주로 속독이다. 소설이나 만화책은 빨리 빨리 읽어도 재미가 있어 지루하지 않다. 만화책을 보는 아이들을 지켜보면 책장을

2~3초에 한 장씩 넘기며 낄낄거린다. 그러나 시나 수필 등 문학작품은 정독 및 재독 삼독이 필요한 경우도 많이 있다.

위에 든 세 가지의 독서 목적은 상호 밀접한 연관성을 가지고 있다. 즉, 발달적 독서를 하면서도 기능적 독서로 연결되고, 기능적 독서를 하면서도 흥미독서와 무관하지 않은 것이다. 학생들은 교과서를 읽고, 쓰고, 외우는 발달적 독서를 통해서 지식과 정보를 축적한다. 기능적 독서를 하는 것이다. 그리고 공부를 하면서도 즐거움을 느끼는 학생도 있다. 또한 연구자나 학자들은 기능적 독서를 하면서 독서능력이 더욱 고도로 발달되며 관심을 갖기에 따라서는 기능적 독서에서도 즐거움을 느낄 수 있다. 이 경우 독서의 효과는 더욱 높아진다. 따라서 가장 이상적인 독서는 발달적 독서와 기능적 독서, 그리고 흥미독서가 시너지를 내는 독서라 할 것이다. 독서를 통해서 정보리터러시 능력이 발달하고, 새로운 정보와 지식을 얻어 활용하며, 그러는 과정에서 흥미까지 느낀다면 금상첨화이다.

그런데 현실적으로 그렇게 되기는 매우 어렵다. 예를 들면 만화책을 보면서 흥미를 느끼는 학생이 딱딱한 교과서나 위인전은 잘 읽으려하지 않는다. 재미를 느끼지 못하기 때문이다. 따라서 독서지도에 있어서는 위의 세 가지 독서 목적을 고려하여 개개인의 흥미와 적성, 수준 등을 파악하여 적절한 읽기자료를 선택, 개인에 알맞은 방법으로 지도할 필요가 있다. 예를 들어 만화책을 좋아하는 학생에게는 내용이 좋은 만화책을 읽게 유도하면서 점차 기능적 독서로 나아갈 수 있도록 해주어야 한다. 중요한 것은 어느 목적의 독서이든 스스로 관심과 흥미를 느껴야 하며, 이는 초등학교에서부터 책읽기의 습관이 바르게 형성되어야 가능한 일이다. 초등학교에서의 올바른 독서지도가 중요한 이유가 바로 여기에 있다.

2) 독서와 메모 그리고 글쓰기

독서를 할 때 사람들은 그냥 책만 들여다보고 있는 경우가 많다. 그러다
가 꾸벅 졸기도 한다. 그러나 그러한 독서로는 독서의 효과가 적다. 특히
정보와 지식을 얻고 활용하기 위한 기능적 독서에서는 정독을 해야 하며,
책을 읽는 도중에 중요하게 느껴지는 문장이나 자기의 비판적 생각 내지
추가적인 아이디어를 메모해두는 것이 바람직하다. 자기소유의 책이라면
책의 여백에다 메모를 하여 나중에 참조하면 편리하다. 도서관의 책이라면
별도의 메모지나 독서 노트를 준비하여 메모해 가나는 것이 바람직하다.
이때 읽은 책의 서지사항과 해당 페이지를 적어 두어야 한다. 그렇지 못하
면 나중에 참조하고 싶어도 어디서 보았는지 출처를 찾기가 어렵다.

책을 읽고 나서 책의 내용을 요약하는 것은 매우 귀찮고 어렵게 느끼기
쉽다. 읽기도 지루했는데 요약까지 하는 것은 더욱 지루한 일이기 때문이
다. 그러나 학습 독서 등의 기능적 독서에서는 요약하여 기록해두는 것이
필수적이다. 반복 읽기에 매우 효과적이기 때문이다. 강의를 들을 경우에도
메모하면서 들으면 나중에 기억을 떠올려서 이해하기가 쉽듯이 책을 읽으
면서 또는 읽고 나서 내용을 요약하는 것은 독서의 효과를 그만큼 높여준
다. 이렇게 하면 기억 속에 저장이 더욱 잘되므로 나중에 꺼내 쓰기가 쉽다.
또 친구들이나 다른 독자들에게 책을 소개할 경우에도 요약기록을 제공하
면 매우 유용하다. 이 경우 친구들은 요약내용을 먼저 읽은 후 본인이 필요
한 책인지를 판단할 수 있고, 필요한 책일 경우 그 책을 정독할 수 있는
것이다.

독서 후의 기록은 다만 요약으로 끝나서는 효과가 적다. 요약도 필요하
지만 반드시 본인의 아이디어, 의문점, 반론, 표현상의 모순점 등을 지적하

여 적어두어야 한다. 단순한 내용의 요약은 지루하지만 본인의 아이디어를 기록하는 것은 그 책을 통하여 본인에게 일어난 새로운 사유를 기록하는 것이므로 보람 있고 흥미로운 것이다. 독서의 진정한 가치는 독자가 책을 통해서 본인의 사유의 폭과 깊이를 넓히는 것이라 할 수 있다. 사유의 확대를 통해 본인의 능력이 계발되고 나아가 학문이 발전된다.

그러나 독서교육에 있어서는 학생들에게 틀에 박힌 양식으로 독후감을 쓰게 하는 것은 독서 흥미유발에 역효과를 가져오기 쉽다. 독후감을 쓴다면 어떻게 쓰는 것이 좋은지 선생님들이 가이드라인을 제시할 수는 있으나 어떤 양식으로 무엇 무엇을 쓰라고 강요해서는 안 된다. 독후기록의 양식은 각자의 임의에 맡기고 스스로의 흥미에 따라 자발적으로 기록하도록 하는 것이 바람직하다. 그래야만 학생들의 독서의 흥미를 살려나갈 수 있다고 본다. 학생들이 책에다 기록하거나 공책에다 낙서처럼 해 두어도 본인들에게는 무의미하지 않다고 본다. 예를 들어 공부 잘하는 학생들의 교과서는 여백이 온통 메모로 가득 채워져 있다. 교과서 이외의 다른 책을 읽을 때에도 도서관장서가 아니라면 여백에 메모를 할 수 있을 것이고, 별도의 공책을 활용할 수 있을 것이다.[6] 다만 학교에서의 독서교육은 일정 기간마다 독서 발표회를 갖고, 우수자에게는 갖고 싶은 책으로 포상하고, 발표작품을 간행물로 제작 배포하는 등 독서동기를 적극적으로 유발하는 것이 바람직하다.

---

6) 학교도서관의 장서는 영구보존도서가 아닌 한 학생들이 자유롭게 메모할 수 있게 허용하는 것이 바람직하다고 본다. 어차피 영구보존도서가 아니라면 한 학생이 읽고 메모를 해둔 책은 다른 학생이 읽을 때 먼저 읽은 학생의 생각을 알 수 있게 되는 점에서 이해력을 넓히는 데 도움이 된다. 과거 선배들의 교과서를 물려받아 공부한 경험이 있는 분이라면 선배들의 메모가 이해에 도움이 되었다는 것을 인정할 것이다.

이러한 활동을 통해서 독서는 글쓰기로 자연스럽게 이어진다. 메모로부터 시작하여 점점 체계를 갖춘 글쓰기로 발전될 수 있다. 독서하지 않는 글쓰기는 초등학교 저학년 학생의 일기처럼 유치한 것이 되기 쉽다. 그러나 독서하지 않고 쓰는 일기라 하더라도 매일매일 습관적으로 쓰면 글 솜씨가 발전한다. 이는 학교에 다니면서 알게 모르게 성장하는 지식과 경험 확대에서 연유한다고 볼 수 있다. 따라서 독서메모를 하면서 매일 매일 일기를 쓴다면 단순한 글쓰기가 아닌 좀 더 내용이 충실한 체계적 글쓰기로 발전할 수 있다.

3) 유익한 독서, 유해한 독서

앞서 언급한대로 독서의 대상은 글이다. 독서란 책 속의 글이건 인터넷 속의 글이건 글을 읽는 것이다. 따라서 독서를 함에 있어 어떤 글을 읽느냐 하는 것은 매우 중요한 문제이다. 이는 장기적으로 독자의 지적 발달과 인간형성에 큰 영향을 미치기 때문이다. 모든 글 또는 모든 책이 다 좋은 것은 아니다. 인간사회는 언제나 선과 악이 존재하고 있어 글과 책도 이러한 선과 악의 바탕 위에서 산출되어 나오기 때문이다.

부모들은 자녀가 책을 잡고 있거나 책상 앞에서 컴퓨터를 보고 있으면 공부하는 것으로 알고 안심한다. 그러나 독서에도 유익한 것과 유해한 것이 있다는 것을 항상 명심할 필요가 있다. 예를 들면 포르노 잡지를 본다든가 인터넷에서 음란물이나 사행성 사이트를 보는 것은 어른에게도 어린이에게도 결코 이롭지 않다. 따라서 무슨 글을 읽느냐를 살펴보는 것이 독서지도의 첫걸음이다. 독서 대상의 선택은 곧 독서의 출발이기 때문이다.

좋은 글이란 단적으로 말하면 '진선미를 담고 있는 글'이다. 인간의 지적, 윤리적, 예술적 발달에 도움이 되는 글이라야 좋은 글이다. 예를 들면 고대로부터 수많은 선인들이 연구 저술한 고전들은 좋은 글을 담고 있다. 고전읽기를 권장하는 이유는 고전이 인간세상의 진선미를 역사적으로, 다양한 각도에서 가르쳐주기 때문이다. 교과서는 고전을 포함한 정선된 좋은 글을 학생들의 발달 단계에 맞추어 집약해 놓은 책이다. 따라서 교과서 읽기는 모든 독서의 기초가 된다. 교과서에는 참고문헌을 풍부하게 제시해 놓아야 한다. 좋은 독서지도란 교과서 읽기를 기초로 관련되는 고전 원문들을 많이 읽게 유도하는 것이다.

좋지 않은 글이란 다른 사람을 비방하는 글, 아집과 독선의 글, 말초신경을 자극하는 글, 사행성을 부추기는 글 등이다. 이런 글들은 책이나 잡지에 더러 있고, 인터넷에서는 매우 흔하다. 책의 경우는 이름난 학자의 저서에서도 자기 스승을 비방하는 글을 가끔 볼 수 있다. 문학작품 중에서도 욕설은 물론 관능적 표현을 많이 볼 수 있다. 이런 글이나 책들은 그 글과 책의 전체적 목적이나 예술성은 차치하고라도 어린 독자들에게는 유익함을 주지 못한다. 어린 독자들은 글의 전체를 파악하기에 앞서 단편적 표현을 먼저 배우기 때문이다. 또한 인터넷에 무차별적으로 떠 있는 포르노 동영상과 야한 설명들은 어른들에게도 백해무익하며 자라나는 청소년들에게는 매우 해롭다. 신선해야 할 이성 관계를 포르노가 전부인 것처럼 오도하기 쉬운 점에서 그러하다. 이러한 종류의 정보는 좋은 글을 쓰는데 아무런 도움이 되지 못한다.

따라서 독서지도에 있어서는 항상 좋은 책을 읽을 수 있는 좋은 환경을 마련하고 혹시라도 유해한 책이나 음란물에 접속하지 않는지를 잘 살펴야 한다. 어린이나 어른이나 금지하는 자료는 호기심이 더 가는 것이 인간의 심리이므로 초 중 고등학교도서관이나 공공도서관에서는 이러한 유해독서가 발생하지 않도록 세심한 주의를 기울여야 한다.

4. 독서와 표현력

1) 쓰기, 말하기는 독서로부터

예로부터 책을 많이 읽다보면 문리(文理)가 터진다는 말이 있다. 처음에는 생소한 글이라도 계속 반복해서 읽으면 문장 속에 담긴 깊은 뜻을 파악할 수 있다는 것이다. 일찍이 동양의 성인 공자는 독서광이었다고 전해진다. 공자의 독서는 위편삼절(韋編三絶)이라는 고사성어로 집약되었다. 당시의 책은 끈으로 묶은 죽간(竹簡)이었으며 위편은 가죽 끈으로 엮은 죽간인데, 공자는 이 가죽으로 된 책의 끈이 3번이나 끊어질 정도로 많이 읽었다는 것이다. 물론 오늘날의 책에 비하면 죽간에 들어간 내용이 많지는 않았을 것이고, 따라서 공자의 독서량이 그렇게 많지는 않았을 것이라는 반론도 있으나 어쨌든 공자는 독서를 많이 했음이 틀림없을 것 같다. 이러한 독서를 통하여 공자는 논어를 비롯한 많은 가르침을 남긴 위대한 '논술성인'이 되었다.

독서는 지식의 입력행위이다. 스스로 직접 경험하지 못한 지식들을 독서를 통해서 간접적인 경험으로 입력시키는 것이다. 사실 세상의 모든 지식을 직접 경험으로 터득하는 것은 불가능하다. 따라서 책을 통해서 통시적으로는 고대로부터 근대에 이르기까지 선인들의 지식과 경험을 배우고, 동시적으로는 오늘을 사는 세계 각국 문명인들의 철학과 과학을 간접적이나

마 경험할 수 있는 것이다. 이러한 입력행위가 없으면 출력도 불가능하다. 머리에 든 것이 없으면 나올 것도 없는 것은 당연한 논리인 것이다.

논술은 출력행위이다. 출력이란 머릿속에 들어있는 지식정보들을 조직하여 말이나 글로 끄집어내는 것이다. 말로 끄집어내면 강연, 강의, 연설이 될 것이고, 글로 끄집어내면 논술, 논문, 논설이 될 것이다. 강의나 연설을 잘하는 사람은 원고가 없더라도 머릿속에서 자꾸만 새로운 말을 출력할 수 있다. 처음에는 미처 생각하지 못했던 것도 말하는 도중에 생각이 나서 예를 들어가면서 멋지게 설명한다. 독서 및 경험을 통해 머릿속에 입력된 것이 많기 때문이다. 그러나 연설이나 강의를 잘 못하는 사람은 원고를 써가지고 단순히 읽을 뿐이다. 원고에서 조금이라도 표현이 달라지면 당황하기 쉽다. 달라진 상황을 적절히 연결할 수 있는 배경 지식이 부족하기 때문이다. 이러한 현상은 발표수업을 해보면 금방 수 있다. 배경지식의 독서를 충분히 한 학생은 막힘없이 설명을 한다. 그러나 충분한 배경지식이 없는 학생은 설명이 막혀 홍당무가 되기 쉽다. 이렇게 볼 때 말하기와 쓰기는 독서에서 나오며 독서라는 간접경험이 없다면 스스로의 체험에서 우러나오는 것이다. 이도 저도 아니면 일상적인 대화는 가능하겠지만 적어도 테마를 가진 말하기와 쓰기는 불가능한 것이다.

2) 스스로 표현하기

독서를 많이 해서 입력된 것이 많다고 하더라도 표현 연습을 하지 않으면 표현력이 증대되지 않는다. 대중 앞에서 말을 해보지 않은 사람은 말이 서툴고 엉뚱하고 이상한, 말도 안 되는 말이 튀어나오는 것을 경험할 것이다. 이는 스스로 표현연습을 해보지 않았기 때문이다. 따라서 독서를 통해 입력한 지식이 많더라도 스스로의 말과 글로 표현하는 연습을 하지 않으면 안 된다. 이는 말하기도 글쓰기도 마찬가지다. 어떤 이는 말은 참 잘하는데 글을 쓰려고 하면 막혀버린다. 말하는 기능만 치우쳐 발달했기 때문일 것이다. 또 어떤 이는 글을 잘 쓰는데, 말은 서툴고 조리가 없어 싱거운 경우가 있다. 말을 글로 짜서 표현하는 연습을 하지 않았기 때문이다.

이렇게 볼 때 말하기와 글쓰기는 스스로 표현하는 훈련을 계속하지 않으면 결코 늘지 않는다는 것을 알 수 있다. 어떤 테마를 잡아 스스로 말하고 쓰는 연습을 지속해야만 하는 것이다. 예를 들어 교수가 강의를 할 경우에도 강의안을 써서 혼자서 거울을 보고 강의를 해보아야 한다. 그리고 틀리는 부분을 끊임없이 고쳐야 한다. 논술도 마찬가지다. 스스로 문제를 내고 스스로 써보는 훈련을 지속해야만 좋은 글을 쓸 수 있는 것이다. 결국 말하기와 글쓰기는 자발성에 기초를 두고 있다. 나의 말 나의 글은 내가 표현하는 것이지 다른 사람이 표현하는 것이 아니기 때문이다. 물론 대학입시 논술은 타율적인 글쓰기이지만 이러한 타율적인 글쓰기도 자발적 글쓰기 연습이 잘 되어 있어야만 가능한 것이다.

5. 독서와 도서관, 그리고 논술

1) 독서와 논술의 장 : 가정, 학교, 사회

독서와 논술을 잘하기 위해서는 독서와 논술의 장(場)이 잘 갖추어져 있어야 한다. 독서와 논술의 장은 가정과 학교 그리고 사회이며 이는 교육의 장과 동일하다.

　가정은 독서의 출발점이자 도착점이다. 독서는 가정에서부터 시작된다. 유아기 어린이의 독서습관 형성은 부모와 가족들에게 달려 있다. 가정에 서재를 갖추어 놓고 가족들이 독서를 생활화 하고 있는 가정의 자녀들은 그만큼 독서를 잘하게 된다. 부모의 적정한 독서지도도 필요하다. 그러나 부모의 독서지도는 부모의 독서취향이 작용하기 마련이어서 자녀의 적성과 소질을 살리는 독서에는 방해가 될 수 있다. 따라서 부모의 자녀에 대한 독서지도는 유해한 독서를 예방하는 수준에서 자연스러운 독서환경을 제공해 주는데 그쳐야 한다. 어떤 책을 읽고 독후감을 쓰게 한다든지, 읽은 책의 내용을 시시콜콜 말하게 하는 것도 좋은 방법은 아니다. 이는 초등학교저학년 까지는 효과가 있을지 모르나 더 성장한 자녀들에게는 역효과가 날 수 있다. 아이들은 성장할수록 부모의 간섭을 싫어하기 때문이다.

　학교는 가장 중요하고도 체계적인 독서와 논술 교육의 장이다. 모든 수업시간이 독서와 논술시간이라 해도 과언이 아닐 것이다. 학교는 교과서를 읽고, 설명을 듣고, 문제를 풀어보고, 써보고, 발표하는 곳이다. 발달적 독서와 기능적 독서가 동시에 이루어지며, 시각, 청각을 포함한 모든 독서방법이 동원된다. 학교 수업을 충실히 받는 학생은 독서와 글쓰기 능력이 자연스럽게 발달한다. 나아가 학교에서 배운 읽기 쓰기능력은 평생 동안 사회생활의 기반이 된다. 따라서 학교에서는 독서와 논술을 고려한 수업설계와 실행이 필요하다. 또한 수업에 필요한 정보자료를 제공하면서 학생들이 자발적으로 독서와 논술능력을 기를 수 있는 도서관이 필요하다.

　사회는 범위가 매우 넓어서 독서와 논술의 장으로서 사회를 말하기는 매우 어렵다. 그러나 가정과 학교를 제외시키고 나머지 사회 속에서 독서와 논술환경이 되는 장소로 범위를 좁히면 전국에 산재해 있는 각종 도서관을 지목할 수 있다. 사실 도서관은 어떤 종류의 도서관이든 그가 속해 있는 사회의 평생교육기관이다. 학생들은 방과 후나 주말에 인근의 공공도서관을 활용하여 독서를 확대하고 논술을 연습할 수 있다. 도서관의 전문사서들은 학생들에게 독서와 논술을 지도하고 안내할 수 있다. 좋은 공공도서관은 학생들의 독서와 논술능력의 향상에 폭 넓은 장을 제공한다. 나아가 공공도서관은 모든 시민의 정보리터러시와 문화리터러시를 제고하는 사회적 장이다.

2) 학교도서관의 유용성

앞서 언급한 바와 같이 학교는 가장 중요한 독서와 논술 교육의 장이다. 또 학교 안에서는 도서관이 독서와 논술 교육의 중심적 공간이다. 각 교과의 수업 준비는 도서관의 협조로 이루어지는 것이 이상적이다. 그래야만 수업자료가 충실해지고 학생들의 정보자료 활용 능력이 발달한다. 교과교사들은 사서교사와 협조하여 수업에 관련되는 도서관 자료를 충분히 확보하여 활용함으로써 수업의 질을 높일 수 있다. 학생들은 수업 전에 미리 참고자료를 찾아 예습하거나 수업 후에 선생님이 제시한 자료를 직접 찾아서 읽음으로써 학습효과를 높일 수 있다. 평상시 수업에서 도서관의 정보 활용방법을 체득함으로써 상급학년에 오를수록 정보리터러시 능력이 향상되고, 글을 쓰고 논문을 쓰는 기초가 형성된다. 학습은 학습자 스스로의 구성에 의해 발달된다는 구성주의 교육 이론은 학교도서관이 잘 가동될 때만 효능을 발휘할 수 있다고 본다. 도서관은 학생들에게 스스로 구성하며 배울 수 있는 풍부한 '구성의 소재'를 제공해주기 때문이다.

3) 교사의 역할

독서지도와 논술 교육이 어렵다는 것은 독서와 논술 자체의 어려움에도 원인이 있겠지만, 또 하나의 중요한 요인은 독서 및 논술 교육에 대한 연구와 노력 등 공교육에서의 정책적 뒷받침이 미약한데 있다고 본다. 다시 말해 독서지도와 논술지도가 어려운 이유는 이를 위한 체계적인 지도법 및 수업방법이 개발되지 못했기 때문일 것이다. 수업에서 독서와 논술을 활용할 준비가 되어 있는 교사라면 누구나 논술지도에 어려움이 적을 것이다. 따라서 공교육에서 교사들이 독서지도와 논술지도를 수행할 수 있는 여건을 조성해 줄 필요가 잇다.

한편 교사 스스로도 독서와 논술지도에 대한 연구와 아울러 그 결과를 수업 현장에서 적극 활용하려는 의지가 있어야 한다. 이를 위해 교사들은 해당 학년의 전 교과에 대한 통합교과적 독서를 지속해야 하며, 고전과 명저, 시사문제들을 끊임없이 탐독하면서 아이디어의 메모, 글쓰기, 논문쓰기를 지속해야 할 것이다. 스스로 독서와 논문을 쓰지 않으면서 학생들에게 독서와 논술 교육을 수행하기는 어렵다고 본다.

또한 학교도서관의 사서교사들은 수업을 담당하는 교과가 없으므로 독서와 논술 교육을 자연스럽게 할 수 있는 좋은 위치에 있다. 교과교사와의 수업정보 상담은 물론 학생들의 독서지도와 논술지도를 함께 수행할 수 있는 것이다. 그러나 이를 위해서는 사서교사의 독서 및 글쓰기 능력이 구비되어야 하며, 이 역시 본인들의 연구와 노력은 물론 체계적인 재교육 프로그램을 통하여 논술 능력을 개발하는 교사교육이 뒷받침되어야 할 것이다.

6. 나오며

1) 효과적 독서지도와 논술교육의 방향

결론적으로 효과적으로 독서지도와 논술지도를 하기 위해서는 첫째, 공교육을 담당하고 있는 교육정책당국과 교사들의 인식이 전환되어야 한다고 생각된다. 교육정책 당국은 독서와 논술의 중요성을 인식하고, 독서와 논술교육이 효과적으로 이루어질 수 있도록 정책지원을 해야 할 것이다. 독서와 논술이 특별활동의 하나가 아니라 전 교과를 통합하는 또 하나의 중요한 교과로서 인식되어야 한다는 것이다.

둘째로는 교육을 직접 담당하고 있는 선생님들의 독서와 글쓰기 지도 능력이 제고되어야 한다. 독서지도와 글쓰기 지도가 효과적으로 되지 못하는 이유 중의 하나는 선생님들의 통합교과적 독서 부족과 글쓰기의 부족을 들 수 있을 것이다. 선생님들이 읽고 쓰지 않으면서 학생들을 지도하기는 어렵다. 또한 독서를 해도 자기 전공분야만 국한해서는 통합적 지식과 판단 능력이 연마되지 않으며, 글쓰기를 해도 자기 전공분야의 글이나 신변잡기의 글쓰기에 국한한다면 통합적 논술지도는 어려울 것이다.

셋째, 학교와 지역사회에서 독서지도와 논술지도의 환경이 조성되어야 한다는 점이다. 우리 학생들은 학교에 가면 빡빡한 수업시간이 압박하고, 수업이 끝나면 국영수 사설학원으로 가야하는 현실에 묶여져 있다. 따라서 독서와 논술을 연마할 수 있는 장소적 시간적 환경이 거의 없다고 볼 수밖에 없다. 독서와 논술을 위해서는 학교도서관이나 공공도서관에서 책을 읽고, 독서와 논술 프로그램에 참여할 수 있는 공교육 환경이 조성되어야 한다. 이러한 문제를 해결하기 위해서는 독서와 논술의 물리적 중심환경으로 역할 할 수 있는 학교도서관에 대한 교육사회적 인식이 획기적으로 전환되지 않으면 안 된다. 또한 학교도서관의 교육적 역할을 유지하여 나가는 인적 환경으로서 사서교사의 전문성과 독서 논술 지도 능력을 배양해야 한다. 또 모든 교과교사의 도서관에 대한 인식과 정보 활용 능력을 제고하면서 각자 전공분야를 기점으로 통합교과적 독서와 논술 지도능력으로 확대하지 않으면 안 될 것이다. 나아가 모든 지역사회의 공공도서관들도 공교육의 수월성을 지원하는 사회교육의 장으로서 보다 내실 있는 교육프로그램을 개발, 운영함으로써 시민의 독서 및 글쓰기 능력을 제고하는 데 일익을 담당해야 할 것이다.

3

독서와 인간경영

안녕하세요? 방금 소개받은 이종권이라고 합니다. 이렇게 일찍 회사에 출근하신걸 보니 여러분은 아마도 '아침형 인간'인 것 같습니다. 저는 나이가 들어서 그런지 새벽 4시만 되면 잠이 깹니다. 자연스럽게 '아침형 인간'이 된 셈인데, 요즘은 방학이라 집에 있다 보니 남들 출근시간인 9시만 되면 다시 졸립니다. 진정한 의미에서 아침형인간이 아닌가 봐요.

저는 집이 가좌마을이라 대화역을 자주 지나다닙니다. 그러나 이곳 대화역 부근에 이렇게 큰 치과가 있는 줄은 금년 여름까지도 몰랐었습니다. 건성으로 다녀서 그런가봅니다. 그런데 우연한 기회에 대화도서관 관장으로부터 사과나무치과에서 독서모임을 하는데 운영자문을 좀 할 수 있겠느냐는 문의가 왔습니다. 독서모임을 한다는 말에 반가워서 얼른 대답을 했더니 이렇게 좋은 치과병원을 알게 되었습니다. 그러나 여러분들은 다 지식인이고 전문가들이신데 공연히 제가 공자 앞에서 문자 쓰는 격이 되지 않을까 염려됩니다.

저는 사과나무 책모임의 운영위원회에 10월과 11월 두 차례 참석해 보았습니다. 원장님의 뜻과 취지가 참 좋다고 생각되었습니다. 특히 책모임의 추진 동기가 직원들에게 흥미위주의 독서를 하게 하려는 것이 아니라 자기 개발과 능력발전을 목적으로 하신다는 말씀이 정말 감동으로 와 닿았습니다.

그러나 한편 걱정이 되기도 하였습니다. 근무에 바쁜 직원들에게 너무 부담을 주고, 혹시라도 고통을 드리지는 않을까 해서 말입니다. 그러나 책을 읽는 것은 누구나 다 좋은 일이라고 생각할 것입니다. 그렇다면 책을 읽는 것을 고통으로 여기지 않도록 하는 예방책이 필요합니다. 좋은 일을 고통 없이 추진한다면 그 결과는 기쁨과 보람으로 나타날 것입니다. 아니 다소의 고통을 감수하고라도 좋은 일을 의욕적으로 실행한다면 그 결과는 더 큰 행복으로 다가올 것입니다.

그래서 저는 오늘 여러분들에게 책 읽기와 글쓰기를 행복하게 실천하는 방법을 좀 말씀드리려 합니다. 이를 통해 사과나무 책모임이 추진하는 독서활동이 고통이 아닌 즐겁고 행복한 활동이 될 수 있도록 힘을 실어드리고 싶습니다. 제가 얼마나 여러분에게 다가갈 수 있을지는 모르겠습니다. 그러나 지금까지 문헌정보학자로서 살아온 경험을 통해서 독서와 글쓰기에 대한 몇 가지 기본적인 생각들을 말씀드려보겠습니다.

독서의 목적은

우선은 독서를 왜 하는가? 즉 독서의 목적을 바로 정립할 필요가 있다고 봅니다. 여러분은 고등교육을 다 받으셨기에 독서를 왜하는가에 대해서는 설명이 필요 없을 거라 생각됩니다. 그러나 우리들 주위에서는 흔히 '독서'라고 하면 취미로서, 무료한 시간을 달래기 등으로 가볍게 여기는 경우를 자주 봅니다. 물론 그러한 것도 우리의 삶에 도움이 안 되는 것은 아닙니다.

그러나 독서의 궁극적 목적은 인간경영, 즉 자기 경영을 잘하기 위해서라고 생각합니다. 예로부터 훌륭한 생을 살다간 선인들은 문인이든 무인이든 독서광이었다는 말을 전해 듣고 있습니다. 공맹(孔孟)어른, 소수림왕, 세종대왕, 정조, 다산 정약용, 이순신, 안중근 등, 그리고 서양의 아리스토, 알렉산더, 나폴레옹, 플랭클린 모두 책을 읽고 글을 쓰는 달인이었다고 할 수 있을 것입니다.

지금도 경영자들은 늘 책을 읽고, 생각하고, 기획을 합니다. 정부나 회사나 경영자들은 독서를 게을리 하지 않는 것 같습니다. 요즘은 인터넷이 있어서 독서를 덜 하는 것 같지만 인터넷이 전부는 아닙니다. 불과 십년 전에 비해 전국에는 도서관이 급격히 늘어났습니다. 2000년에 400개이던 공공도서관이 2008년에는 600여개로 늘어났고, 2013년까지 900여개로 확충할 계획으로 있습니다. 국민의 평생교육을 위해 친 독서환경을 구축해 나가고 있는 것입니다. 인터넷이 만능은 아니기에 인터넷은 인터넷대로, 책은 책대로 좋은 점을 취하여 신속하게 정보를 습득하고 아이디어를 모아서 적절한 의사결정을 합니다. 경영자들은 먼저 인간경영을 잘 하고 이를 바탕으로, 또는 동시에 조직경영을 하고 있으며 그 밑바탕에는 언제나 독서를 통한 아이디어의 창출이 있다는 것입니다.

사과나무치과에서 직원들을 위해 독서환경을 구축하고 인재개발의 기회를 삼고자하는 것은 매우 현명한 판단인 것 같습니다. 공공도서관에 갈 수 없는 직원들에게 바로 현장에서 좋은 책들을 선정하여 제공함으로써 직원 각자의 인간경영과 사과나무치과라는 회사의 경영을 보다 잘 해보려는 경영자의 의지가 담겨 있는 것입니다.

저는 블로그를 하나 운영하고 있는데 사과나무치과 홈페이지를 제 블로

그에 링크해 놓았습니다. 사과나무 '미니도서관'도 소개하였습니다. 앞으로 독서모임을 추진함에 따라서 보다 내실 있는 마케팅을 해볼 생각입니다. 이것은 저 자신의 블로그 아카데미를 위한 마케팅이지만, 사과나무 치과를 위한 마케팅도 될 것입니다. 선정된 도서의 목록, 회원들이 참여하여 쓰신 독후활동 사례들을 인터넷으로 소개함으로써 제 블로그의 접속자들을 사과나무치과의 고객으로 만들었으면 좋겠습니다. 더 욕심을 낸다면 대화역을 왕래하는 시민들에게도 사과나무 독서모임을 소개하고, 사과나무 독서모임을 외부고객의 독서모임으로 확대한다면 사과나무치과의 고객확대에도 도움이 되지 않을까 생각해봅니다.

요약하면 독서는 흥미나 취미의 차원을 넘어서 나 자신의 '인간경영'과 회사의 경영을 위해서 필수적으로 해야 한다는 마음가짐이 중요합니다. 그리고 독서의 결과에서 얻은 지식과 지혜 그리고 새로운 아이디어는 반드시 활용하는 방법을 모색해야 할 것입니다. 즉 실천과 적용을 위한 독서를 하는 것이 가장 좋다고 생각합니다.

그러면 지금부터는 책읽기와 글쓰기 그리고 도서관 활용에 대하여 전반적인 말씀을 드리겠습니다.("책읽기와 글쓰기 그리고 도서관 활용" PPT강의)

끝으로 책모임 운영위원회에서 아직 확정된 것은 아니지만 앞으로 있을 독후감의 심사에 대해서 일반적인 원칙과 기준을 간단히 말씀 드리겠습니다. 심사기준은 대체로 4가지로 잡고 있습니다.

1. 이해력 : 어떤 책을 읽고 주요 내용을 파악한 정도

2. 논리력 : 글을 논리적으로 전개하는 능력

3. 표현력 : 문장의 간결성과 명료성, 표준 어법의 준수여부

4. 독창성 : 책을 읽고 얻은 새로운 아이디어와 현실 적용가능성

　끝으로 우리가 피울 수 있는 것은 여러 가지가 있습니다. 담배, 게으름, 바람, 그리고 꽃입니다. 담배를 피우면 건강에 해롭고, 게으름을 피우면 발전할 수 없으며, 바람을 피우면 가정이 풍비박산 날 것입니다. 그러나 꽃을 피우면 아름답고 예쁜 향기가 납니다. 사람은 '마음의 꽃'을 피울 수 있으며 마음 꽃은 바로 독서를 통해서 피어납니다. 사과나무 책모임의 독서활동이 여러분의 마음 꽃을 한껏 피워 개인의 발전과 회사의 발전, 그리고 나라의 발전으로 나아갈 수 있기를 기원하겠습니다.

독서의 진실

　지구에 문명사회가 태동된 이후 독서는 어느 시대, 어느 사회에서나 강조되어 온 인간 삶의 중심 주제가 되어왔다. 동서양을 불문하고 문명 발생 초기부터 현대에 이르기까지 어떤 형태로든 책과 도서관이 있어왔고, 책과 도서관 그리고 이를 활용한 교육을 통해서 문명이 진보해 왔다는 사실은 누구도 부인할 수 없는 사실이다. 그 만큼 독서는 우리 인간이 살아가는 데 있어 정치, 경제, 사회, 문화, 예술 등 모든 면에서 삶의 질과 가치를 높여주는 정신활동이기 때문이다.

　그런데 사람들은 흔히 일상적으로 중요한 문제를 망각하는 속성을 지니고 있는 것 같다. 독서가 중요하다는 것은 누구나 알고 있는 것 같은데 실생활에서는 (필자역시) 책 읽기를 잘 실천하지 못한다. 초등학생들은 학교와 학원을 다니기 바쁘고, 중·고등학생들은 대학입시 준비하느라 바쁘고, 대학생들은 취업준비에 바빠 독서할 시간이 없다고들 말한다. 직장인이나 일반인들은 먹고살기 바빠 독서할 시간이 없다고 한다. 물론 학생들은 교과서와 참고서로 공부하고 직장인과 사회인들은 그들의 업무나 사업에 필요한 자료를 읽어야 하기 때문에 독서를 아예 하지 않는다고 말할 수는 없다.

그러나 공부와 업무에 국한된 독서는 그 폭과 깊이가 좁고 얕을 수밖에 없어 삶의 질과 가치를 높이는 데 한계가 있다. 전공공부를 많이 한 교사, 박사, 교수라도 인격이 모자라는 사람들이 많고, 일을 잘하는 사람도 부정부패에 연루되는 경우가 많은 것을 보면 "공부와 독서는 본질적으로 같지 않다."는 가설을 세워볼만하다.

"공부가 곧 독서이고 독서가 곧 공부"라는 상식적인 생각도 완전 기각되는 '가설'은 아닐 것이다. 그러나 오늘날 공부와 독서는 그 동기와 목적이 좀 다르다는 점에서 양자 간에 차이가 있다고 본다. 일반적으로 인식되고 있는 공부의 동기는 좋은 성적으로 일류대학을 나와 출세를 하는 데 있다. 공부의 목적은 출세하여 평생 부자로 사는 것이라고 말할 수 있을 것이다. 그러나 독서의 동기는 인간적 감성과 지성 그리고 철학을 형성하는 것이며, 독서의 목적은 인간다운 행복을 누리며 사는 것이라 말할 수 있을 것이다. 예전의 선비사회에서는 공부의 목적과 독서의 목적이 일치했을지 모르지만 '출세와 치부의 가치'가 우세한 현대사회에서는 공부의 목적과 독서의 목적이 불일치하게 되어버린 것이다.

그러나 공부의 목적이 입시 위주로 변질되었다 하더라도 공부는 본질적으로 인간이 인간다운 삶을 추구하는 데 목적을 둔다. 공부라는 말은 교육이라는 말과 함께 우리 삶의 질과 가치를 높여주는 활동인 것이다. 우리가 공부하지 않고는 무엇 하나 이룰 수 있는 것이 없다. 한글을 공부해야 한글을 알고, 수학을 공부해야 수학문제를 푼다. 정치, 역사, 윤리, 도덕, 행정, 예술 어느 것도 공부하지 않고는 터득하지 못한다. '인생 공부'라는 말도 있다. 이러한 공부를 도와주기 위해 먼저 공부한 사람이 나중에 공부하는 사람을 안내하는 것을 교육이라고 말하고 있다. 따라서 가르치는 사람도 배우는 사람도 공부를 해야 하며 그 중간에는 반드시 책이라는 도구가 존재한다. 이러한 논리로 볼 때 공부를 위해서는 책이 필요하며, 독서가 필요하다. 따라서 독서는 공부를 위한 수단이지 목적은 아니다. 그런데 앞서 본 것처럼 공부가 입시공부나 취업을 위한 공부 등 매우 제한된 목적으로 변질되는 바람에 수단으로서의 독서도 덩달아 제한되고 변질되는 현상을 낳게 되었다.

사회적으로 '진정한 공부' 분위기가 조성되고 있다면 독서 역시 본연의 역할을 발휘할 수 있을 것이다. 그러나 오늘날처럼 입시와 취업 등에 전념해야 하는 상황에서는 독서도 제 역할을 다하기가 어려운 것이다. 입시나 취업 등의 시험용 공부는 공부의 능률을 위해 극히 제한적 독서를 할 수밖에 없다. 또한 시험을 위해서도 윤리와 도덕 등을 공부하지만 이것은 어디까지나 수험용이고 실제에서는 잘 활용되지 못하는 것이 시험용 독서의 맹점이다. 그러나 진정한 공부를 하는 사람은 배운 바를 수험용으로 사용할 뿐 아니라 실제 생활에서도 활용하고 실천하는 태도를 취한다. 이들은 단지 지식만을 습득하는 독서가 아니라 가슴으로 느끼고, 깨닫고, 실천하는 독서를 하는 것이다. 수험용 공부만을 할 때 독서는 진가를 발휘하지 못한다. 그러나 '진실한 독서'를 하면 '진정한 공부'를 할 수 있다. 공부는 목적이고 독서는 수단이지만 목적이 왜곡되더라도 수단을 바로잡으면 목적도 바로잡을 수 있다. 이것이 '독서의 진실'이 아닐까?

새 독서삼품과

독서삼품과(讀書三品科)란

　신라 원성왕 4년(788년)에 족벌중심의 인재 등용을 없애고 독서 본위로 인재를 뽑기 위해 마련한 공무원 선발제도였습니다. 삼국사기에 의하면 이 제도는 독서의 성격에 따라 상, 중, 하로 나뉘었는데 상품은 『춘추좌전』, 『예기』, 『문선』, 『논어』, 『효경』을 읽은 사람, 중품은 『곡례』, 『논어』, 『효경』을 읽은 사람, 하품은 『곡례』, 『효경』을 읽은 사람으로 구분하였답니다. 또 『5경』, 『3사』, 『제자백가서』에 능통한 사람이 있으면 '특품'이라 하여 우선적으로 관리에 등용하였다고 합니다.[1] 책을 많이 읽되 수준이 높은 책을 읽은 사람을 공무원으로 뽑은 것입니다. 이렇게 우리 조상들은 독서에도 품질을 정하여 놓고 그 실력을 가늠했던 것입니다.

---

1) 두산동아백과사전연구소 편, 1996, 『두산세계대백과사전』 8권, 98쪽.

우리학교의 독서 등급은

유치원, 초등학교, 중학교, 고등학교 모두 학년이 있습니다. 그리고 학년이 오를수록 더욱 수준 높은 공부를 하게 되어 있지요. 그런데 대부분의 학교에서는 독서를 많이 하기보다는 교과서와 참고서를 가지고 시험공부를 하는 데 중점을 두므로 폭넓은 독서를 할 수 없는 아쉬움이 있습니다. 독서는 공부만이 아니라 다양한 인격과 지식, 지혜를 갖추는데 필요한 정신적 양분을 섭취하는 일인데 그 영양분을 잘 섭취하지 못하는 것은 큰 손실이지요. 그래서 도서관, 특히 어린이도서관은 어린이들이 좋은 책을 많이 읽어 광범하고 풍부한 지식과 지혜의 영양분을 섭취할 수 있도록 도와줍니다.

우리조상들이 만든 '독서삼품과'에서 '품'은 '품질'을 의미합니다. 품질에는 낮은 것, 보통, 아주 좋은 것이 있습니다. 품질은 물건에만 있는 것이 아니라 우리의 행동에도 있습니다. 일단 버릇없고 게으른 행동은 품질이 좋지 않은 행동입니다. 예의바르고 성실한 행동은 품질이 좋은 행동입니다. 독서라는 행동도 점점 품질을 높여가야합니다. 글자를 아는 것에서 책을 읽고 이해하는 것, 책을 읽고 글을 쓸 수 있는 것으로 단계를 높여야합니다.

첫째, 제3품 독서는 글자를 배우는 것입니다.

독서를 하기 위해서는 먼저 글자를 알아야 합니다. 한글, 한자, 영문자, 일본 가나, 아라비아숫자, 로마숫자 등 각 언어의 글자를 알아야만 그 언어로 된 책을 읽을 수 있잖아요? 글자를 익히는 것은 기본 중의 기본입니다. 또 한 걸음 더 나아가 낱말을 많이 알아야 합니다. '제3품 독서'는 글자를 익히고 낱말을 익혀 독서의 기초를 다지는 것입니다.

둘째, 제2품 독서는 책을 읽고 이해하는 독서입니다

독서는 책을 읽고 그 내용을 이해하는 것입니다. 책에 있는 글자를 알아도 그 뜻을 파악하지 못한다면 독서를 했다고 말할 수 없습니다. 글자로 구성되어 있는 낱말의 뜻을 알 뿐 아니라 낱말들로 구성된 문장의 뜻을 이해해야 합니다. 나아가 문장으로 구성된 단락의 의미를 정확히 파악해야만 책을 읽는 효과가 있습니다. 책을 읽으면서 꾸벅꾸벅 조는 사람은 책의 내용을 알지 못합니다. 책을 마지못해 대충 읽는 사람도 책의 내용을 이해하지 못합니다. '제2품 독서'는 각자 자신에게 알맞은 책을 골라 잘 읽고 뜻을 이해하는 독서입니다.

셋째, 제1품 독서는 글쓰기 독서입니다.

독서의 가장 높은 수준은 책을 읽고 이해할 뿐 아니라 읽은 책의 내용을 참고하여 스스로 글을 쓸 수 있는 가장 높은 단계의 수준입니다. 글을 쓰는 것은 단지 남이 써 놓은 것을 그대로 베끼는 것이 아니라 자신의 참신한 생각을 보태어 자신의 말로 쓰는 것입니다. 글쓰기 독서를 잘 하려면 매일 일기를 쓰고, 특히 독서일기를 쓰면 좋습니다. 이런 독서일기쓰기습관이 발전하면 논술능력이 향상되고 나아가 창의적인 글을 잘 쓸 수 있습니다. 책을 많이 읽고, 읽으면서 생각하고, 메모하고, 글을 쓰는 연습을 계속해야 합니다. 이것이 '제1품 독서'입니다.

결국 독서란 글자를 알고, 단어를 알고, 내용을 이해하고, 글을 쓰는 단계적인 과정입니다. 그러나 각 단계가 따로 떨어져 있는 것이 아니라 서로 도움작용을 하면서 발전합니다. 글자를 배우면서 낱말을 배우고, 낱말을 배우면서 글자를 더욱 확실히 익힐 수 있습니다. 독서를 하고 일기를 쓰면 글쓰기 실력이 빠르게 향상됩니다. 이것은 국어, 영어, 중국어 등 모든 언어로 된 책을 읽을 때 공통적으로 적용되는 독서단계의 원칙입니다. 어린이, 청소년, 어른 모두 이 원칙을 가지고 독서를 생활화하면 참 지혜로운 사람이 될 수 있겠지요?

6

리더(reader)가 리더(leader)

책 읽는 어린이, 책 읽는 엄마아빠, 바라만 보아도 참 든든하고 보기 좋은 모습입니다. 그들은 무언가 길을 찾고 있기 때문입니다. "책 속에 길이 있다."는 말처럼 책은 독자에게 길을 안내해 줍니다. 책 읽는 사람은 좋은 길을 잘 찾아가는 사람입니다. 그런데 집에, 도서관에 책이 아무리 많아도 읽지 않으면 길을 찾을 수 없지요. 책은 정성스럽게 잘 읽는 사람에게만 길을 가르쳐 준답니다.

세상에 길은 참 많아요. 지도에 그릴 수 있는 여러 길, 고속도로, 시내도로, 뱃길(航路), 비행기 길(航空路) 등 말이에요. 학교에 갈 때도 도서관에 올 때도 아스팔트길, 오솔길, 산책길 등 여러 길이 있어요. 그런데 놀라운 것은 우리의 마음에도 길이 있다는 것입니다. 무슨 길이냐고요. 우리의 앞날을 조정하는 정말 중요한 길이랍니다.

우리 마음에는 큰 길, 작은 길 모두 있습니다. 확 트인 마음의 큰 길을 옛날 사람들은 도덕(道德: 길 도, 큰 덕)이라고 불렀어요. 도덕을 갖춘 사람은 큰 사람으로서 지도자가 되었습니다. 도덕을 갖추지 못한 사람은 아무리 꾀를 내어도 지도자가 되지 못했습니다. 지도자는 반드시 넓고 큰 마음의 길, 즉 도덕을 닦아야 함을 우리는 역사를 통해 알 수 있습니다.

그런데 그 마음의 큰 길은 무엇을 통해 찾을 수 있을까요? 바로 책을 통해 찾을 수 있습니다. 책에는 온갖 마음의 길이 있답니다. 작은 길을 안내하는 책도 무수히 많이 있고, 큰 길을 안내하는 책도 무수히 많이 있습니다. 작은 길을 안내하는 책을 읽으면 작은 길을 잘 갈 수 있습니다. 큰 길을 안내하는 책을 읽으면 큰 길을 갈 수 있습니다.

책을 안 읽는 사람은 좋은 길을 갈 수 없습니다. 좋은 길을 갈 수 없는 사람은 지도자가 될 수 없습니다. 자기만의 좁은 테두리에 갇혀 맴돌다가 시간을 허비하고 초라하게 살수밖에 없습니다. 예를 들어볼까요 거리에 나와 앉아 구걸하는 노숙자들을 보세요. 그들은 대부분 책을 읽지 않았고, 읽지도 않습니다. 글자만 어느 정도 알뿐 책을 읽지 않아서 마음의 길을 닦지 못했지요. 그들은 길을 잃어버렸지요. 왜 사는지, 무엇을 해야 하는지, 어디로 가야하는지 갈피를 잡지 못합니다. 따라서 노숙자는 지도자가 될 수 없습니다.

책을 많이 읽는 사람은 큰 길을 갈 수 있습니다. 큰 길을 갈 수 있는 사람은 지도자가 될 수 있습니다. 틈만 나면 책을 읽어 마음의 길을 닦습니다. 방 안에 앉아있어도 갇히지 않고 넓은 세계를 봅니다. 북극, 남극, 아시아, 유럽, 아메리카, 아프리카, 오세아니아를 다 봅니다. 수천 년의 역사와 앞으로 다가올 먼 미래를 내다보며 희망의 길을 열어갑니다. 세상의 지도자들을 잘 살펴보세요. 지도자는 누구나 책을 많이 읽은 사람이라는 걸 알 수 있습니다. 알렉산더대왕, 나폴레옹, 링컨, 케네디, 오바마, 세종대왕, 안중근…… 그리고 여러분?

마음의 큰 길은 결코 허황된 길이 아닙니다. 사람답게 사는 길, 생명을 존중하는 길, 세계평화를 보장하는 길입니다. 다른 사람, 다른 생명을 보살

피고 사랑하는 길입니다. 스스로 생명의 가치를 충분히 발휘하는 행복의 길입니다. 이러한 큰 길은 놀랍게도 책속에 다 들어 있답니다. 저희 기적의 도서관이 가지고 있는 5만 여권의 책속에는 세상의 거의 모든 길이 들어 있답니다. 개미의 길, 꿀벌의 길, 파충류의 길, 학자의 길, 교수의 길, 대통령의 길, 성인의 길이 다 들어 있습니다. 기적의도서관은 여러분에게 크고도 좋은 길을 열어주기 위해 여기에 이렇게 서 있는 것입니다.

어린이 여러분, 그리고 엄마, 아빠, 할머니, 할아버지 모두모두 좋은 길을 잘 찾아야 되겠어요. 누구든 길을 잘 못 찾으면 길을 잃고 허둥대지요. 어디로 가야할지, 무엇을 해야 할지 갈피를 잡지 못하지요. 그러나 어린이든 어른이든 책을 읽는 사람은 허둥대지 않습니다. 자신에게 알맞은 길을 찾아 열심히 그 길을 갑니다.

7

책 읽으라면서 책 읽지 않는 사람들

책 읽기를 권장하는 사람들이 많다. 부모들은 물론, 초·중·고등학교 선생님, 대학교수, 도서관 사서 등 교육문화 활동에 종사하는 모든 분들이 책읽기를 권장하고 있다. 어려서부터 책을 읽으면 그 습관이 어른이 되어서도 이어진다고들 이구동성으로 말한다. 필자 역시 책읽기를 장려하는 그룹에 속해있다. 부모이기도하고, 교수이기도 하고, 사서이기도하다.

그런데 어느 날인가 불현듯 부끄러움이 나의 내면의 한 구석에서 몰려왔다. "나는 과연 책읽기를 생활화하고 있는가?" "이달에는 무슨 책을 읽었는가?" "1년에 좋은 책을 몇 권이나 읽었나?" 가슴에 손을 얹고 생각해보았다. 위의 자문(自問)에 자신 있게 답할 수 있는 것은 별로 없었다. 읽는다고 해야 연구와 강의에 필요한 논문과 자료들, 이 책, 저 책에서 부분적으로 참고하는 단편적인 테마기사들, 인터넷에 수시로 뜨는 뉴스 기사들이 고작이고 무엇 하나 완벽하게 독파하는 책이 없었다. 반면에 직업이 사서이다 보니 책을 만지기는 수없이 만지고 있었다. 도서관의 장서 점검을 할 때, 대출 반납을 할 때, 나의 서재를 정리 정돈 할 때 등 하루도 빠짐없이 책을 어루만지고 있었다.

그렇다면 내가 자녀들에게, 학생들에게, 시민들에게 독서하라고 권장할 수 있는 자격이 있는가? 이 물음에는 더욱 대답하기 힘들 것 같았다. 교사의 자격이 있다고, 대학의 교수라고, 도서관의 사서라고 스스로는 책을 잘 읽지 않으면서 자녀들에게는, 학생들에게는, 시민들에게는 책을 읽는 것이 문화인의 기본이라고 선전한다면 그야말로 어불성설인 것이다. 그리고 이러한 현상이 필자만의 현상인가, 아니면 지식인이라고 자처하는 다른 많은 분들도 비슷한 현상을 '실천'하고 있지는 않는가를 생각해보았다. 역시 대다수의 지식인들도 스스로는 책을 잘 읽지 않고 있다는 생각이 들었다. 이는 어느 분야의 전문가라고 자처하는 분들은 다른 필자가 써 놓은 글들은 잘 읽어보지도 않고 폄하하는 경우를 종종 보아왔기 때문이다. 선생님들은 수업시간이 지나면 다른 할 일이 많다는 이유로 책 읽을 시간이 없다고들 한다. 사서들도 서류처리나 책을 분류 정리할 일이 많아 책 읽을 시간이 없다고들 한다. 그리고 퇴근 후에는 피곤하여 독서할 겨를이 없다고 한다.

이래저래 똑같이 겪고 있고, 일부 어쩔 수 없는 현상이기도 하지만, 교육문화에 종사하는 사람들이 이런 저런 이유로 독서를 소홀히 하고, 그러면서 다른 사람들에게는 독서를 권장하는 것은 아무래도 부끄럽고 모순된 일인 것 같다. 그래서 필자는 깊이 반성하고 관심 있는 주제인 역사와 사회분야의 책을 선택해서 1달에 2권 정도를 읽어야겠다는 뒤늦은 다짐을 한다. 그렇게 하면 스스로의 지식의 지평을 넓힐 수 있을 뿐 아니라 학생들에게도 "이런 책을 읽으니 어떠하더라."고 말하면서 독서를 권장해도 마음이 떳떳함을 느낄 수 있을 것이다. 이 일이 근무시간 중에 어렵다면 퇴근 후 한 두 시간 짬을 내어 독서에 몰두하는 의지가 필요하다. 책 읽기를 권하는 사람은 누구나 스스로 먼저 책을 읽어야 한다고 생각한다. 전문가가 전문

성을 유지하는 길도, 사서가 주제전문사서가 되는 길도 스스로 책 읽기를
실천해야만 열릴 수 있다.

8

동양 옛 문헌 해독의 선결과제

　동양이라고 하면 동으로는 일본열도로부터 서로는 중동과 터키에 이르는 아시아대륙 전체를 의미하겠으나 본고에서는 한국과 중국 일본에 한정하여 동양이라는 용어를 사용하고자 한다. 한·중·일 3국은 동양에서도 고대로부터 가장 발달된 문화를 유지하여 왔기 때문이다. 따라서 동양의 옛 문헌은 중국과 한국 그리고 일본자료를 지칭하는 경우가 대부분이다.

　이들 동양 3국의 문헌을 읽기 위해서는 우선 옛 사람들이 사용했던 문자를 알아야 한다. 주지하는 바와 같이 동양 3국의 문자는 중국에서 발달된 한자를 공통 문자로 하고 있다. 물론 우리나라는 세종대왕이 창제하신 훌륭한 한글이 있고 일본도 나름대로 '가나'라는 문자를 만들어 사용하고 있으며, 하물며 중국까지도 백화어로서 간체자를 만들어 사용하여 왔으므로 한자의 중요성은 많이 퇴색되어 있다.

　그러나 옛 문헌을 소장하는 서울대 규장각이나 한국학중앙연구원, 그리고 국사편찬위원회의 고서들을 한번이라도 접해 본 사람은 자신의 문맹함에 실망을 금하지 못하였을 것이다. 필자도 그런 경험을 하면서 서글픔을 느낀 적이 있다. 옛 문헌은 거의가 한자로 된 전적들이어서 그 의미를 읽기가 대단히 어렵기 때문이다. 물론 동양학 계열 전공자는 예외이겠지만 전공자라고 하더라도 한문에 그렇게 능통한 사람은 많지 않은 것 같다. 따라서 우리나라의 서지학연구들을 보면 옛 문헌에 대한 내용위주의 분석 연구보다는 문헌의 형태적 특징을 연구한 논문이 대부분이며 이는 한문(漢文) 읽기의 한계 때문일 것이다.

따라서 동양 3국의 옛 문헌을 해독하기 위한 선결과제는 한문해독능력을 갖추는 일이다. 글을 보고도 해석을 못한다면 글을 모르는 것이므로 문맹이라 하지 않을 수 없다. 어떤 분은 지금 이 발달된 21세기 과학문명 시대에 한문을 배워서 어디에 써먹겠는가라고 그 필요성을 일축한다. 그러나 21세기 지식 정보사회에서 옛 선인들이 남겨놓은 지식과 정보를 활용할 수 없다면 학문적으로나 실제적으로나 큰 손실이다. 물론 한문학, 역사학, 동양철학 등 전공자들이 있어 그분들에게 맡겨두면 된다는 의견도 있다. 한문은 그 분야 전공자만 배우면 된다는 것이다. 학문의 업무분담 면에서는 일리 있는 말씀이다.

그러나 동양학 전공이 아닌 대다수의 사람들이 한자 문맹이라는 것은 어쩐지 우리 학문의 기반이 너무 빈약하다는 느낌을 지울 수 없다. 대학인으로서 큰 학문을 한다는 교수님들과 학생들이 우리의 옛 문헌을 제대로 읽지 못한다는 것은 우리의 학문과 교육에 문제가 있다고 볼 수밖에 없기 때문이다. 한문해독이 가능한 학자와 그렇지 못한 학자는 학문의 깊이에 있어서 큰 차이가 있음을 느낀다. 예를 들면 행정학을 전공한 교수님이 펴낸 「논어 맹자와 행정학」[1]은 행정학의 깊이를 더해준다고 볼 수 있지 않을

---

1) 이문영, 1996, 『논어맹자와 행정학』, 서울 : 나남출판.

까?

우리는 한글만을 터득했다고 문맹을 면한 것은 아닐 것이다. 선조들이 남겨 놓은 지혜의 글들을 그리고 중국이나 일본에서 나온 수많은 옛 문헌들을 읽고 활용할 수 있다면 우리학문은 동서양을 넘나들며 창조학적 발전을 이룩할 수 있을 것이다. 우리들이 한문을 소홀히 다루고 있는 사이에 벽안의 외국인들이 동양학을 전공하고 심도 있는 논문들을 발표하고 있다. 하버드대학의 옌칭도서관이 동양학의 보고로 알려진지는 이미 오래이다.[2] 어떤 전직 미 외교관은 우리국어를 배우기 위하여 한자를 분석하여 「Chinese Characters in Korean」이라는 저서를 내기도 하였다.[3] 또한 서울대 국어교육과에는 우리 국어교육방법론을 가르치는 외국인교수가 있다고 한다. 이러한 상황을 볼 때 동양학을 하기 좋은 우리가 왜 그들에게 추월당하고 있는지 새삼 정신을 차리지 않을 수 없다. 그들과의 대화에서 우리가 학문적으로 우리의 옛 문헌을 어떻게 소개하고 설명할 수 있을 것인지 답답하기만 하다.

우리는 한국인으로서, 그리고 동양인으로서 나아가 세계인으로서 우리의 책, 동양의 책, 세계의 책을 읽을 수 있는 대학인이 되어야 할 것이다. 이는 비단 필자만의 생각은 아닐 것이다. 교수와 학생들이 부지런히 갈고 닦아 연구하고 가르치고 학습하는 가운데 우리 학문은 세계적으로 더욱 창조적인 발전을 이룩할 수 있을 것이다. 동양 3국의 문헌 해독은 우리학문의 발전을 위해 대단히 중요하며 이의 선결과제는 한문해석능력 배양임을 다시 한 번 깨닫게 된다.

---

2) 윤충남, 2001, 『하바드한국학의 요람』, 을유문화사.
3) James C. Whitlock Jr. 2001. *Chinese Characters in Korean*. Seoul: ILCHOKAK.

9

학교도서관과 인성교육

교육의 우선적 목적은 인간다운 인간을 기르는 데 있다. 인간다운 인간을 기르는 교육을 인간교육 또는 인성교육이라고 표현한다. 교육은 학교에서만 이루어지는 것은 아니다. 인간은 환경의 지배를 받기 때문에 교육은 인간이 처한 모든 환경에서 이루어진다고 해도 과언이 아닐 것이다. 가정에서, 유치원에서, 초·중·고등학교에서, 대학에서, 공공기관에서, 일반사회에서…… 사람이 사는 환경은 모두 교육에 영향을 미친다. 한국에서 자란 사람은 한국문화에 따른 인간성이 형성되고, 부산에서 자란 사람은 부산문화에 따른 인간성이 형성된다. 미국에서 자란 사람, 영국에서 자란 사람 등등 그 인간성의 형성은 역사적, 지리적, 사회적, 문화적 환경에 따라 달라진다.

그 가운데서도 학교는 가장 큰 영향을 미친다. 사람이 유아기를 지나면 학교에서 보내는 시간은 20년쯤 된다. 초·중·고 12년, 대학 4년 또는 6년, 대학원까지 합하면 인생의 4분의 1가량을, 아니 평생을 학교에서 보내는 사람도 있다. 이렇게 학교는 인간형성의 가장 중요한 환경을 제공하는 곳이다. 특히 신체적 정신적으로 왕성한 성장기에 있는 초·중·고등학교야말로 인간성 형성에 지대한 영향을 미친다. 따라서 초·중·고 시절은 인격형성의 가장 결정적인 시기라고 할 수 있을 것이다.

우리국민들은 세계 어느 나라보다도 교육열이 높아서 1960년대 이후 교육은 양적 질적으로 많은 발전을 이룩하였다. 초등학교를 의무교육으로 시행하여 문맹을 퇴치하였고, 중·고등학교는 물론 대학까지도 대중교육으로 인식될 만큼 교육은 양적 팽창을 가져왔다. 그러다 보니 대학입시경쟁이 치열해졌고 시험을 잘 보아 높은 점수를 얻어 좋은 대학을 가고, 좋은 직장을 얻는 것이 교육의 전부인 것처럼 인식되어왔다. 그 결과 학교보다는 사설학원이 번창하고 족집게 과외선생이 등장하여 많은 돈을 벌고 있다. 따라서 교육의 내용은 주어진 지식들을 주입하는 것이었고 이러한 지식을 진실로 느끼고, 체험하고, 실천하는 교육은 사라져갔다. 인간교육, 인성교육이 뒷전으로 밀려나고 말았다.

필자는 우리나라 교육이 정상화되기 위해서는 현재의 입시위주의 교육과 취직시험 위주의 교육이 인간교육을 정점으로 재편되어야 한다고 생각한다. 학교에서 배우는 지식과 이론들은 진정한 깨달음과 실천으로 이어져야 하며 그러한 바탕 위에서 개인의 적성에 맞는 학문과 직업이 선택되고 체질화되는 자연스러운 순서로 전개되어야 한다.

그렇게 되기 위해서는 학교의 환경이 획일적 교육과정으로부터 개성을 존중하는 다양성 있는 커리큘럼으로 바뀌어야 한다. 국가가 교육정책의 정점을 인간교육에 두고 개인의 다양성과 창의성을 길러주는 방향으로 그 틀을 잡아 나가야 한다. 그러한 정책적 지원 하에서 각 급 학교는 제대로 된 도서관을 중심으로 수업과 학습을 지도하여야 한다. 학생들이 도서관을 통해서 스스로 다양한 지식에 접근하여 깨닫게 하고, 그러한 깨달음을 통하여 창의력을 발휘하고, 현실 생활에 적응할 수 있도록 환경을 조성해 주어야만 한다. 따라서 학교도서관은 인간교육을 실현하는 기본적 인프라이다.

거리를 지나다 보면 아무데나 쓰레기를 버리고, 꽁초를 버리고, 신호등을 위반하고, 노약자에게 자리를 양보하지 않고, 이런 행동들은 그들이 몰라서 그러는 것은 아닐 것이다. 학교에서부터 국민윤리나 사회생활시간에 배워서 다 아는 것들이다. 문제는 그들의 공부하는 방법에서 찾을 수 있다. 그들은 시험을 잘 보기 위하여 그러한 지식들을 외웠을 뿐이다. 실천하기 위하여 진정으로 깨닫고 배운 것이 아니다. 그래서 머리 따로, 행동 따로 현상이 나타난다고 본다. 배우는 것을 실천으로 옮기지 못하는 교육, 그것은 진정한 교육이라고 할 수 없을 것이다.

학교도서관은 교육의 바탕이고 스스로 공부하는 학생들의 다양성과 창의성을 길러주는 터전이다. 초·중·고등학교 시절부터 도서관을 통한 자기교육의 습관을 형성하여야만 어른이 되어서도 그러한 습관은 자연적으로 실천될 수 있다고 본다. 대학에 중앙도서관이 있는 것과 마찬가지로 각급 학교에도 제대로 된 학교도서관이 있고, 그곳을 중심으로 자발적이고 다양한 교수 학습이 이루어 질 때 진정한 인성교육은 실현될 수 있을 것이다.

10

독서교육의 필요성과 방향

　본고는 독서지도 이론이나 읽기지도의 이해 등 이론적인 접근보다는 상식적이고 기초 교육적인 관점에서 독서교육을 생각해 보고자 한다. 독서의 필요성에 대해서는 굳이 언급하지 않더라도 문명인이면 누구나 인정하는 일이다. 그런데 아무리 상식적이고 다 알고 있는 일이라도 제대로 지도를 받지 못하면 잘 실천하지 못하는 것이 인간의 속성인 듯하다. 인사하는 것도, 운동을 하는 것도, 책을 잘 관리하는 것도 교육을 받아야 실천할 수 있다. 따라서 독서도 어렸을 때부터 제대로 교육을 받아야 그 습관이 자연스럽게 형성되어 평생 동안 실천으로 이어질 수 있다.

　여기서는 먼저 독서교육론에 들어가기에 앞서 인간은 왜 책을 읽어야하는가? 라는 근본적인 물음부터 살펴보려 한다. 책을 읽지 않고서도 경험이라든가, 말로 전해 듣는다든가, 기술을 전수 받는다든가, 부지런히 일을 해서 우리가 살아가는 데 불편이 없을 수도 있는 데 굳이 책을 읽어야만 하는가? 물론 그러한 면이 없지는 않다. 평생 동안 책 한권 안 읽는 사람들도 잘사는 사람들이 많이 있음을 본다.

　그러나 책을 읽지 않는 사람들을 문명인이라고 말할 수는 없다. 어찌 보면 책을 멀리하는 대부분의 사람들은 다른 문명인이 이룩해 놓은 문화 환경에 무임승차하여 더불어 이용하면서 문화생활을 누리고 있는 것은 아닌지 모르겠다. 왜냐하면 문명의 발전이라는 것은 무지(無知, 無智) 속에서는 이루어질 수 없기 때문이다. 따라서 책을 읽는다는 것은 문화인의 기초적 행위이며 이를 얼마나 성실히 실천하느냐에 따라 각자의 지적 삶의 수준이 달라진다. 또한 책을 제대로 잘 읽는 사람일수록 지도자가 될 확률이 높다. 영어의 리더(leader)는 리더(reader)와 한 글자 차이에 불과하다. 러더(reader)는 리더(leader)가 될 가능성이 그만큼 높은 게 아닐까?

따라서 우리가 책을 읽는 것은 개인과 나라의 문화와 문명 발전을 이루어 인간다운 삶을 영위하기 위한 것이라고 할 수 있다. '배부른 돼지보다 가난한 소크라테스가 낫다'는 속담은 바로 인간의 문화의 가치를 두고 이른 말일 것이다. 돼지는 문화가 없기 때문이다.

이처럼 독서가 문명생활에 꼭 필요하다면 독서교육이 필요한 것은 당연한 일이다. 각자에게 알맞은 읽을거리를 선택하여 제대로 읽어 나가서 독서로부터 무엇인가 얻도록 하는 효과적 독서교육을 할 필요가 있다. 책은 열심히 읽는 데 만화책만 읽는다든가, 외설 작품이나 잡지만 읽는다든가 하는 일은 올바른 독서교육을 받지 못했기 때문에 일어나는 부작용은 아닐른지?

독서교육은 먼저 목표가 있어야 한다. 독서의 목표는 개인의 인생목표와 연관된다. 개인들이 추구하고자하는 가치와 미래의 목표에 한 걸음씩 다가갈 수 있는 독서가 될 수 있도록 어렸을 때부터 자연스럽게 지도해 주는 것이 독서교육의 관건이라고 생각된다. 개인의 적성과 흥미를 파악하여 도서관에서 책을 스스로 선정하여 읽을 수 있도록 도와주고, 읽는 방법에 대해서도 개별적으로 지도해주는 일은 독서교육의 기초가 될 것이다.

우리에게 과연 이런 교육환경이 조성되어 있는가는 '불문가지'이다. 부모들은 무조건 공부하라고 자녀들을 내몬다. 선생님들은 수업시간에 주어진 내용을 전달하기에 바쁘다. 학생들이 도서관에서 스스로 보고 싶은 책을 선택하여 읽을 수 있는 여건이 제대로 조성되지 못하였다.

공교육이건 사교육이건 교육이 정상화되려면 독서교육부터 제대로 시행해야 한다고 본다. 책을 보면서 오히려 좋지 않을 길로 가지 않도록 길 안내를 잘 해야 한다. 그것은 강압적인 통제가 아니라 개인의 적성과 흥미를 살려주는 자연스러운 안내라야 한다.

11

독서일지와 독후감

텔레비전을 '바보상자'라고 한다. 텔레비전을 한 두 시간 보고 있으면 사람이 멍해진다. 반면에 책은 '영재상자'라고 부르고 싶다. 책을 골똘하게 읽으면 생각이 깊어지고 지식이 넓어지고 똑똑해 진다. 그러나 아무 책이나 무조건 읽어나가기만 하면 좋은 것인가? 영화를 보고 못된 것만 배우는 사람이 있는 것처럼 책을 보고도 못된 것만 배우는 사람들이 있다. 잘못 선택한 책은 '똑똑한' 불량자를 만들 가능성도 있다. 독서교육은 이점을 유의해야 한다.

독서교육을 위해서는 독서결과를 올바로 이해하고 판단할 수 있도록 방법을 강구하는 것이 필요하다. 그중 하나가 독서일지를 작성해 가는 것이다. 자기가 읽은 책의 목록을 일지에 기록하여 그 내용의 요지와 느낀 점, 배울 점, 본받을 점, 보완할 점 등을 일일이 기록하여 둔다면 나중에 기억을 되살리기도 좋고 글을 쓸 때에나 연구논문을 쓸 때에도 참고자료로 유용하게 활용할 수 있다. 자기가 읽거나 느끼지 않은 내용은 글로도 나타내기 어렵기 때문이다. 독서일지를 기록하는 것은 읽고 이해하고 쓰는 능력을 아울러 기를 수 있는 장점이 있다.

또한 감명 깊게 읽은 책, 관심분야에 보다 중요한 것으로 생각되는 책을 읽고 나면 그 요지와 함께 본격적인 독후감을 적어 두는 것이 효과적이다. 독후감의 작성을 통하여 그 책에 대한 이해를 보다 정확하게 할 수 있고 본인의 비판적 생각과 대안, 그리고 창의적인 아이디어도 독후감을 쓰는 가운데 솟아날 수 있기 때문이다. 그냥 읽고 지나치는 독서로는 정확한 이해와 창의력이 발현되기 어렵다. 글을 쓰다 보면 생각이 생각을 낳아 처음에는 생각지도 못했던 아이디어가 떠오르는 경우가 많다. 바로 여기에서 학문의 발전이 이루어진다.

공부는 열심히 하는 데 글을 써보지 않은 학생은 자기의 생각과 아이디어가 빈약하다는 것을 대학에서 주관식 시험을 치러보면 느낄 수 있다. 평소 강의시간에는 고개를 끄덕이며 강의를 열심히 듣는 학생이라도 '무엇무엇에 대하여 설명하라'는 시험에는 보잘 것 없는 답안을 낸다. 글을 써보지 않았기 때문이다.

독후감을 쓰는 것, 그것은 바로 책을 쓰는 전 단계의 연습이라고 생각된다. 남의 생각, 자기 생각 합해서 새로운 생각을 글로 나타내는 것이 독후감이기 때문이다.

12

책 도둑과 거짓 독서

SBS TV 시사프로그램 "당신이 궁금한 이야기"(2011년 1월 14일(금) 방영)에 책 도둑 이야기가 나왔다. 필자는 책에 관한 내용의 방송이라 시종일관 관심을 가지고 지켜보았다. 방송의 줄거리는 이러했다.

"그는 어떻게 희대의 책 도둑이 되었나? — 실직 후 방에 틀어 박혀 책만 읽다 급기야 책 도둑이 된 한 중년 남자의 이야기. 1월 5일 대구의 대형서점에서 절도를 시도하던 40대 남자가 현장에서 붙잡혀 경찰에 넘겨졌다. 보안요원들 사이에 블랙리스트에 올라 있던 그는 지난 1년 간 총 36차례에 걸쳐 225만원어치의 책을 훔쳤다. 서점 주인도, 30년 경력의 경찰도 놀란 희대의 책 도둑은 체포되었고, 162권에 이르는 훔친 책들은 모두 그의 방, 책장에서 발견되었다. 그가 책을 훔친 이유는 단지 '읽고 싶어서'였다.

대한민국 성인의 1년 평균 독서량이 9.1권, 남자가 1년간 읽은 책은 200권이었다. 게다가 책의 종류는 놀랄 만큼 다양했다. <난장이가 쏘아올린 작은 공>부터 <엥겔스 평전>까지 다양한 분야를 넘나드는 방대한 독서 리스트만 봐서는 웬만한 학자의 수준을 뛰어넘는 것 같았다. 하지만 그는 스스로를 실패한 인생이라고 했다. 미혼에 직업도 없고 한 달에 세 번, 한 번에 2~3권씩 4년 째 책을 훔쳐보는 일상에 중독되어 버린 현재, 차라리 교도소에 가서 인생을 새로 시작하고 싶다고 했다. 10년 전, 다니던 회사가 부도나면서 실직한 후 남자 는 퇴직금을 모두 책 사는데 쏟아 부었다. 그리고 그 후론 컴퓨터 한 대 없는 작은 방안에서 두문불출 책만 봤다는 남자. 그가 책을 통해 찾고자 한 것은 무엇이었을까?" (SBS TV 홈페이지)

나는 방송을 보면서 "독서도 왜곡되면 저렇게 될 수도 있구나." 하고 놀라고 있었다. 독서가 무조건 좋은 것은 아니라는 것은 어렴풋이 알고 있었지만 실제의 사례를 보니 이건 예삿일이 아니라는 생각이 들었다. 필자는 한국간행물윤리위원회에서 발행하는 월간지『책&』2010년 5월호에 "독서의 진실"이라는 칼럼을 쓴 일이 있다. 여기서 필자는 진실한 독서는 시험을 위한 독서가 아닌 '깨달음의 독서', '진정한 공부를 위한 독서', '실천을 위한 독서'라는 점을 강조한 바 있는데, 방송에 나오는 저 책 도둑의 경우는 '깨달음의 독서'도, '진정한 공부를 위한 독서'도, '실천을 위한 독서'도 아닌 한낱 '심심풀이의 독서', '거짓 독서' '자포자기의 독서'로 세월만 보내고 있었던 것이다.

누구든지 살다보면 산전수전(山戰水戰)을 겪으면서 때로는 위기에 처할 경우도 있을 것이다. 이러한 위기를 극복하고 헤어나기 위해서는 정신을 가다듬고 본인의 처지에 알맞은 눈높이에서 실제적인 목표를 가지고 그 방향으로 열심히 정보를 수집하여 독서해야 한다고 본다. 무조건 책만 본다고 올바른 독서가 되는 것이 아니라 목표가 있는 독서라야 진정한 독서라 할 수 있다. 책을 살 형편이 못 된다면 책이 많은 도서관을 내 집처럼 이용하면 된다.

13

서평과 독후감

『세계를 감동시킨 도서관 고양이 듀이』

비키마이런·브렛위터 지음. 배유정 옮김. 2009. 서울 : 갤리온.

작은 것이 행복을 준다

듀이 하면 우리는 미국의 교육학자 존 듀이나 미국 문헌정보학의 시조 멜빌 듀이를 떠올릴 것이다. 그러나 이 책의 주인공 듀이는 사람이 아닌 고양이다. 그렇다면 앞서 말한 위대한 교육 선각자들의 이름을 고양이 이름으로 사용한 셈이다. 언뜻 보기에 좀 무례한 것 같다.

그러나 페이지를 넘겨가며 한 장 한 장 읽어보니 그렇게 이름을 붙인 이유가 이해가 된다. 어느 날 도서관 반납함에 버려진 고양이. 그 고양이는 한 사서의 정성어린 보살핌을 받으며 '듀이'라는 이름을 얻는다. 도서관에 왔으니 도서관의 선각자 멜빌 듀이 선생님처럼 도서관을 알고 도서관을 사랑하라는 의미가 담긴 애칭인가 보다.

고양이 듀이는 오렌지 색 솜털과 황금 빛 눈을 가진 온화한 성격의 소유자다. 듀이는 도서관에 살면서 고객들에게 귀여운 행동을 보이고, 고객들은 고양이 듀이에게 관심과 사랑을 준다. 조용하던 도서관 마을은 고양이 듀이로 인해 활기가 넘치게 된다. 외로운 노인들에게는 무릎에 올라 귀여운 친구가 되어주고, 일자리를 잃은 실업자들에게는 웃음을 선사하며, 무기력한 장애인 소녀에겐 생명의 활력을 준다. 한 작은 생명이 마을 사람들에게 작은 감동과 행복을 나누어 준다.

생명은 아름다워라

최근 우리 도서관에 토끼 한 쌍이 들어왔다. 어르신들과 직원들이 공들여 토끼집을 짓고 먹이를 가져다준다. 우리 도서관 토끼도 이 책의 고양이 듀이처럼 '듀이'라는 이름을 붙여줄까? 흰 털에 약간의 회색빛을 띤 귀여운 토 선생, 코와 입을 연신 씰룩이며 풀을 받아먹는 귀여운 토끼 두 마리. 도서관에 왔으니 도서관을 사랑하는 '듀이', 한 쌍이 왔으니 두 마리 '듀이', 어느 쪽으로 붙여도 적절할 것 같다. 그러나 우리말 이름을 지어준다면 남토끼는 우리나라 도서관 선각자 박봉석 선생의 이름을 따서 '봉석이'라 하고, 여토끼는 이봉순 선생 이름을 따서 '봉순이'라 하면 실례가 될까? 아무튼 이 토끼들도 우리 도서관 마을에 사랑과 감동을 주는 행복한 생명이기를 바라본다.

수필을 읽는 멋과 맛

수필이나 일기는 우리 삶의 진면목이다. 수필을 쓸 때는 아무런 저의가 없다. 눈, 귀, 코, 입, 피부로, 가슴과 머리에 들어온 그대로 삶의 양심을 표현할 뿐이다. 수필을 읽으면 마음이 깨끗하고, 맑고, 온화해진다. 수필을 읽는 것은 시험공부가 아니다. 수필은 우리의 진솔한 삶이고 철학이다. 수필은 쓰는 사람에게도 읽는 사람에게도 행복을 준다. 수필은 우리 생활의 활력소이기에 읽으면 새로운 맛이 난다. 수필은 우리에게 참된 삶을 안내하기에 인생에 멋을 더하여 준다. 이번 여름엔 멋있고 맛있는 좋은 수필을 많이 읽어야겠다.

『처음 만나는 문화인류학』

한국문화인류학회 편. 2003. 서울 : 일조각

문화인류학은 인류학자들의 전유물인가? 다문화사회가 현실화 되고 있는 지금 인류의 평화와 공동번영을 이루기 위해서는 시민 누구나 세계 여러 지역의 문화를 이해하고 포용해야 한다. 그러나 우리는 아직 자문화중심주의의 틀에서 벗어나지 못하고 있는 것 같다. 이 책의 한 단락을 인용한다.

"자문화중심주의란 단지 자신의 문화에 우월감을 느끼면서 자신의 가치관과 세계관을 다른 문화 사람에게 강요하는 태도만을 가리키는 것이 아니다. 넓은 의미에서는 자신의 문화에 대한 성찰이나 비판 없이 이를 당연시하는 태도나 자신의 문화의 여러 특질들의 존재에 대해 무관심을 공유하는 것도 포함된다. (…중략…) 문화인류학은 '인간의 거울'이라 불리기도 한다. 문화인류학자들이 구태여 다른 문화로 현지조사를 떠나는 것은 자신의 문화를 더 잘 알기위해서, 즉 낯선 곳에서 나를 만나기 위해서이다. (…중략…) 결국 인류학적인 현지조사는 낯선 세계와의 만남을 시작으로 하여 낯선 것을 익숙하게 만드는 과정이라 할 수 있다." (30~35쪽)

사회학, 역사학, 인류학, 여성학, 철학 등 다양한 전공교수 열 네 분이 집필한 이 책은 문화인류학 입문서이다. 저자들의 전공의 다양성에서 알 수 있는 바와 같이 문화인류학은 인류학자들의 전유물이 아니라 현대를 살아가는 모든 시민들이 갖추어야 할 기본적 소양이라고 생각된다. 우리나라에도 다문화가정이 늘어남에 따라 농촌의 어느 마을을 가든 외국인을 만날 수 있다. 이번 남아공월드컵에서 시청자들은 '부부젤라'라는 문화충격을 체험했다. 한 지역의 종교문화는 그 지역의 전통문화와 깊이 접목되어 있다. 이러한 다문화 세계를 바르게 이해하기 위해서는 문화인류학적 바탕지식이 필수적이다. 평범한 여행자라 하더라도 문화인류학적 관점을 가지고 관찰과 체험을 한다면 다른 지역의 정치, 경제, 사회, 문화, 종교에 대한 이해와 포용력을 가질 수 있을 것이며, 이러한 이해와 포용은 지구촌의 평화와 번영에도 기여할 수 있을 것이다.(『경향신문』, 2010.7.20)

『공자가 죽어야 나라가 산다』

김경일 지음. 2005. 서울 : 바다출판사.

제목이 극단적이고 자극적인 책이 베스트셀러가 되기 쉽다고 한다. 그래서 '○○죽이기' 책이 유행하더니 이제는 '공자가 죽어야 나라가 산다'는 좀 과격한 제목의 책이 등장했다. 사실 공자는 석가 예수 소크라테스와 함께 세계 4대 성인 가운데 한 분이며, 이분들의 육신은 이미 수 십 세기 전에 한줌의 흙으로 돌아갔다.

따라서 이 책의 제목은 공자의 사상이 우리의 생활 의식 속에서 사라져야만 나라가 바로 선다는 의미로 해석된다. 저자는 대학에서 한문학 내지

甲骨學을 공부한 분이지만 이 책에 나타난 그의 논조로 볼 때 독서와 여행을 통해 동서양 문화를 현대인의 시각에서 두루 관찰한 것으로 느껴진다.

이 책의 주된 흐름은 전통도 좋지만 과거의 전통만을 고집하다가는 개인과 나라의 발전이 더딜 것이라는 것이다. 따라서 각 장 소제목의 글들은 그러한 생각들을 저자의 다양한 경험, 지식 및 일상의 사례로 적나라하게 비판하고 있다.

제1부는 한국인으로 사는 열 가지 괴로움'이다. 세계가 지구촌이 되고 이국 문화가 국경 없이 넘나드는 이 시대에 우리의 의식 구조는 아직도 구태를 벗어나지 못하고 있다는 것이다. 우리 것을 고집하여 모든 것에 신토불이만을 주장하다가는 오히려 손해를 본다는 것이다. 신토불이가 좋은 것도 있고 못난 것도 있다는 것을 인식하는 것이 현명하다고 주장한다. 또한 술 한 잔의 문화가 나라를 망친다는 것이다. 자기 돈 내고 술 먹는 일이 거의 없는 나라가 되다보니 술은 부정부패의 원천이 되어왔다는 것이다. 그래서 법을 제대로 지키지 않는 나라, 법은 있어도 이를 지키는 룰이 없는 나라가 되었다는 것이다.

또 우리민족의 순수한 단일민족이라고 볼 수 없는 역사적 사실들이 있음에도 불구하고 이를 제대로 인식하지 못하고 국수적 민족주의가 뿌리 깊게 자리 잡아 왔기 때문에 변화하는 세계 속에서 우리자신을 제대로 파악하지 못하고 있다는 것이다.

제2부는 '공자가 죽어야 나라가 산다'에서 저자는 본격적으로 유교를 질타하고 있다. "우리사회의 곳곳에 검은 곰팡이처럼 자리 잡고 있는 유교의 해악을 올바로 찾아내고 솎아내지 못한다면 우리의 미래는 없다고 단언하고 싶다" 면서 중국과 일본은 유학을 버렸으나 우리는 유교적 전통을 가장 많이 간직하고 있다고 한다. 그 증거로서 이혼에 대한 태도, 남아선호의

정도, 장남이 부모를 모시는 것 등에 대하여 한국이 중국보다 더 긍정적이라는 KBS와 마이니치신문의 공동의식조사 통계를 제시하고 있다.

또한 극단적으로 유교는 현실과는 동떨어진 허구(픽션)라고 주장한다. 유교는 공자가 지나가는 말처럼 내뱉은 몇 마디 말을 가지고 부풀려 놓은 허상이라고 일축한다. 또 공자는 유교를 창조한 것이 아니라 그 이전의 것을 전수한 전수자에 지나지 않는다는 것이다. 이러한 허구적인 유교는 역사의 왜곡, 토론의 원천봉쇄로 인한 언로의 왜곡으로 사회의 부정부패의 근원이 되었다고 단정한다. 유교는 오류를 인정하지 못하는 풍토를 조성하여 동양사회에 가짜문화를 탄생시켰으며, 가짜 영수증, 가짜물건 등이 판치는 오늘의 부조리 형태로 이어졌다는 것이다.

공자 이전의 문자인 갑골문에 의하면 조상숭배사상의 기원도 고대 조갑이라는 사람이 왕이 된 후 자기의 직계 혈족들의 제례를 강화하기 위하여 당시의 모든 토템, 황하신, 천신 등을 폐지하고 제례를 단일화 한 사건으로 중국 최초의 문화혁명이며 조상숭배의 시발점이라고 주장한다. 따라서 조상숭배의 출발이 당시의 종교 문화적 반발을 강제로 진압하고 왕의 일족을 강화하기 위한 동기에서 시작되었다는 것이다. 유교는 이러한 배경에서 시작되었으며 이것은 근래 한국정치에서 5·6공의 통치자가 반대세력을 군화로 진압한 것과 크게 다르지 않다고 보고 있다.

이렇게 유교는 출발부터 잘못된 것인데도 공자가 거짓말을 해서 퍼뜨린 것이며 이를 계승한 주자학은 '위대한 사기극'이라고 까지 극언하고 있다. 따라서 유교문화를 받아들인 우리나라에도 정적을 죽음으로 몰아넣는 비열한 당쟁은 처음부터 예고된 것이며 나라의 문을 걸어 잠근 당쟁의 결과는 엄청났고, 그 파국의 그림자가 지금까지도 길게 드리워져 있다고 한다. 그래서 유교는 자신이 몸담고 있는 사회를 부식시키는 '공자바이러스'라고 하면서 오늘도 그 바이러스가 잠식되어 활동하면서 '붕괴의 악순환'을 형성하여 끊임없이 사회를 부패시키고 있다고 진단하고 있다.

저자는 효에 대해서도 색다른 시각을 보인다. 효라는 것은 인생의 허무를 일찌감치 깨달은 동양의 노인들이 찾아낸 '존재의 연속 기원 프로그램'이라고 하면서 아들 못 낳은 것이 최대의 불효라는 유교의 효사상의 기원을 그 '프로그램'에서 찾고 있다. 따라서 잘못된 프로그램을 믿고 무작정 '효도할 자식들'만 키워온 노인들은 현실적으로 노후 대책이 없이 이리저리 떠밀리는 불쌍한 신세가 되었고, 부모와 며느리 자식 간에 갈등도 끊이지 않아 효 찾다가 사람 잡는다고 극언한다. 또한 유교의 여성관은 어렸을 때는 아버지를 따르고 시집가서는 남편을 따르고, 늙어서는 아들을 따르는 법도를 평생의 의무로 여김으로써 여성의 위상을 낮추고 남녀의 차별을 제도화하여 남존여비의 유산이 면면히 이어지고 있다는 것이다. 이것은 또한 남성들의 활동을 억압하는 요소로도 작용한다. 남성들에게는 선천적으로 자신만의 신비한 여성을 찾아가는 과정이 에너지의 근원인데 유교는 이러한 에너지의 원천을 막아버렸다고 한다. 그래서 유교사회의 남성은 여성을 하나의 부속물처럼 완벽하게 소유하고 여성을 인간적 존재로 여기지 않았다는 것이다.

제3부에서 저자는 일본문화를 포용력 있게 받아들인다. 넓게 볼 때 인간은 똑 같다고 전제하고 일본의 장점 단점 우리의 장점 단점을 있는 그대로 받아들인다. 우리를 지배했던 일본이지만 남을 미워하는 것만큼 고통스런 것은 없다고 하면서 월남 파병을 예로 든다. 자유통일을 위해서 조국을 지키시다 조국의 이름으로 떠났던 파월 장병들. 그들이 저질러 놓은 결과를 생각해보자는 것이다. 그래서 모두 다 용서하고 담담하게 현실을 받아들여야 한다는 것이다.

일본의 뿌리를 알고 그들의 문화를 받아들이되 문제는 우리의 창조력에
달려 있다는 것이다. 유교의 억압적 문화로 인해 허약해진 우리 문화의 체
질을 개선해야 한다는 것이다. 억압적 고립 문화에서 외래문화를 접하고
폭발할 수밖에 없는 청소년들을 억압에서 풀어주어 창조적으로 받아들일
수 있는 능력을 길러주어야 한다는 지적이다.

4부에서는 결론적으로 '공부는 끝났다'고 쓰고 있다. 공부는 학부모들이
원하는 시험점수 올리기식 공부가 아니라 실제로 사용할 수 있는 것이라야
한다는 것이다. 예를 들어서 영어를 몇 십 년 배워도 사용하지 못하는 것은
헛된 시간만 낭비한 것이다. 따라서 외국어는 사용하기 위해서 배워야지
시험공부는 아무런 효과가 없다는 것이다. "새로운 천년을 맞는 이 시점에
서 이미 세계 공용어가 되어버린 영어는 이제 더 이상 외국어가 아니다.
공부를 위한 공부는 끝내고 진짜 실력을 길러야 한다." 따라서 '실력이 도
덕'이라고 주장한다.

독자로서의 느낌

사실 공자의 사상을 지금까지 고수하고 있는 현대인은 많지 않을 것이
다. 또한 공자의 사상을 잘 알고 행동하는 사람도 많지 않다고 본다. 그러
나 문화의 지체성으로 인해 유교를 숭상하던 조선시대의 관습이나 폐습들
이 알게 모르게 지금까지도 이어지고 있는 것은 사실인 것 같다. 저자는
이러한 전통 속에 잔류하고 있는 폐습들을 털어 내고 현대에 맞는 세계인
의 시각으로 우리의 살길을 찾자는 주장인 것 같다. 동서양을 통찰한 시각
으로서는 올바른 지적이라고 생각된다. 우리자신을 반성하고 잘못된 것을
바로 잡아 미래에 대비하는 것은 어느 시대 어느 나라에서나 공통된 발전
방식일 것이다.

그러나 그 표현방식에서는 다소 거부감이 느껴진다. 제목자체를 과격하게 표현했을 뿐 아니라 우리의 전통까지도 깡그리 무시하고 가뜩이나 버릇없는 세대들을 부추기는 듯한 논조를 택한 것은 글쓰기에 있어 너무나 자기도취적 흥분에 빠졌던 것이 아닌가 하는 느낌을 준다.

어떠한 가르침이든 교리는 진리를 말한다고 한다. 종교라는 말 자체가 '으뜸 되는 가르침'이라는 뜻이므로 으뜸 되는 가르침이 위선일 리가 없다. 문제는 그러한 가르침을 따르는 자들의 빗나간 행동들일 것이다. 일부 기독교인들의 광신적 행동, 자리다툼에 각목을 휘두르는 일부 승려들. 이들이 기독교와 불교를 지탄의 대상으로 만들어 왔다. 이와 마찬가지로 과거문화의 전통에 젖은 사람들은 남녀차별과 권위주의의 잘못된 행동들을 마치 공자의 가르침인양 아전인수(我田引水)로 해석, 공자의 사상을 지탄의 대상으로 만들어 왔던 것은 아닌지? 사실 우리의 생활의식 가운데 민주적인 것은 서양의 문화가 들어온 것이고, 권위적인 것은 유교의 전통이라는 막연한 인식이 깔려 있다.

그러나 이 말은 온고지신(溫故知新)이라는 공자의 가르침을 통해 부정된다. 공자는 당시에도 옛것을 익히고 새로운 것을 배운다는 역사의 논리를 가르쳤으며 이 말은 오늘에도 빛을 발한다. 과거와 현재와 미래는 연속선상에 있다. 어느 것 하나 단절의 역사를 만들 수 없다. 과거의 연구를 통해서 오늘을 바로잡고 내일을 방향 지어야 하는 것은 인간 역사의 순리이다.

공자는 권위주의자가 아니다. 권위주의를 가르치지도 않았다. 인간사회의 질서를 도덕에서 찾았을 뿐이다. 어떤 사회나 질서가 있어야 한다. 민주사회에서는 법질서가 근간을 이룬다. 그러나 인간사회는 법보다는 도덕이 앞선다. 도덕은 큰 길이요, 넓은 길이다. 인간들이 저마다 마음을 넓고 크게 쓰면 법도 필요 없게 된다. 법 없어도 살 사람은 도덕이 잘 갖추어진 사람이다. 법은 민주사회의 질서기준이다. 우리사회는 법대로는 잘 안 된다고 한다. 아무리 법을 정밀하게 해놓아도 교묘히 악용하는 사람들이 많다. 그래서 법은 점점 더 복잡해지고 촘촘한 그물망처럼 얽히게 되었다. 오죽하면 법망이라고 했을까. 또 법을 운영하는 사람들이 '유전무죄, 무전유죄'의 전통을 만들기도 했다. 어느 것이 법인지 어느 것이 밥인지도 모를 지경이다. 도덕이 바로 서지 않으면 법도 바로 설 수 없다. 공자의 가르침은 도덕을 인간질서의 근간으로 하자는 것이다. 덕치주의는 공자의 정치철학이다. 실용주의도 유교의 정신이다. 유교는 신을 말하지 않는다. 인간의 문제를 인간적으로 논한 것이다. 과연 이러한 좋은 사상까지도 버려야 할까? 저자의 비판이 옳은 점도 많이 있지만, 우리는 우리의 좋은 전통과 개성을 살리면서 세계인으로서의 우리 역할을 다 해야 한다는 점을 간과한 것은 아닌지?

『한국 한국인 비판』

이케하라 마모루 지음. 1999. 서울 : 중앙M&B.

일본인 이케하라 마모루 씨의 『맞아죽을 각오를 하고 쓴 한국, 한국인 비판』은 처음부터 우리의 치부를 건드리고 있다 목차를 더듬는 순간 가슴 속에 은근히 부아가 치밀었다.

제1장은 '염치없는 한국인들'이다. 도대체 우리 한국인들이 무엇이 염치없다는 것일까? 역사적으로 한번도 다른 나라를 침입한 사실이 없고 오히려 외세로부터 침입만 당하고 살아 왔는데…. 지난날 36년 동안이나 남의 나라를 침입해 온갖 범죄를 저지른 일본은 그리고 그 후손들은 염치가 그

렇게 많다는 말인가. 그야말로 적반하장이다.

제2장은 '무법천지, 아! 대한민국'이란다. 도대체 어디가 어떻게 무법천지라는 것인가? 세상에 살기 좋은 나라가 대한민국만한 데 있으면 나와 보라고 그래! 경치 좋고 인심 좋고, 국민들이 힘을 합해 노력하여 이만한 민주국가를 경영하고 있는데 무법천지라니! 무법천지라면 일본의 적군파가 먼저 연상된다. 학생 데모로 불타버린 앙상한 동경대학의 건물도 떠오른다. 경제대국이라지만 정신적인 여유라고는 찾기 어려운 일본, 기계의 부속품처럼 돌아가는 거리, 그곳은 적법천지인가?

제3장은 이 책의 제목인 '맞아 죽을 각오를 하고 쓴 한국, 한국인비판'이다. 적반하장 적인 책을 구상했으니 그럴 법도 하겠지. 양심의 가책은 되었겠지. 그래 비판은 들어보자. 다른 사람의 시각으로 보면 우리가 모르고 있는 것들도 알게 될 테니. 그렇다고 한국인들이 저자를 때리기야 하겠나. 비판은 겸허하게 받아들이고 고칠 것은 고치는 자세가 오늘날의 한국인의 자세다.

제4장은 "한국의 미래는 과연 있는가" 이다. 아니 우리에게 미래가 없다니, 이 사람이 이거 머리가 약간 이상한 것 아냐? 일본만 미래가 있고 한국은 미래가 없다? 어떻게 들으면 자기들이 경제대국에다가 이제는 자위대까지 강한 군대를 만들어 눈치봐가며 다시 침략하겠다 이건가? 남북분단을 이용해 이속만 챙기는 그들이기에 그렇게 생각할 수도 있겠지. 간섭 마라. 우리의 미래는 우리가 책임진다. 세계제일의 교육열, 정보통신산업과 과학기술의 발달, 한국인의 두뇌는 일본인도 인정하지 않는가?

이 책의 목자만을 대략적으로 바라보면 이러한 감정이 튀어나온다. 그것은 한일축구를 보며 우리가 몰리고 있을 때의 느낌과 비슷하다고 할까? 부아를 가라앉히고 다시 나 자신을 가다듬어 본다. 나는 누구인가? 나는 나를 객관적으로는 잘 모른다. 내가 나를 잘 모르듯 우리는 우리를 잘 모르는 것 아닌가? 우리는 다 잘하고 있고 정당하게 하고 있는 것 같아도 사실은 다를 수도 있다. 다른 사람이 시각을 달리하여 바라보면 같은 사물이라도 다르게 보인다. 이러한 모든 시각의 차이가 모여서 종합되면 인간과 사물에 대한 객관적인 파악이 가능하다. 관찰자의 시각의 다양성, 이것으로 학문이 발전되고 사회가 발전되는 것이다. 이렇게 마음을 달랜 다음 이 책을 천천히 읽어 갔다.

사실 일본의 질서의식은 세계적으로 정평이 나 있다. 그러한 질서의식을 기반으로 사회가 움직이다 보니 그 결과물들이 나무랄 데 없이 정연하다. 제품의 품질 하나하나가 질서의식을 반영하고 있다. 질서는 성의가 있어야 되고, 양심이 있어야 되고, 신뢰가 있어야 되고, 남을 배려할 줄 알아야 되고……. 이 모든 것이 결과적으로는 제품과 서비스의 품질로 연결된다. 일본 경제의 기반은 이러한 질서 위에서 성립하고 있다는 것이다. 저자는 이러한 기본 마인드를 가지고 우리 한국의 미세한 곳까지 구석구석 바라보았다. 크게는 정치, 경제, 교육에서부터 작게는 교통질서 및 아파트 생활에 이르기까지 염치없고, 버릇없고, 남을 배려하지 않으며, 무대뽀의 행태를 보인다는 것이다. 사실 우리는 질서를 기준으로 우리를 평가하고 피드백 하는데 인색하였다. 말로는 법질서, 민주질서, 교통질서를 외치면서 그것을 외치는 자신은 예외적인 경우가 대부분이었다.

법질서는 법을 만드는 사람부터 위반하는 경우가 많았다. 과거 법조계에 있던 사람이 선거에 출마하면 선거법을 어긴다. 저자의 말대로 우리의 정치판에는 전과자가 많다. 사건당시에는 어마어마한 죄를 지은 것으로 알려졌던 사람들도 금방 풀려 나와 금배지를 달고 국회에 들어간다. 옥중 출마, 옥중 당선은 더욱 명예로운 것으로 인식되기도 한다. 당선자는 언제나 정당하고 옳다. 그러나 정말 누가 옳은지 소시민으로서는 판단할 수도 없다.

경제 질서도 그렇다. 과거 정경유착으로 특혜를 받은 기업은 계속 받고 그렇지 못한 기업은 살아남지 못하였다. 재벌은 문어발식으로 세력을 확대해 중소기업의 설자리를 가로막았다. 한국에서 기업 하려면 200 몇 가지 서류를 제출해야 할 만큼 규제도 많았다. 그러한 규제와 법망을 지혜롭게 극복하는 자만이 기업을 할 수 있다. 세금도 교묘히 피해 가는 방법을 연구해야 한다. 세금 다 내고 어떻게 장사하느냐는 말이 인구에 회자되어왔다. 합리적 법적으로 안 되는 것을 되게 하는 능력이 곧 능력이다.

교육은 가장 신성한 분야이다. 교육열은 세계적으로 높지만 교육은 왜곡되고 있다. 인재를 양성한다면서 인재는 키우지 않는다. 사촌이 땅 사면 배가 아프다. 그래서 남이 좀 되면 별거 아니고 자기 자식이 잘되면 최고다. 서로 내 자식만은 일류대학에 보내야 한다. 불법과외사건, 족집게 고액과외는 이래서 생겨난 교육의 질서 위반행위이다. 한편 선생님들의 패륜, 촌지문제, 체벌과 경찰 개입 등 교육을 직접 담당하는 분들과 학부모들의 비교육적인 행태도 심심치 않게 일어난다. 이러한 일들은 TV를 통해 어른 아이 할 것 없이 모두에게 노출되어 도덕 불감증을 부채질한다. 그래서인지 초·중·고를 막론하고 아이들의 버릇이 더욱 나빠진다. 집밖에만 나가면 어른을 공경할 줄 모르고 안하무인이다. 인간의 기본이 바로서야 할 교육에서조차 기본이 무시되고 있다.

교통질서도 비슷하다. 다른 사람이 질서를 지키지 않으면 비난한다. 어떤 경우는 질서를 지키고 있어도 비난한다(규정 속도로 운전을 하고 있으면 뒤에서 신경질적으로 경적을 눌러댄다). 조그만 접촉사고라도 나는 경우에는 당사자끼리 잘잘못을 가리느라고 다른 차가 밀리거나 말거나 그 자리에서 삿대질을 하며 싸운다. 질서를 어긴 사람도 자기는 책임이 없다고 막무가내로 우겨댄다. 언제나 나는 옳고 상대방은 그르다고 한다. 양심적으로 사과하는 사람은 완전히 바보가 된다. 정말 어느 편이 옳은 것인지 뒤죽박죽이다가 결국 목소리 큰 편이 이긴다.

우리사회를 세밀하게 들여다보면 저자의 지적은 거의 모두 옳다. 우리사회의 질서 충실도는 질병상태 그대로이다. 겉으로만 멀쩡하지 속으로는 곪아 있어 아직 진단, 처방, 치료해야 할 곳이 한 두 곳이 아니다. 예전에는 우리나라가 동방예의지국이라는 칭송을 들었다. 예의는 우리 전통사회를 유지하는 질서였다. 그런데 지금은 총체적 '동방무질서지국'이 된 것이다.

우리나라의 질서를 현대적으로 회복하는 일은 국민의식의 개혁을 통해서만 가능하다. 개인적으로도 의식의 개혁은 가장 어려운 문제에 속한다. 국민 저마다의 의식을 모두 개혁하는 것은 더더욱 어렵다. 이것은 고위공직계층에서부터 말단에 이르기까지 상식과 양심을 존중하는 사회분위기가 조성되어야 가능하다. 기본과 양심을 존중하는 국민적 자각과 실천력이 생활 속에 뿌리를 내려야 한다. 액수가 적든 많든 촌지와 뇌물이 면박당하는 사회가 되지 않고는 근본적인 개혁이 어렵다고 본다.

저자는 한국이 일본을 따라 잡으려면 100년은 걸려야 할 것이라고 비아냥거렸지만, 한국인은 두뇌가 우수한 저력 있는 국민이라는 칭찬도 아끼지 않았다. 우리에 대한 일본 저자의 비판을 비판으로만 받아들인다면 우리는 이 책에서 얻을 것이 없다. 한국에서 일본식으로 질서를 지키면 '바보'가 될 것이라는 '역 비판'으로는 우리의 무질서를 고치기 어려울 것이다. 저자의 비판을 겸허하게 받아들여 우리 일상에 피드백 할 때 우리의 선진화는 촉진될 수 있을 것이다.

『일본의 과장』

가등인 지음. 구자갑 옮김. 1992. 서울 : 을지서적

변해가는 직장, 샐러리맨의 신상명세

● 직무혁명의 실태

부하가 있어도 업무에는 별로 도움이 되지 않는다. 과장이 추진하고자 하는 바를 부하가 그대로 따르지 않는 경우가 많고 젊은 사원들은 자기주장이 강해서 과장이 부하를 대하기가 조심스럽다는 것이다.

● 과장은 죽은 말이 되었는가?

동경도청 직원들이 관리직 시험을 거부하는 경향이 늘어나고 있으며 그 이유는 과장이 되어 보았자 수입은 줄고 책임은 늘어나서 실익이 별로 없기 때문이다. 게다가 위에서부터의 요구, 아래로부터의 요구를 조정하기가 어렵고 이에 따라 모든 업무를 혼자 해결하려고 하다 보면 가정생활은 뒷전에 밀려 부인이 환자라도 돌볼 수 없는 상황이 된다. 그래서 과장이 된 사람도 견디다 못해 직급강등을 청원하는 경우가 발생한다.

● 경쟁이 없으면 회사는 멍청이 집단이 된다.

안이한 전문직 제도는 창가족을 만들어 냈다. 창가족이란 나이가 많거나 무능하다고 해서 사실상 라인에서 밀려난 사람들이 창가에 서성거리며 창밖이나 바라보면서 소일하는 직장인을 가리킨다.

● 치요다 화공건설의 부 과장 제도 폐지

과나 과장으로는 대응할 수 없을 정도로 업무가 점점 확대되고 업무가 차츰 위층으로 올라가 부 과장은 무력해진다. 이에 부 과장 제도를 폐지하고 풀제로 운영하여 섹셔날리즘을 방지하고 있다. 따라서 과장의 세력이 약화되어 직함만으로는 높은지 어떤지를 알 수 없다. 그래서 이제는 직위보다는 업무면에서 생의 보람을 찾아야한다.

● 연수 목욕론

승진이 되면 연수를 받는다. 연수를 받지 않으면 승진되었다는 것을 실감하지 못한다. 짧은 기간 동안의 연수가 큰 효과를 거둘 수 있는 것은 아니다. 다만, 기분전환용으로는 효과가 있다. 이것이 바로 연수 목욕론이다. "목욕탕에 들어가거나 안 들어가거나 생명에는 큰 지장이 없다. 그러나 들어가는 편이 상쾌한 기분이 될 수는 있다. 연수도 그와 똑같은 것이다."

여성들의 비즈니스 찬스

● 여성 파이어니어들의 남성 부하 부리는 방법

여성의 사회진출이 늘어나 여성간부도 늘어났다. 업무에서는 남녀의 구별이 없으며 프로의식을 갖고 자기분야를 개척한 여성들이 과장으로 진출한다. 이들은 자신들이 키워온 자녀를 다루듯 부하를 다룬다.

● 실력파들의 캐리어 만드는 방법

여성간부로 진출한 사람들은 도전적 정신이 강하다. 당당히 경쟁시험에

도전하여 합격을 따낸다. 이들은 캐리어관리를 잘한다. 어떤 업무를 맡으면 통달할 정도로 전문가가 된다. 이들은 가장 서툰 것으로 보이는 부하통솔에 대해서도

"남녀 똑같이 애정을 쏟고 있습니다. 스무 살 남짓한 아가씨들과 일생동안 처자를 거느릴 남자들과는 다루는 방법이 달라집니다. 젊은 아가씨들에게는 '이렇게 하세요, 됐어요?' 하지만 남성이나 연장자인 여성에 대해서는 '어떻게 생각합니까? 어떻게 하고 있습니까?' 하고 질문합니다. 저는 칭찬은 많이 해도 결코 아첨하지 않고 타협도 하지 않습니다"

단신부임의 예절

● 출향, 술자리 등 주의사항

대기업에 들어가면 회사가 큰 만큼 지방 근무의 가능성이 많다. 신입사원 때에는 별 문제가 없지만 과장급 이상의 직원들은 직원발령을 받으면 부인과 자녀들과 떨어져서 지내야 한다. 주로 자녀의 교육 때문이다. 그러나 단신부임에 따라 문제는 여러 가지로 발생된다. 식사, 세탁, 고독감 등 자신이 봉착하는 문제와 가족간의 대화 기회 부족 등이 그것이다. 그러나 컨트롤만 잘하면 오히려 좋은 기회로 삼을 수도 있다. 가족과 떨어져 지내는 여유시간을 잘 활용할 수 있을 뿐 아니라 부부간의 애정도 항상 연애하는 시절처럼 만들 수 있다. 전화나 편지를 통해서 자녀와의 대화를 솔직하게 나눌 수 있다. 가족의 고마움을 서로 체험할 수 있는 것이다.

그러나 단신부임은 정신적 통제를 잘해야 한다. 술을 매일 마시는 일, 심야 TV를 보는 일 등은 신체의 리듬을 깬다. 또 이것은 중독성이 있어

한번 시작하면 그만 두기도 어렵다. 이중생활로 인한 경제적 부담을 줄이기 위해서도 자기 통제를 잘해야 한다.

마음의 병 몸의 병

● 노이로제와 이웃해 사는 시대

착하고 순진한 자질의 샐러리맨들은 열심히 일한다. 그러나 이들은 일을 적당히 넘기지 않는다. 따라서 스트레스를 받기 쉽다. 또 현대는 테크노스트레스를 받는 시대이다. OA라는 새로운 기술의 도입이 스트레스를 유발하는 것이다. 이렇게 스트레스를 받으며 일하다 보면 어느새 몸과 마음이 병들어 간다. 40대와 50대의 과장들이 갑자기 병들거나 죽는 경우가 잦아지고 있다. 이는 모두 회사에 대한 과잉충성이 원인이다. '내가 없으면 이 회사는 힘들어 진다고 하는 지나친 자부는 환상에 지나지 않는다.' 그래서 건강 열기가 기업에 번지고 있다. 금연자는 건강수당을 주는 기업도 있다. 체력은 출세의 불가결한 조건이다. 건강을 잃으면 세상을 잃는 것이다.

인재자유화의 현장에서

● 사표, 전직, 중도채용

회사는 유능한 인재를 키우지 않는다. 그야말로 잘 나가던 사람도 어느 날 갑자기 바람을 탄다. 해외 유학까지 보내준 회사에 대해서 항상 고맙게 생각하고 열심히 일하며 자신의 캐리어를 키워 온 사람들이 공중에 떠버리는 경우가 있다. 그렇게 되면 회사에 대한 실망을 느끼고 탈출구를 찾게 된다. 이때 헤드헌터의 전화라도 받으면 귀가 번쩍 한다. 그래서 일류기업에서 키워진 종합능력을 다른 회사에서 발휘한다. 조직에 대한 순혈주의는 바뀌고 있다. 자기의 능력을 발휘할 수 있는 곳이 기다리고 있기 때문이다.

손수 만든 라이프스타일

인생에서 회사를 빼면 남는 것이 없다는 위기감은 중년에야 느낀다. 그래서 중년의 아버지들은 맹렬해 진다. 휴일에도 곤충을 연구하는가 하면 사진촬영이나 요술, 단가(短歌) 등 무엇인가 보람을 찾으려 한다. 그러나 업무와 휴식사이에 대차대조표를 그려본다면 대부분의 과장은 휴일을 잠으로 보내고 있다. 대차대조표의 밸런스가 맞지 않는다. 그래서 자기의 라이프 스타일은 자기가 만들어가야 한다.

국제화시대에 춤춘다

● MBA의 가치

경영학 석사를 취득한 자는 비즈니스 세계에서 성공이 약속되어 있다고 한다. 그러나 일본의 기업들은 여기에 특별한 가치를 부여하지 않는다. 어디까지나 자기 향상에서 가치를 찾아야 한다. 회사에 대한 충성보다는 업무에 대한 충성을 기초로 하여 미국의 장래의 경영 간부들과 대등하게 승부를 걸 수 있는 자신감을 가지는 것이 가치라고 할까?

• 기업집단, 바다를 건너다

수출, 현지공장 등 기업의 국제화에 따라 해외근무가 늘어났다. 언제 해외로 갈지 모른다. 해외요원의 선발은 업무 위주이다. 언어는 현지에서 OJT로도 가능하나는 것이다. 그래서 고향으로 가고자 했던 사람이 미국행을 한다. 회사 형편에 따라 갑자기 바뀌기 때문이다. 옛날에는 외국 가는 것을 좋아했지만 지금은 다르다. 보너스 한번만 타면 외국 나들이를 할 수 있기 때문이다. 해외 발령을 받으면 관리직은 바쁘다. 대학시험 이상의 맹렬한 공부를 해야 한다. 그러나 해외 근무도 단심부임이냐 가족동반이냐가 성공을 좌우한다.

독자로서의 느낌

이 책은 80년대 중반의 일본의 기업사회를 취재형식으로 기술한 것으로 일본 기업의 간부들이 겪는 현실을 비교적 구체적으로 소개하고 있다. 이 책이 일본의 현실을 대상으로 했지만 오늘날의 우리현실과 유사한 점이 많음을 느낄 수 있다. 기업에 소속된 종업원으로서 또는 중견간부로서 기업의 틀에 맞추다 보면 인간이기 때문에 겪는 여러 가지 문제점이 있다. 조직 속에서 겪는 스트레스, 단신부임의 애로, 본의 아닌 해외근무, 능력과 경력 등을 회사에서 인정해주지 않는 경우 등등은 '업무 우선, 인간 나중사상'의 산물이라 생각된다. 일본의 기업이 겪고 있는 문제점을 우리들도 겪는다면 우리는 인간경영이라는 문제를 다시 한 번 생각해 볼 필요가 있을 것이다. 그래서 적재적소의 배치, 생애 교육으로서의 학력 인정, 종업원의 가족을 회사의 가족으로 포용하여 감싸주는 인간 경영의 기법을 개발해야 될 것으로 생각된다.

『바가바드기타』

함석헌 주석. 1996. 서울 : 한길사. 75~155쪽

바가바드기타는 '거룩한 자의 노래'라는 뜻

제1장 아르주나의 고민

1) 이 세계가 곧 올바름의 들, 도덕적 싸움의 전쟁터다. 결정적인 문제는 그 싸움이 날마다 시간마다 되어가고 있는 인간의 가슴속에 있다. 땅에서 하늘로, 고난에서 정신으로 올라가는 길은 다르마의 길에 있다. 이 세계는 다르마의 들이다. 성자의 훈련소다. 거기서는 거룩한 불길이 꺼질 날이 없다. 여기서 우리는 업(karma)을 다 치러 우리의 영(靈)을 닦아낸다.

2) <기타>는 역사적인 토론이 아니다. 그것은 형제들 사이의 싸움의 기록이 아니라 사람 속에 있는 두 성질, 곧 선과 악 사이의 싸움의 기록이다.

3) 가족이 파괴되면 예로부터 항상 있어 온 가족 도덕이 없어지고, 그 도덕이 쇠퇴하면 가족의 전 규범이 무법에 빠지게 된다.

4) 전쟁은 우리를 가정환경에서 뺏어가 버리고, 인간의 성숙된 의지와 경험의 알짬인 사회전통에서 우리를 뿌리뽑아버린다.

5) 그리고 무법이 판을 치게 될 때, 오, 크리슈나여, 가족의 여자들은 타락하고, 여자가 타락하면 계급은 혼란에 빠집니다.

> * 계급(varna) 보통 영어로 카스트(caste)라고 하는 것. 후대에 와서는 그것이 너무 고정되어 사회발달을 방해하게 됐고 피해가 많아서 간디도 그 제도 타파에 힘을 썼지만, 본래 그때 사회로서는 안전과 발전을 유지해 가기 위해 가장 어진 제도로 알고 그것을 지켰다. 그러므로 지금에 와서 타락한

제도와 <기타>에서 생각하는 이상적인 계급과의 사이에는 차이가 많다.

6) 우리는 전해오는 말을 듣습니다. 오, 자나르다나, 가족 도덕이 망해버린 집 사람은 지옥에 빠집니다.

7) 아, 왕권의 복락을 탐해서 동족을 죽이려고 했을 때 우리는 얼마나 큰 죄를 지으려고 결심한 것입니까?

8) 인생의 주목적은 물질적 행복의 추구에 있지 않다. 우리는 생애의 마지막에 가까워질수록 거기 일어나는 늙음, 쇠약, 죽음 이런 것 때문에 그 구경의 목적을 잃어버리기 쉽다. 이상을 위하고 정의와 사랑을 위해서는 우리는 압박자와 고통과 죽음에 직면하여 일어서지 않으면 안 된다.

9) 인간은 고상한 생활의 문턱에서 속세의 소란한 소리를 듣고 실망을 하게 되는 것이고, 그러면서도 환상이 떠나지 않고 매달려 있어 놓지 못하는 법이다. 그는 자기의 근본이 거룩한 조상에게서 나온 것을 잊고 자기 개체에 집착해서 서로 얼크러지는 세상의 힘에 흔들리고 있다. 그는 정신세계에 눈이 뜨여 그로부터 자기에게 주어지는 의무를 받아들이기 전에 이기심, 어리석음의 대적과 싸우지 않으면 안 된다. 그리하여 자기중심의 에고(ego)의 깜깜한 무지를 정복해야 한다. 영성(靈性)을 떠난 인간은 그것을 도로 찾지 않으면 안 된다. 여기 그려진 것은 인간 진화의 모습이다. 거기는 시간, 공간의 제한이 없다. 그 싸움은 인간의 혼속에서 시시각각으로 벌어진다.

제2장 삼캬요가

10) 요가는 통일의 뜻으로 쓰이는 말로서 가장 넓은 의미로는 마음과 몸의 통일, 즉 의근(意根)과 작업근(作業根)의 통일을 말하는 것이고, 보통

은 마음의 통일을 말한다. 그래서 객관에 중점을 두면 오감(五感)의 통일이어서 숨을 고르게 하고 의지를 집중시켜 오감으로 하여금 외계에 붙어버리지 않도록 해서 마음 하나인 지경에 이르게 되는 것을 통일이라고 한다. 주관에 중점을 둘 때는 나의 통일이 되는데, 나에 대하여는 두 가지 견해가 있다. 넓게 볼 때는 오감, 오기(五氣), 의지, 이성, 즉 자아를 만들어가지고 있는 전부를 말한다. 그러나 좁게 볼 때는 나는 몸 마음을 차지하는 주되는 중심 나만을 가리키기 때문에, 그때의 나의 통일은 나에 의하여 내근(內根)을 통일한다는 뜻으로 나를 주로 한 통일이 된다.

11) 그릇된 생각으로 인하여 사람은 비(非)를 시(是)로 알게 된다. 그릇된 생각으로 인해 아르주나는 친족과 친족 아닌 사람을 차별하게 됐다. 이것이 쓸데없는 차별이란 것을 밝히기 위해 크리슈나는 몸(자아 아닌 것)과 아트만(자아)을 구별하고, 몸은 항구하지 못하고 여럿인데 대해 아트만은 항구하고 하나인 것을 알려준다.

12) 스스로 무리인줄 아는 것은 이성으로 향해 나가는 발걸음이다. 불완전을 의식하는 것은 흔히 살아있는 증거이다. 살아있는 한 상하거나 병신 된 점이 있다 하더라도 하나의 산몸으로 나아갈 수 있다. 인간의 목숨은 위기를 통하여서 보다 높은 지경으로 나갈 수 있다. 구도자가 다 같이 경험하는 것은 빛의 문턱에 가서도 의혹과 어려운 문제의 엄습을 받는다는 사실이다. 어떤 혼도 그 속에 빛이 비치기 시작하면 그것이 어둠을 자극해서 맞서 일어나게 한다.

13) 나는 일찍이 있지 않았던 때가 없으며, 너도 저 왕들도, 또 이 앞으로도 우리가 있지 않게 될 때는 없을 것이다.

14) 샹카라는 말한다. "하나님이야말로 참으로 유일의 전생자(轉生者)시

다. 파스칼이 그리스도는 세계 마지막 날까지 고난을 겪으실 것이라고 했던 말과 비교해보라. 그는 인류가 주는 모든 상처를 다 받으신다. 그는 창조된 모든 존재의 상황을 다 견디어보신다. 해방된 혼들은 현재의 생활에서 이미 하나님의 생명에 참여하기는 하지만 시간 안에서는 고난을 당하다가 끝날에 가서야 평화에 들어간다. 다만 인격적 지존자는 자유로 제한을 당하시는데 우리는 할 수 없이 제한을 당하는 것뿐이다.

15) 영원한 생명은 죽지 않음과 다르다. 몸을 가진 자는 다 죽게 되어 있다. 그것은 생사를 초월하는 일이다. 우리가 아직도 슬픔, 아픔의 지배를 받고 물질적인 사건의 시달림을 받으며, 마땅히 뚫고 나가야 하는 의무의 길에서 떨어져 나가는 일이 있는 것을 생각하면 아직도 우리가 아비자(avidya) 곧 무지에 잡혀 있음을 알 수 있다.

16) 사람이 마치 낡은 옷을 버리고 새것을 입는 것과 같이, 그와 같이 이 몸으로 사시는 혼도 낡아버린 몸들을 버리고 다른 새것으로 옮겨 가신다.

17) <리어왕> 안에서 에드가는 다음과 같이 말했다. 사람은 견딜 줄을 알아야 한다. 세상에 올 때 그러했던 것 같이 갈 때도 또한.

18) 나는 들으니 섭생을 잘하는 사람은 뭍으로 다녀도 호랑이나 물소를 만나는 일이 없고, 군에 들어도 칼날이나 갑옷을 피하는 일이 없다 하더라. 물소도 그 뿔을 내댈 곳이 없고 호랑이도 그 발톱을 박을 데가 없으며 칼도 그 날을 들이밀 데가 없기 때문이다.

19) 모든 산 것의 모양이 그 처음에는 나타나 뵈지 않고, 그 중간에는 보이고, 그 끝에 가서는 다시 뵈지 않는다. 오, 바리타의 아들아, 거기 무엇이 한탄할 것이 있느냐?

20) 자아의 진리는 만인이 누구나 다 찾을 수 있지만, 거기 도달하는 것은 극히 소수이다. 즐겨서 어떤 대가라도 내며 자기 단련을 해서 흔들림과 애착이 없는 지경에 가야하기 때문이다. 진리는 누구에게나 무차별이지만 대개는 그것을 찾으려는 열심히 없고, 그 열심은 가지면서도 의혹과 우유부단 때문에 떨어지는 사람이 많고 또 의심치 않아도 난관에 부딪혀 나가버린다.

21) 크리슈나는 먼저 가장 높은 진리, 곧 아트만은 영원한 불멸체라는 것과 육신은 지나가 버리는 것임을 일러주고, 다음 아르주나에게 원하지 않고 닥쳐오는 싸움에서 물러서는 것은 크샤트리아로서는 할 수 없는 일이라는 것을 일깨워주었다. 그리고는 그 가장 높은 진리와 의무의 실행은 또 저절로 좋은 것이 따라오기도 한다는 것을 말해 주었다.

22) 형이상적 진리를 보거나 사회적 의무를 보거나 우리의 길은 분명하다. 보다 높은 지경은 우리의 의무를 바른 정신으로 다함으로써 올라갈 수 있게 된다.

23) 쾌락 고통을, 이득 손실을, 승리 패배를 하나로 보고 싸울 태세를 갖추어라. 그리하면 죄를 범함이 없을 것이다.

24) 우리가 영원한 것에 신앙을 얻고 그 실재를 체험하게 될 때, 이 세상의 괴로움은 우리를 방해하지 못할 것이다. 루터는 말했다. "저들이 내 생명과 재물과 명예와 자녀와 아내를 다 빼앗아 간들, 그들에게 그것이 무슨 소용이 있느냐, 이 모든 것은 다 사라질 것이나 하나님의 나라는 영원할 것이다. 제 참 목적이 무엇임을 알고 거기다가 자기를 온전히 바치는 사람, 그는 위대한 사람이다. 비록 그가 다른 모든 것을 빼앗겨버리고 헐벗고 주린 몸으로 홀로 거리를 걸을지라도,

비록 하나도 아는 사람이 없고 그 눈동자 속에서 이해해 주는 빛을 찾아볼 수 있는 눈이 전혀 없을지라도, 그는 입가에 미소를 띠고 제 길을 걸어갈 수 있을 것이다. 그는 속의 자유를 얻었기 때문이다.

25) <바가바드기타>는 개인을 초인간적인 능력의 외로운 나라 속에 두어 고립시키자는 것이 그 목적이 아니고, 그것을 사뭇 거룩한 사랑의 가슴속으로 끌어들이자는 것이다. 대체로 말해서 그리 잘 됐다고는 할 수 없으나, 두 가지의 요가 혹은 규칙을 구별해 말한다. 즉 지식의 요가와 실수(實修)의 요가다.

26) 인생의 실현은 거룩한 계명이 지시해 주는 목적에 대해 자기를 온전히 바침으로 되는 것이지 결코 무한한 가능성들을 무턱대고 추구함으로써 되는 것이 아니다. 한 점에만 집중하는 것은 수양해서만 가능하다. 이리저리 헤매는 것은 자연적으로 그럴 수밖에 없는 상태이지만, 거기서 벗어나서 자유로워지려면 그것은 자연 혹은 성, 인종 혹은 민족적 신비주의로 될 것이 아니라, 참에 대한 순수한 체험에 의해서만 될 수 있다. 그런 체험을 기초로 하는 전심(專心)이야말로 최고의 덕이요, 그것은 결코 광신으로 빗나가는 일이 없다.

27) <베다>시대의 아리안들은 마치 천진난만한 어린이들 같이 인생을 진지하게 받아들였다. 그들은 인류의 청년시대를 나타낸다. 그들의 생활은 아직도 가지가지의 미혹시키는 꿈으로 더러워지지 않은 청신하고 매력 있는 것이었다. 그들은 또 성년의 균형 잡힌 지혜를 가지기도 했다. 그러나 <기타>의 저자는 그 주의를 <베다>의 카르마 칸타에 국한시키고 있다. 그러나 그것이 <베다>의 교훈의 전부는 아니다. <베다>는 갚아주심(그것이 일시적인 천당의 것이었거나 또는 새 몸을 타가지고 나는 생활의 것이었거나 간에)을 버리고 행동하라고 가르

치는 데 부디 요가는 우리를 해방으로 이끌어준다.

28) 출생도 사멸도 없는 영, 곧 불멸의 영을 깨닫는 일, 우리가 알 수 없는 '그이'를 알게되는 일이 인생의 진정한 목적이다.

29) 홍수가 났을 때에 우물이 사람에게 소용이 되느니 만큼, 깨달은 브라만에게 모든 <베다>가 소용이 되는 것은 바로 그만큼하다.

30) 강에서 물을 길어 쓰는 사람은 우물을 그리 가깝게 알지 않듯이 어진 이는 의식 행함에 아무런 애착을 가지지 않는다. 깨달은 사람에게는 의식을 지킴이 아무 가치가 없다.

31) 우리 행동 뒤에 사욕적인 목적이 있어서는 아니 된다. 그러나 행동의 결과 생각에서 떠난다는 것을 모른다는 말도, 생각하지 않는다는 말도, 내버린다는 말도 아니다. 떠난다는 것은 미리 생각한 결과가 적당한 시기에 가면 틀림없이 온다는 신앙이 확실하다는 증거다.

32) 평등으로 보는 마음은, 이것은 자기 극복이다. 노여움, 고민, 자랑, 야심을 극복한 것이다. 속의 법칙의 힘에 의해서 행동하는 사람이 기분에 따라 행동하는 사람보다 높은 자리에 선다.

33) 정신이 통일되는 그 대상은 거룩한 자아이다. 부디 요가는 <베다> 의식을 뛰어 넘어서 우리 의무를 행동의 결과에 대한 아무런 집착도 없이 학 수 있게 되는 지경에 이르는 방법이다. 행동 아니 할 수는 없다. 그러나 평등한 마음으로 해야 한다. 그것이 어떤 행동보다도 더 중요한 것이다. 무엇을 하느냐가 문제가 아니라 어떻게 하느냐, 어떤 정신으로 행동하느냐가 문제다.

34) 자기를 위해서 자아(아트만)에서만 만족을 찾는다는 말은 정신적인 만족을 위해 속에 있는 정신을 들여다 볼 뿐이요, 밖에 있는 물건들을 보지 않는다는 뜻이다. 밖의 물건은 그 성질상 쾌락, 고통을 줄

수밖에 없다. 정신적 만족 혹은 축복은 쾌락이나 행복과는 다른 것을 알지 않으면 안 된다. 가령 예를 든다면, 부를 가짐으로써 올 수 있는 쾌락이란 나를 속이는 물건일 뿐이다. 정신적인 진정한 만족 혹은 복은 내가 모든 유혹을 이기고 비록 가난과 주림의 고통이 있을지라도 견디어낼 때에만 가능한 것이다.

35) 고통 속에서도 마음이 흔들리지 않고, 쾌락 속에서도 애착이 없으며, 애욕도 공포도, 분노도 다 벗어버린 사람, 그 사람을 일컬어 생각이 결정된 성자(모니, 牟尼)라고 하느니라.

36) 어떤 방면에도 애착이 없고, 좋은 것을 얻거나 언짢은 것을 얻거나 기뻐도 아니하고 원망도 아니 하는 사람, 그 사람은 지혜가 흔들림이 없느니라.

37) 종교는 끊임없이 가려진 돌을 향하는 데 있는 것도 아니요, 모든 제단에 나아감에 있는 것도, 땅에 엎드리는 것도, 신의 계신 곳을 향해 손을 흔드는 것도, 짐승의 피로 성전을 물들이는 데 있는 것도, 맹세에 맹세를 거듭하는 데 있는 것도 아니다. 다만 모든 것을 화평한 영혼으로 보는 데 있다.

38) 마음의 통일 없는 사람에게 이성 없고, 마음의 통일 없는 사람에게 영감도 없다. 영감이 없는 사람에게는 평화가 없고, 평화가 없는 사람에게 어디서 즐거움이 있겠느냐?

39) 지혜는 해방의 최고의 방법이다. 그러나 그 지혜는 하나님에 대한 헌신과 욕심 없는 작업을 제해 버리는 것은 아니다. 성자들은 살아 있는 동안에도 이미 브라만 안에 머물고 있으며 이 세상의 불안에서 놓여나 있다. 견고한 지혜의 성자는 무사한 봉사의 생활을 산다.

40) 죄 없는 자야, 내가 일찍이 말했듯이 이 세계에는 두 가지 길이 있느니라. 생각하는 사람을 위한 지식의 길과 행동하는 사람을 위한 행함의 길.

라다크리슈난 - 스승은 현대의 심리학자가 하는 것과 마찬가지로, 구도자를 두 종류로 구별하고 있다. 즉, 내향적인 사람, 곧 정신적인 내적 생활의 길을 찾으려는 경향을 태어나면서부터 가지는 사람과 외향적인 사람, 곧 활동적으로 외적 생활을 따르는 경향을 가지는 사람이다. 거기 따라서 깊은 정신적 사색을 찾는 사람에게는 지식의 요가의 길이 있고, 활발하게 사랑의 활동을 원하는 성격에게는 행동의 요가의 길이 있다. 그러나 이 구별이 궁극적인 것은 아니다. 모든 사람은 다 정도의 차이가 있을 뿐이지, 내향 외향의 두 가지 경향을 다 가지고 있는 법이다.

41) 어떤 사람도 비록 한 순간이라도 무위로 있을 수는 없다. 누구나 다 천성에서 나오는 충동에 의해 어쩔 수 없이 일을 하도록 되어 있기 때문이다.

라다크리슈난 - 사람이 육체를 가지고 사는 이상 일함에서 벗어날 수는 없다. 일하지 않으면 생을 유지할 수 없다. 아난다기리는, 자아를 깨달은 사람은 삼성의 지배를 받지 않지만 몸과 감각을 다스리지 못하는 사람은 삼성에 몰려서 행동을 하게 된다고 했다.

42) 행동의 감각기관을 억제하고 있으면서도 그 마음은 감각의 대상을 생각하고 있는 사람은 미혹된 혼이니 그런 사람을 위선자라 부르느니라.

간디 - 스스로 세우는 육체의 통제는 정신적 통제의 선행 조건이다.

신체의 통제는 온전히 스스로 세운 것이어야지 밖에서 가져다 씌운 것이어서는 아니 된다. 다시 말한다면 무서운 생각으로 해서는 안 된다. 여기서 업신여겨 마땅하다 하는 위선자란 자제를 하기 위해 애쓰는 겸손한 사람을 두고 하는 말이 아니다. 이 절이 말하는 것은 마음으로는 하고 싶은 대로 하면서 몸으로는 부득이 그럴 수밖에 없어서 재갈을 물리는 사람, 그리고 할 수만 있다면 몸으로도 하고 싶은 대로 하려고 하는 사람을 두고 하는 말이다.

43) 마음과 몸이 잘 일치되어야한다. 마음을 아무리 통제한다 하더라도 몸은 이 길로도 나가고 저 길로도 나갈 수 있다. 그러나 마음을 참으로 잘 다스린 사람은, 예를 든다면 나쁜 소리에는 귀를 막고 다만 하나님이나 선한 사람의 찬양을 듣기 위해서만 연다. 그는 감성적인 쾌락에 대하여는 아무 맛을 가지지 않고 혼을 빛나게 하는 일에만 전념할 것이다. 그것이 행동의 깊이다. 카르마요가는 자아를 몸의 얽맴에서 건져내는 요가다. 그러므로 그 안에는 방탕의 여지가 없다.

44) 모든 산 것은 밥에서 나오고, 밥은 비에서 나오고, 비는 희생에서 나오고, 희생은 일함에서 나온다.

에라브다 망디르— 이 가르침은 톨스토이가 빵—노동이라고 했던 육체노동을 주장하는 것이다. 그것을 남을 위해 무사(無私)한 마음으로 할 때 야즈나 곧 희생이 된다. 비는 지식의 잔치로는 오는 법 없다. 다만 육체노동으로만 온다. 산에 나무가 없어 헐벗으면 비가 아니 오고, 나무를 심으면 비를 끌어 식물이 느는 것에 따라 강우량이 올라간다는 것은 누구나 잘 아는 과학적 사실 아닌가? 육체노동을 그만둔 때문에 일어나는 도덕적, 신체적 모든 나쁜 결과를 다 알 사람이 누군가?

45) 이 세상에서 죄를 짓고 살며 감각의 쾌락에 빠져, 이와 같이 돌아가는 바퀴를 따르려하지 않는 자는 쓸데없이 사는 것이니라.

라다크리슈난 – 이 절들에서는 희생을 신과 사람사이에 서로 주고받음 하는 것이라는 <베다>의 사상을 더 큰 규모로 펴서 우주적으로 모든 생명이 서로 의존하는 관계라 하고 있다. 희생의 정신으로 하는 행동은 하나님을 기쁘시게 한다. 하나님은 모든 희생을 누려 받으시는 이다. 희생의 최고자다. 또 그것은 생명의 법칙이다. 개인과 우주는 서로 의존한다. 인간 생명과 우주생명 사이에는 끊임없는 교류가 되고 있다. 자기만을 위해 일하는 사람은 쓸 데 없이 산다. 세계는 이 하나님과 사람 사이에 있는 협동 때문에 돌아가고 있다. 희생은 신들에게 바쳐질 뿐만 아니라 또 그 지고자에게도 바쳐진다. 신들은 그이의 가지가지의 나타남이다. 4장 24절에는 행동과 희생의 자료, 주는 자와 받는 자, 희생의 목적과 대상이 다 브라만이라고 하고 있다.

46) 무엇이거나 어진 사람이 한 것이면 다른 사람들이 따라 하는 법이다. 그가 모범을 세우면 세상은 그것을 따른다.

맹자 – 위에 좋아하는 이가 있으면 아래는 반드시 더하는 사람이 있는 법이다. 군자의 덕은 바람이요, 소인의 덕은 풀이다. 풀 위에 바람이 오면 풀은 반드시 눕게 마련이다.

47) 모든 행동은 자연의 성(性)에 의하여 이루어지는 것인데 나라는 생각에 자아를 어지럽힌 사람은 "그것을 하는 것은 나다" 하고 생각한다.

간디 – 숨쉼이나 눈 깜짝임은 자동적으로 되는 것이기 때문에 아무도 그것을 제가 한다고 생각하지 않는다. 다만 병이나 그 밖의 어떤 방해로 그것을 할 수 없어진 때에만 그것을 의식하게 된다. 그와 마찬가지로 우리 모든 행동은 그 능력을 우리자신의 것인 듯 가로챔 없이 자동적으로 하는 지경에 이르러야 한다. 자비로운 사람은 자기가 자비를 행하는 줄 알지도 못한다. 그것은 그의 성격이다. 그는 그렇게 하지 않을 수 없다. 이러한 무집착은 꾸준한 노력과 하나님의 은총으로만 된다.

소감

이 글은 나의 두 가지 무지를 깨우치게 하였다. 그 하나는 요가에 대한 지금까지의 그릇된 인식이고 또 다른 하나는 인도의 종교문화에 대한 오해이다. 나는 지금까지 요가가 단지 몸을 유연하게 하는 '운동'으로만 여겨왔다. 몸매를 유연하고 아름답게 하기 위한 무용이나 체육의 일종으로 생각하고 있었던 것이다. 또한 인도의 종교는 고대에 범신론이 있었고, 힌두교가 있었으나 이들 종교보다는 후발 종교인 불교가 더욱 우세하여 세계적 종교로 전파되어 나간 것으로 여기고 있었던 것이다.

그러나 이 글을 통하여 요가는 운동의 차원이 아니라 높은 정신세계에 이르는 수양의 실천임을 알게 되었다. 즉, 요가는 운동이라기보다는 정신의 통일이며 정신의 통일은 우리의 삶을 본래의 근원, 즉 본질로 돌아가게 하는 것으로, 삶과 죽음까지도 초월한 자연 그대로의 상태를 실현하는 '본질운동'이라는 것이다. 고대 인도인들의 정신세계가 이렇게 심오한 자연과 우주의 '온 생명'에 근원하고 있다는 점이 놀랍다.

이 책은 인간의 삶에 있어 가장 무서운 싸움은 자신의 내면에 있는 선악의 갈등이며, 이러한 갈등에서 마음과 행동이 잘 조절되지 못하고 여일하

지 못하여 위선이 되기 쉬우며, 이성보다는 감각적 쾌락에 빠지기 쉬운 점
등 인간의 약점과 이의 극복 방법을 조목조목 설명하고 있는 지혜의 말씀
들이다. 고대 인도사회가 고도의 종교사회였던 점을 배우기는 했지만 이
책을 통해 힌두교가 불교와 기독교에 앞서 하느님과 인간, 그리고 인간과
인간에 대한 근원적인 문제들을 천착하고, 우리의 인간적 삶을 어떻게 살
아가야 할 것인가에 지혜를 더해주는 좋은 가르침이라는 점을 알게 되었다.

가

나

아

이종권

성균관대학교 대학원 문헌정보학과 졸업(문학박사)
전 건국대학교 강의교수, 제천기적의도서관 관장
현 건국대학교, 성균관대학교, 상명대학교 외래교수
E-mail : 450345@hanmail.net   블로그 : http//bellpower.tistory.com

주요 저서

『자료보존론』(공역), 사민서각, 1999. 『바른교육 좋은 도서관을 위하여』, 도서출판 성지, 2004. 『문헌정보학이란 무엇인가』, 조은글터, 2007. 『도서관에서 피어나는 아카데미 연꽃』, 조은글터, 2008. 『책읽는 세상은 아름답다』, 조은글터, 2008. 『실크로드 여행일기』, 조은글터, 2009. 『어린이도서관 서비스경영』(공역), 도서출판 문헌, 2010. 『남에게 행복을 주는 사람은』, 도서출판 문헌, 2010. 『공공도서관 서비스 경영론』(공저), 도서출판 문헌, 2011. 『도서관 경영학 원론』, 도서출판 문헌, 2011 등.

주요 논문

「공공도서관 서비스 질의 고객평가에 관한 연구」, 2001. 「도서관 전문성 강화 방안」(공저), 2004. 「우리나라 사서직의 평생교육 체계에 관한 연구」, 2007. 「그로컬 시대의 시민과 도서관」, 2007. 「공공도서관에서의 어린이 문학 이용활성화 방안」, 2009. 「공공도서관 평생교육프로그램 체계화방안 연구」, 2011. 등.

21세기 시민사회를 위한

명품도서관 경영

2011년 10월 25일   초판인쇄
2011년 11월 05일   초판발행

지은이　　이 종 권
펴낸이　　한 신 규
편　집　　김 영 이
펴낸곳　　도서출판 **문현**
주　소　　138-210 서울특별시 송파구 문정동 99-10 장지빌딩 303호
전　화　　Tel.02-443-0211 Fax.02-443-0212
E-mail　mun2009@naver.com
등　록　　2009년 2월 24일(제2009-14호)

ⓒ 이종권 2011
ⓒ 문현, 2011, printed in Korea

ISBN   978-89-94131-59-7 93020 정가 23,000원